सूचना का अधिकार

स्वरूप और व्यावहारिक मार्गदर्शिका

सूचना का अधिकार

विष्णु राजगढ़िया
अरविंद केजरीवाल

संपादन
हरिवंश

राजकमल प्रकाशन

ISBN : 978-81-267-1352-3

मूल्य : ₹450

पहला संस्करण : 2007
छठा संस्करण : 2022

प्रकाशक : राजकमल प्रकाशन प्रा.लि.
1-बी, नेताजी सुभाष मार्ग, दरियागंज
नई दिल्ली-110 002

शाखाएँ : अशोक राजपथ, साइंस कॉलेज के सामने, पटना-800 006
पहली मंजिल, दरबारी बिल्डिंग, महात्मा गांधी मार्ग, प्रयागराज-211 001
1, अनमोल सोराबजी संतुक लेन, धोबी तलाव, मरीन लाइंस, मुम्बई-400 002

वेबसाइट : www.rajkamalprakashan.com
ई-मेल : info@rajkamalprakashan.com

मुद्रक : बी.के. ऑफसेट
नवीन शाहदरा, दिल्ली-110 032

SOOCHANA KA ADHIKAR
by Vishnu Rajgariya, Arvind Kejariwal

एस. मंजुनाथ एवं सत्येंद्र दुबे
की स्मृति में

सूचनाधिकार के लिए
अनवरत संघर्षरत
अन्ना हजारे, अरुणा राय, निखिल डे
और नेपथ्य से
इस आंदोलन को सींचनेवाले
अजीत भट्टाचार्जी, प्रभाष जोशी, प्रकाश कार्डले
को समर्पित

भूमिका

भारतीय लोकतंत्र एक नये दौर से गुजर रहा है। सुशासन, पारदर्शिता और उत्तरदायित्व सुनिश्चित किये बगैर वास्तविक लोकतंत्र की परिकल्पना साकार करना सचमुच असंभव है। सूचना के अधिकार ने पहली बार इसे संभव बनाया है। इसने भारत के आम नागरिकों को शासन-प्रशासन से सीधे सवाल पूछने की नयी लोकतांत्रिक भूमिका में ला खड़ा किया है।

सूचना को शास्त्रीय अर्थों में लें, तो इससे सबसे ज्यादा और सीधा संबंध बुद्धिजीवियों, खासकर मीडिया का है। लेकिन यह दिलचस्प है कि भारत में जानने के इस हक के लिए लंबी लड़ाई का श्रेय राजस्थान के गरीब मजदूरों और किसानों को जाता है। दूसरी ओर, दिल्ली-मुंबई एवं अन्य शहरों के सामाजिक संगठनों ने सूचना के अधिकार के जरिये नौकरशाही के मकड़जाल को साफ करने तथा फाइलों में दफन भ्रष्टाचार को उजागर करने के नये रास्ते खोले।

अन्य जगहों पर जहाँ लोकोन्मुख लोकतंत्र के लिए सूचनाधिकार के प्रयोग हुए, वहीं जनोन्मुख पत्रकारिता में इसके उपयोग का महत्व भी सामने आया है। इन प्रयोगों ने प्रमाणित किया है कि खोजपरक पत्रकारिता में सूचनाधिकार का जबरदस्त महत्व है। इन तीनों ही प्रयोगों (राजस्थान में मजदूरों की पहल, दिल्ली-मुंबई जैसे शहरों में नागरिकों के सवाल और झारखंड में पत्रकारिता के लिए इसके इस्तेमाल) ने भारत में एक नये लोकतंत्र के आगमन की धमक सुनायी है। ऐसा लोकतंत्र, जहाँ नागरिक अपने सवाल खुद पूछ रहा है, वह किसी सांसद-विधायक का मुहताज नहीं। अब उसे अपने लंबित कामों के लिए सरकारी बाबुओं के सामने गिड़गिड़ाने की जरूरत नहीं। अब वह पूछ रहा है कि मेरा काम क्यों नहीं हुआ अथवा यह किसकी लापरवाही है?

आर्थिक विकास की गति को तेज करने, लोकतंत्र की क्वालिटी (गुणवत्ता) बेहतर करने और भ्रष्टाचार को नियंत्रित करने का रास्ता, सूचनाधिकार के सफल प्रयोग के पुल से ही गुजरता है। भारतीय लोकतंत्र की जड़ें मजबूत करने का यह एक और हथियार या एक अतिरिक्त कानून नहीं है, बल्कि यही एकमात्र विकल्प है। आज भ्रष्टाचार का सवाल महज नैतिक सवाल नहीं है, बल्कि यह सीधे-सीधे देश के आर्थिक विकास से जुड़ा प्रसंग है। हाशिये पर जी रहे करोड़ों लोगों के

जीवन की रोशनी को जिस भ्रष्टाचार ने रोक रखा है, उसे नियंत्रित करने में सूचनाधिकार की सबसे कारगर भूमिका है।

लोकतंत्र के आलोचक इसे सुस्त, गतिहीन और ऐसी व्यवस्था बताते हैं, जो परिणामोन्मुख नहीं है। आज भी भारत के लिए खराब गवर्नेंस सबसे गंभीर चुनौती है। दशकों पहले *प्रो. गन्नार मिर्डल* ने *'एशियन ड्रामा'* में 'सॉफ्ट स्टेट' की बात उठायी थी। वह व्यवस्था, जिसे देशज मुहावरे में 'काहिल' और 'परुआ' कहते हैं। भारतीय लोकतंत्र में अगर यह कमी है, तो उसे गतिशील, पारदर्शी, और तेज बनाने का काम सूचनाधिकार करता है। प्रशासन की सबसे नीचे की इकाई, यानी जिला, ब्लॉक और गाँव तक की व्यवस्था में सूचनाधिकार के इस्तेमाल ने लोकतंत्र को गतिशील, ऊर्जावान और लोकोन्मुख बनाने की वृहद् संभावना पेश की है। जब करोड़ों-करोड़ की आबादी इस कानून का उपयोग करेगी, तो भारतीय लोकतंत्र 'एकाउंटिबिलिटी' के आलोक में निश्चय ही निखरेगा।

हिंदी पत्रकारिता को विश्वसनीय बनाने और इसके स्तर को ठीक करने का औजार भी है 'सूचनाधिकार।' हिंदी पत्रकारिता के बारे में खास तौर से कहा जाता है कि यह नेताओं के बयान, अपराध और सनसनीखेज रहस्योद्घाटनों तक ही सीमित है, कंटेंट में संपन्न सूचनाएँ और तथ्य नहीं होते। सच तो यह है कि पत्रकारों के पास आधिकारिक तथ्य जानने का कोई दूसरा माध्यम नहीं था। गॉशिप या अपुष्ट चर्चाओं के आधार पर खबरें बनाने की परंपरा हिंदी पत्रकारिता में रही है। सूचनाधिकार ने हिंदी पत्रकारिता को समृद्व बनाने का अवसर दिया है। गवर्नेंस, डेवलपमेंट, नौकरशाही, व्यवस्था वगैरह के बारे में सही तथ्य प्राप्त कर हिंदी पत्रकारिता अपना क्षितिज व्यापक और संपन्न बना सकती है। इसके लिए जरूरी है कि पत्रकारिता से जुड़े संपादक से लेकर स्टिंगर तक इस हथियार को आजमायें और इस्तेमाल करें।

सूचनाधिकार वस्तुतः मीडिया के हाथों एक बड़ी ताकत है। इसे समझने की गंभीर कोशिश न हो तो भला सदुपयोग कैसा? स्वतंत्र भारत में प्रेस की स्वतंत्रता के किस्से तो बहुत सुनने को मिले हैं, किंतु नौकरशाही के पास शासकीय गुप्त बात कानून, न्यायपालिका के पास न्यायालय अवमानना कानून तथा विधायिका के विशेषाधिकार के सामने कई बार अभिव्यक्ति की स्वतंत्रता संकुचित होती रही है। सूचनाधिकार ने नागरिकों के साथ ही चौथे स्तंभ को भी ऐसा ही प्रभावी हथियार दिया है। इसकी निशानेबाजी सीखनी ही होगी।

अरुणा राय, निखिल डे और राजस्थान के उन गरीब किसानों को धन्यवाद, जिन्होंने सूचना के अधिकार की लड़ाई लड़ी। आज यह अधिकार न सिर्फ हकीकत है, बल्कि इसने अंग्रेजों के बनाये शासकीय गुप्त बात अधिनियम (1923) को अप्रासंगिक कर दिया है। इसकी स्वाभाविक परिणति है कि प्रशासनिक सुधार आयोग ने इस कानून को खत्म कर देने की सिफारिश की है। आयोग की स्पष्ट राय है

कि सूचना और पारदर्शिता के मौजूदा युग में गोपनीयता का कोई स्थान नहीं रह गया है। आयोग ने सूचनाधिकार को विधायिका और न्यायपालिका में भी लागू करने की सिफारिश कर दी है। साथ ही, सूचना आयोग में प्रशासनिक सेवाओं के लोगों के बदले सामाजिक सरोकारों से जुड़े लोगों को स्थान देने की इस कानून की मूल भावना पर नये सिरे से जोर देकर प्रशासनिक सुधार आयोग ने सूचना आयोग को जीवंत बनाने की चुनौती भी पेश की है।

सूचनाधिकार के सफल प्रयोगों ने नौकरशाही और राजनेताओं सहित सार्वजनिक हित से जुड़े समस्त हिस्सों को स्पष्ट संदेश दिया है कि लोकसेवक, जनप्रतिनिधि की दायित्वपूर्ण कुरसियों पर बैठनेवाले अब गोपनीयता के परदे में सार्वजनिक हितों से खिलवाड़ नहीं कर सकते। हम अपने इस नये अधिकार के प्रति तत्काल सचेत नहीं हुए, तो इसे संकुचित करने की कोशिशें तेज होंगी। अभी वक्त है कि हम इस नये अधिकार का समुचित उपयोग करते हुए भारतीय लोकतंत्र को एक नया विस्तार देने के लिए शासन व प्रशासन तंत्र में पारदर्शिता व जवाबदेही को अनिवार्य बनाते हुए नागरिकों की सक्रियता सुनिश्चित करें। सूचनाधिकार ने इसे किस तरह संभव किया है, इसे जानना उन समस्त लोगों के लिए जरूरी है, जो इस या उस रास्ते देश और समाज में किसी बदलाव की आकांक्षा रखते हैं। खास तौर पर ऐसे परिवेश में, जहाँ सूचनाधिकार अभी नयी चीज है और सूचना-प्रदाय मशीनरी अपर्याप्त, पूर्वाग्रहग्रस्त एवं संवेदनहीन है, नागरिक संगठनों एवं मीडिया के लिए निहायत जरूरी है कि इस मुद्दे को कानून की किताबों और सेमिनार की चर्चाओं से निकालकर गलियों-सड़कों तक ले जायें।

–हरिवंश

नए संस्करण हेतु संदेश

स्वाधीनता के बाद हमारे संविधान निर्माताओं ने देश को एक संपूर्ण, सारगर्भित और व्यापक आयामों वाला संविधान प्रदान किया। हमारे संविधान ने देश के हर नागरिक को महत्त्वपूर्ण मौलिक अधिकार प्रदान किए हैं, समानता का अधिकार दिया है और समाज के हर वर्ग–तबके की विशिष्ट जरूरतों को ध्यान में रखा है। हमें गर्व है कि हम इस महान भारतवर्ष के नागरिक हैं और हमारा संविधान अपनी विशिष्टताओं के लिए विश्वभर में विख्यात है।

संविधान से मिले समस्त मौलिक अधिकारों को अमल में लाने के लिए आजादी के बाद से अब तक लगातार महत्त्वपूर्ण कानून बनाए जाते रहे हैं। ऐसे कानूनों की लंबी सूची है। लेकिन इसमें सूचना का अधिकार अधिनियम 2005 को एक खास महत्व के साथ देखा जाता है। इस कानून को संविधान की धारा 19(1) में मिली 'वाक् और अभिव्यक्ति की स्वतंत्रता' के विस्तार के तौर पर भी देखा जा सकता है।

स्वाधीनता के बाद देश के संविधान के अनुरूप समुचित वैधानिक प्रबंधन के लिए विभिन्न सुधारों को आवश्यक समझा गया। ऐसे सुधारों में शासन–प्रशासन और सार्वजनिक संस्थानों में पारदर्शिता और उत्तरदायित्व का विशेष महत्त्व है। अंग्रेजों के समय से चले आ रहे शासकीय गोपनीयता कानून 1923 के कारण लोकतंत्र में नागरिकों की भूमिका सीमित हो रही थी। इसी कमी को पूरा करने के लिए वर्ष 2005 में सूचना का अधिकार अधिनियम लाया गया। इसे भारतीय लोकतंत्र की एक विशिष्ट उपलब्धि के तौर पर देखा गया।

केंद्रीय स्तर पर सूचना का अधिकार अधिनियम वर्ष 2005 में आया। लेकिन कई राज्यों में ऐसा कानून सात–आठ साल पहले ही आ चुका था। दिल्ली में 2 अक्तूबर, 2001 को राज्यस्तरीय कानून लागू हुआ था। हमें 'परिवर्तन' संस्था के माध्यम से दिल्ली में इस कानून का सहारा लेकर जनहित में महत्त्वपूर्ण उपलब्धियाँ हासिल करने का अवसर मिला। हजारों नागरिकों को आजाद भारत का नागरिक होने का गर्व हासिल हुआ। वर्ष 2005 में केंद्रीय कानून आने पर हमें दिल्ली के अपने प्रयोगों को राष्ट्रीय स्तर पर ले जाने में मदद मिली। खास तौर पर पंद्रह राज्यों के 48 शहरों में 01 से 15 जुलाई, 2006 तक 'घूस को घूँसा अभियान' में

इस कानून को सर्वव्यापी बनाने में महत्त्वपूर्ण योगदान किया।

यह पुस्तक 'घूस को घूँसा अभियान' की तैयारियों का हिस्सा थी। प्रारंभ में दैनिक 'प्रभात खबर' ने इसे प्रकाशित किया। बाद में 'राजकमल प्रकाशन' ने आवश्यक विस्तार के साथ इसे प्रकाशित किया। प्रस्तुत संस्करण 'राजकमल प्रकाशन' द्वारा प्रकाशित मूल संस्करण का ही पुनर्प्रकाशन है। इसमें कोई संशोधन नहीं किया गया है। अतएव इस पुस्तक में प्रस्तुत समस्त विचारों एवं तथ्यों को वर्ष 2006–07 के सूचनाधिकार आंदोलन के संदर्भ में ही देखना उचित होगा।

वर्तमान संदर्भ के लिए बस इतना, कि 'सूचना का अधिकार' कानून ने देश के नागरिकों की आजादी को शानदार विस्तार दिया है। आजाद भारत के हर नागरिक को अपनी स्वाधीनता का एहसास होना जरूरी है। यह कानून इसी एहसास का प्रतीक है। इस कानून ने देश के लाखों नागरिकों को एक नई गरिमा दी है। विभिन्न कारणों से निराश नागरिकों के लिए यह एक बड़े संबल के तौर पर सामने आया है। इस कानून से सरकारी कामकाज की शैली में अद्‌भुत सुधार आए हैं और कार्यालयों की कार्यशैली तथा दस्तावेजों के रखरखाव में ऐतिहासिक बदलाव आया है। जिन छोटी–छोटी चीजों के लिए आम आदमी पहले महीनों परेशान होता है, वैसे काम अब आसानी से हो रहे हैं। इसलिए हर नागरिक का यह दायित्व है कि राष्ट्रनिर्माण में अपने योगदान का दायित्व समझते हुए 'सूचना के अधिकार' का सदुपयोग करे और एक स्वतंत्र देश का अधिकार–संपन्न नागरिक होने का एहसास जिंदा रखे।

इसी रास्ते हम अपने संविधान–प्रदत्त अधिकारों की रक्षा कर सकेंगे। इसी रास्ते हमें अपने भारत देश को एक संप्रभुता–संपन्न, आत्मनिर्भर, विकसित और खुशहाल राष्ट्र के तौर पर विकसित करने में मदद मिलेगी।

–अरविंद केजरीवाल

अनुक्रम

खंड : 1

अवधारणा, आंदोलन और उपलब्धियाँ

प्रत्यक्ष लोकतंत्र की ओर

दुनिया हरदम एक जैसी नहीं रहती। बदलती रहती है। वक्त के मुताबिक, जरूरत के मुताबिक। आदिम समाज-व्यवस्था और कबीलाई समाज से विकास के क्रम में राजतंत्र और नवाबशाही, औपनिवेशिक और समाजवादी शासन से लेकर लोकतंत्र तक के प्रयोग सामने हैं। अब ऐसा क्यों मान लिया जाये कि सामाजिक-राजनीतिक बदलाव का वह सफर खत्म हो चुका और मौजूदा प्रणाली ही अंतिम, अपरिहार्य है?

कबीलाई सरदारों ने कभी राजतंत्र के बारे में नहीं सोचा होगा। राजाओं और नवाबों ने कभी संसदीय लोकतंत्र की कल्पना नहीं की होगी। वे अपनी सत्ता को ही स्थायी और सर्वश्रेष्ठ समझते थे। लेकिन कबीलाई सरदारों के दिन लदे और राजाओं, नवाबों का नामोनिशान मिट गया।

लिहाजा, आज के 'लोकतांत्रिक राजाओं' ने स्वयं को सर्वश्रेष्ठ विकल्प मान लिया हो, तो हम उन पर सिर्फ तरस खा सकते हैं। पारदर्शिता की बढ़ती माँग के कारण दुनिया की विभिन्न लोकतांत्रिक प्रणालियों में तेजी से आ रहा बदलाव वस्तुतः आधुनिक एवं लोकतांत्रिक राजा की मौत की कथा सुना रहा है।

राजशाही में व्यक्ति और समाज के पास कोई अधिकार था, तो सिर्फ इतना कि वह सत्तावर्ग की आज्ञा का चुपचाप पालन करे। ऐसी व्यवस्था में शासक को उसके कार्यों तथा किसी भले-बुरे के लिए उत्तरदायी ठहराना असंभव है। शासक के शक्ति प्रयोग पर कोई परंपरागत या वैधानिक प्रतिबंध नहीं था। राजा निरंकुश था। सर्वशक्तिमान था। उसे ईश्वर का दूत समझा जाता था। उस पर कोई उँगली नहीं उठा सकता। न उसे किसी चीज के लिए उत्तरदायी ठहराया जा सकता है।

1663 में इंग्लैंड के एक मुद्रक *जॉन ट्विन* ने एक पुस्तक प्रकाशित की। इसमें कहा गया था कि राजा को प्रजा के प्रति उत्तरदायी होना चाहिए। यह पुस्तक *जॉन ट्विन* ने लिखी नहीं थी, सिर्फ इसका मुद्रण किया था। लेकिन उसे फाँसी पर लटका दिया गया। राजा को प्रजा के प्रति उत्तरदायी होना चाहिए, यह बात आज साधारण लगती है, किंतु उस वक्त यह राजद्रोह थी। राजतंत्र में व्यक्ति और समाज के पास अभिव्यक्ति की स्वतंत्रता बिल्कुल नहीं थी।

औद्योगिक क्रांति तथा उदारवाद के आगमन और लोकतांत्रिक शासन पद्धतियों

के प्रारंभ के साथ ही नागरिक स्वतंत्रता की अवधारणा आई। इसके बावजूद द्वितीय विश्वयुद्ध तक प्रजातांत्रिक देशों में भी शासनतंत्र में 'गोपनीयता' एक स्वाभाविक चीज बनी रही। विभिन्न दस्तावेजों में कैद सूचनाओं को 'गोपनीय' अथवा 'वर्गीकृत' करार देकर नागरिकों की पहुँच से सर्वथा दूर रखा जाता था। लोकतांत्रिक शासन-व्यवस्था के बावजूद राजनेताओं एवं अधिकारियों में स्वयं को 'शासक' या 'राजा' समझने की प्रवृत्ति हावी रही।

राजतंत्र में सर्वोच्च सत्ता एक व्यक्ति के हाथों में केंद्रित होती थी। कुलीनतंत्र में कुछ व्यक्तियों के हाथों में पूरी सत्ता सिमटी होती थी। लोकतंत्र में यह पूरी शक्ति आम नागरिक के हाथों में आ गई। लोकतंत्र में राज्य की सर्वोच्च शक्ति समूचे समाज के हाथों में मानी गई, भले ही इस शक्ति का उपयोग नागरिक प्रत्यक्षतः स्वयं करें, या फिर अपने निर्वाचित प्रतिनिधियों के माध्यम से। लोकतंत्र के आधारभूत सिद्धांतों के अनुसार इसमें सत्ता का संचालन बहुमत के आधार पर होता है। उस पर किसी वर्ग-विशेष का अधिकार नहीं माना जाता। इसमें न तो कोई विशेष सुविधा-संपन्न व्यक्ति होता है और न गरीब-अमीर या अन्य कोई भेद। इस व्यवस्था के संचालन के लिए दो प्रकार के लोकतंत्र की अवधारणा रही है–प्रत्यक्ष लोकतंत्र तथा अप्रत्यक्ष या प्रतिनिधि लोकतंत्र।

प्राचीन यूनान के नगर-राज्यों में प्रत्यक्ष लोकतंत्र के आधार पर शासन का संचालन होता था। एथेंस में भी इसका सफल प्रयोग देखा गया था। इस पद्धति में नागरिक स्वयं ही शासकीय कार्यों में प्रत्यक्ष तौर पर हिस्सा लेते हैं। स्विट्ज़रलैंड के कुछ कैंटनों तथा अमेरिका के कुछ छोटे नगरों में आज भी ऐसी पद्धति देखने को मिलती है।

बड़ी सामाजिक व्यवस्थाओं में प्रत्यक्ष लोकतंत्र का संचालन व्यावहारिक नहीं होने के कारण हर जगह अप्रत्यक्ष लोकतंत्र का ही प्रचलन हुआ। यह वस्तुतः प्रतिनिधि लोकतंत्र है। अर्थात् इसमें नागरिक अपने निर्वाचित प्रतिनिधियों के माध्यम से सत्ता का संचालन करते हैं। हर नागरिक को वोट देकर अपना प्रतिनिधि चुनने का अधिकार है। उन प्रतिनिधियों का बहुमत-संपन्न हिस्सा सरकार का गठन व संचालन करता है। सारे प्रतिनिधि संसद और विधानसभाओं में जनाकांक्षाओं का प्रतिनिधित्व करते हैं।

तुम प्रतिनिधि नहीं रहे हमारे

नागरिकों ने जिन प्रतिनिधियों को अपनी पूरी शक्ति सौंप दी, वे खुद को 'राजा' मान बैठें, तो क्या होगा? 1977 में जयप्रकाश आंदोलन के दौरान *'तुम प्रतिनिधि नहीं रहे हमारे, कुरसी-गद्दी छोड़ दो'* का लोकप्रिय नारा इसी पीड़ा को अभिव्यक्त करता है। उसी दौरान यह माँग भी उठी थी कि लोकतांत्रिक प्रणाली में 'प्रतिनिधि-

वापसी' की व्यवस्था होनी चाहिए। अगर नागरिकों का बड़ा हिस्सा अपने निर्वाचित प्रतिनिधि पर भरोसा खो बैठे, तो उसे वापस बुलाने का हक हो। हालाँकि जिस देश में बहुसंख्य आबादी ने लोकतांत्रिक चुनावों पर से ही भरोसा खो दिया हो, वहाँ ऐसी कोई पद्धति लागू करना आसान नहीं। अगर किसी रूप में 'प्रतिनिधि-वापसी' लागू भी हो जाये, तो जटिलता ही बढ़ेगी। इससे शासन की दशा-दिशा में कोई मौलिक परिवर्तन शायद ही दिखायी पड़े। कारण यह, कि करोड़ों नागरिक महज 'मूकदर्शक शासित' बने रहकर अपनी पूरी सत्ता और आकांक्षाएँ कुछ व्यक्तियों को समर्पित कर दें, तो साँपनाथ और नागनाथ में किसी एक का चयन करना ही नियति है। शायद यह भी एक वजह है कि बाद के दौर में 'प्रतिनिधि-वापसी' का नारा अपनी चमक खो बैठा। आज यह नारा शायद ही किसी को याद आता हो।

दूसरी ओर, लोकतांत्रिक चुनावों के जरिये निर्वाचित प्रतिनिधियों का सच बिलकुल भयावह है। जनता की शक्ति का प्रतिनिधित्व करने वालों के बड़े हिस्से के भीतर नागरिकों के प्रति जवाबदेह होने की भावना पूरी तरह गायब नजर आती है। जनप्रतिनिधि अगले पाँच साल के लिए अपनी सत्ता सुरक्षित देखता है। उसकी हर कोशिश का मूल आधार है—अगले चुनाव में फिर पाँच साल के लाइसेंस का नवीकरण कराना। इसके लिए अकूत धन चाहिए, गुंडों-ब्लैकरों, भ्रष्ट अफसरों-ठेकेदारों, तरह-तरह के धार्मिक-जातीय-क्षेत्रीय गिरोहबाजों का साथ चाहिए। इसके लिए वह पूरे पाँच साल तक सबसे नापाक रिश्ते गाँठता रहता है। विभिन्न तरीकों से व्यापक धन-संचय एवं शक्ति-संचय के जरिये वह अगले चुनावों में अपनी विजय सुनिश्चित करा लेता है। इस तरह, उसकी हैसियत तेजी से बढ़ती जाती है। उसके आगे लोकतंत्र बौना होता जाता है। धीरे-धीरे उसकी पत्नी, उसके बच्चे, उसके साले-सालियाँ, उसके कुत्ते और उसकी बिल्लियाँ, सभी विभिन्न लोकतांत्रिक संस्थाओं पर काबिज होते जाते हैं। स्वयं जनप्रतिनिधि भी लाभ के कई-कई पदों पर काबिज हो जाता है। इस पर संवैधानिक रोक हो, तो भी परवाह नहीं। मिनटों में कानून बनाकर अब तक के सारे अपराध माफ घोषित कर दिये जाते हैं। उस कानून पर राष्ट्रपति और राज्यपालों की आपत्तियों की ऐसी-की-तैसी। अदालती आदेशों की भी काट निकल आती हैं।

निर्वाचन पद्धति की सीमाओं के कारण अवांछित, अयोग्य लोगों के संसद और विधानसभाओं में प्रवेश करने तथा लगातार ताकतवर होते जाने की परिघटना किसी से छुपी नहीं है। आजादी के साठ वर्षों में इस लोकतांत्रिक प्रणाली ने 'शासकवर्ग' के बतौर काले अंग्रेजों के जिस गिरोह को संस्थाबद्ध किया है, उसने गोरे अंग्रेजों को कोसों पीछे छोड़ दिया है। विडंबना तो यह है कि अगर किसी जन-प्रतिनिधि को अगले चुनाव में नागरिकों ने बुरी तरह हराकर ठिकाने लगा दिया, तो भी वह तत्काल राज्यसभा या विधान परिषद् में प्रवेश करके जनप्रतिनिधि की हैसियत प्राप्त

कर लेता है। यहाँ तक कि हारे हुए प्रत्याशी भी मंत्री पद की शोभा बढ़ाते नजर आते हैं।

इस प्रक्रिया में पूँजी, पार्टी और पॉवर का रिश्ता बेहद खतरनाक रूप में सामने आता है। राजनीतिक संगठनों में लोकतांत्रिक प्रणाली तथा विचारधारा जैसे प्रश्नों के साथ ही पूँजी-पार्टी-पॉवर का रिश्ता प्रमुख बन गया है। कोई आदमी येन-केन-प्रकारेण खूब सारा पैसा कमा ले, उस पैसे के सहारे किसी पार्टी में अपनी बड़ी हैसियत बना ले, फिर उस हैसियत के जरिये सत्ता या पॉवर पर कब्जा कर ले...फिर उस पॉवर के जरिये पैसा, पार्टी...फिर और पॉवर, फिर और पैसा। क्या इन चीजों की खुली छूट का नाम है लोकतंत्र?

ऐसे लोगों का कद और पद लगातार ऊँचा होता जाता है। उनके आगे राजनीतिक पार्टियाँ, विचारधाराएँ एकदम बौनी होती चली जाती हैं। केंद्र और राज्यों में इसके तमाम उदाहरण बेहद आसानी से देखे जा सकते हैं।

लोकतांत्रिक राजा का होगा अंत

स्पष्ट है कि देश के लोकतंत्र पर वस्तुतः एक नये किस्म के 'राजा' ने अपना आधिपत्य कायम कर लिया है। यह भारत का 'शासकवर्ग' है जो लोकतांत्रिक तरीके से राजशाही चला रहा है। इसके लिए राजनेताओं, नौकरशाहों और थैलीशाहों का मजबूत गठजोड़ बन गया है, जिसमें कमोबेश अधिकांश राजनीतिक दल शरीक हैं। इस गठजोड़ ने बहुराष्ट्रीय कंपनियों से लेकर अंडरवर्ल्ड तक से, धार्मिक-जातीय-क्षेत्रीय मठाधीशों से लेकर गाँव-देहात तक फैले बिचौलिया-तंत्र के साथ अद्‌भुत नेटवर्क बना लिया है। इसके आगे आम नागरिक ढूँढ़ता रह जायेगा उस लोकतंत्र को, जिसकी परिभाषा उसने आठवीं कक्षा में समाजशास्त्र की किताब में पढ़ी थी।

यही शासकवर्ग आज भारतीय लोकतंत्र का असली मालिक है। नागरिक का पाँच साल में महज एक वोट डाल आने का बेहद सीमित अधिकार इतना निरुत्साहित करनेवाला है कि चुनावों में बोगस वोट न पड़ें तो मतदान का प्रतिशत तीस-चालीस फीसदी भी न पहुँचे। काहे का लोकतंत्र?

पूँजी-पार्टी-पॉवर के प्रयोग में हमने देश के भ्रष्टतम नौकरशाहों को जनप्रतिनिधि बनकर देश के उच्च मंत्री-पदों पर बैठते देखा है। लोकसभा चुनाव में पराजित हो जाने पर तत्काल राज्यसभा में बैठते देखा है। थैलीशाहों को पिछले दरवाजे से राज्यसभा और विधान परिषदों में पहुँचते देखा है। राजनीति के अपराधीकरण, भ्रष्टाचार, भाई-भतीजावाद इत्यादि तमाम बुराइयों पर लगभग सर्वदलीय सहमति के बीच अकसर संसद और विधानमंडलों में अध्यक्षों की समझाइश का लब्बोलुआब यह होता है कि 'शीशे के घरों में बैठने वाले दूसरों के घरों पर पत्थर नहीं फेंकते'। फिर हँसकर यह भी कह दिया जाता है कि हम्माम में तो हम सब नंगे ही हैं।

संसद और विधानसभाओं में महालेखाकार की अंकेक्षण रिपोर्ट पेश की जाती है। मकसद होता है, शासन-प्रशासन के समस्त आर्थिक क्रियाकलापों का पूरा लेखा-जोखा सदन में मौजूद जनप्रतिनिधियों के माध्यम से तमाम नागरिकों के समक्ष रख दिया जाये। इन अंकेक्षण रपटों में विभिन्न प्रकार की वित्तीय अनियमितताओं के गंभीर मामलों का खुलासा होता है। जनप्रतिनिधि इनमें एकाध मामले पर भी गंभीर हो जायें तो भ्रष्टाचार पर कारगर अंकुश लग सकता है। लेकिन लोकतंत्र की सत्ता के नशे में चूर अधिकांश जनप्रतिनिधि इन रपटों को पलटकर देखते तक नहीं।

आखिर किस चीज के लिए नागरिकों ने चुनकर भेजा था संसद-विधानसभा में अपना जनप्रतिनिधि? और अगर लोकतांत्रिक पद्धति में जनप्रतिनिधि से ऐसी अपेक्षा नहीं की जाये तो फिर किस आधार पर इसे 'जनता का, जनता के लिए, जनता द्वारा शासन' कहा जा सकता है।

सूचनाधिकार ने इस मुहावरे को सच करना आसान बनाया है। अब नागरिक कोई भी सरकारी दस्तावेज देख सकते हैं, हर काम का निरीक्षण कर सकते हैं और हर बिंदु पर सवाल पूछ सकते हैं। इस रूप में नागरिक शासन के क्रियाकलापों में प्रत्यक्ष तौर पर शामिल होने की दिशा में काफी हद तक आगे बढ़ चुके हैं। बेशक, इसमें काफी सीमाएँ हैं क्योंकि नागरिकों को सूचना पाने का हक मिला है, सुझाव देने का नहीं। लेकिन सूचना पाने के इस अधिकार के जरिये शासन-प्रशासन के क्रियाकलापों की विसंगतियों को उजागर करके सही दिशा में ले जाने की जबरदस्त संभावनाएँ उत्पन्न हुई हैं।

लिहाजा, जिस तरह अंग्रेजों के आने के बाद देश की शासन-प्रणाली वैसी ही नहीं रही जैसी पहले थी, और जिस तरह अंग्रेजों के जाने के बाद देश की शासन-प्रणाली बदली, ठीक उसी तरह 12 अक्तूबर 2005 से एक बार फिर एक नये लोकतंत्र का उदय हुआ है। अब इसे सकारात्मक दिशा में आगे ले जाकर नागरिक की भूमिका को विस्तार देना बिलकुल संभव है। सूचनाधिकार ने जनता की पूरी ताकत को महज कुछ तथाकथित जनप्रतिनिधियों की सनक में कैद करने के बदले हर नागरिक को निगरानी और नियंत्रण हेतु सक्षम बनाया है। इस रूप में एक नये किस्म के 'प्रत्यक्ष लोकतंत्र' का अनूठा प्रयोग तेजी से आगे बढ़ रहा है।

प्राचीन भारत में भी गणतंत्र के कई महत्वपूर्ण प्रयोग हुए हैं। लेकिन राजतंत्र ही सर्वाधिक प्रचलित शासन-पद्धति बना रहा। अंग्रेजों ने भारत आकर रजवाड़ों और नवाबों से सत्ता छीनकर आधुनिक औपनिवेशिक शासन-प्रणाली को जन्म दिया। राजाओं और नवाबों की तरह, अंग्रेजी हुकूमत ने भी नागरिकों के साथ 'शासक' और 'शासित' का संबंध बनाया। शासन किसी भी कृत्य के लिए जनता के प्रति जवाबदेह नहीं था। न ही जनता को शासन के कृत्यों के बारे में जानने का हक था। अंग्रेजों ने गोपनीयता कानून, 1923 के जरिये कठोर प्रतिबंध लगाकर तमाम

सूचनाओं से नागरिकों को वंचित रखा। 1947 में भारत आजाद हुआ और लोकतांत्रिक गणतंत्र की स्थापना की गई। लेकिन, जैसा कि भगत सिंह ने लिखा था, गोरे की जगह काले अंग्रेजों ने बागडोर सँभाल ली। लोकतंत्र लागू तो हुआ, लेकिन गोपनीयता के कठोर परदों के बीच काम करने वाले नौकरशाह खुद को 'राजा' समझते रहे। स्वाधीनता आंदोलन की आग में तपकर आए नेताओं ने भी अंग्रेजों के बनाये गोपनीयता कानून का भरपूर आनंद उठाया, क्योंकि यही कानून था जो उन्हें लोकतंत्र में भी राजा की तरह व्यवहार करने की खुली छूट दे रहा था। ताज्जुब नहीं कि आजादी के 58 वर्षों बाद तक अंग्रेजों का बनाया गोपनीयता कानून उसी कठोरता के साथ लागू रहा।

यही कारण है कि अक्तूबर 2005 से लागू सूचनाधिकार उस लोकतांत्रिक राजा के लिए गहरे सदमे के रूप में आया है। राजनेता और नौकरशाह हतप्रभ हैं कि इस कानून में आम नागरिक को लगभग तमाम ऐसी चीजों को देखने, जानने, समझने, पूछने की इजाजत दे दी है, जिन पर परदा डालकर लोकतंत्र को राजशाही अंदाज में चलाया जा रहा था। कह सकते हैं कि सूचनाधिकार ने कंबल ओढ़कर घी पीने वालों का कंबल छीन लिया है। इस पुस्तक में संकलित उदाहरणों में आप देख पायेंगे कि किस तरह लोकतांत्रिक राजशाही तेजी से अपने अंत की ओर बढ़ रही है।

इसके साथ ही, देश में अब 'प्रत्यक्ष लोकतंत्र' पर आधारित शासन-प्रणाली के एक नये प्रयोग की जोरदार शुरुआत हो चुकी है। अब भारत का नागरिक शासन-प्रणाली में प्रत्यक्ष हिस्सा ले सकता है, ले रहा है। अब वह सवाल पूछने के लिए जनप्रतिनिधियों का मुहताज नहीं।

'प्रत्यक्ष लोकतंत्र' के इस नये प्रयोग का क्या अभिप्राय है? अप्रत्यक्ष लोकतंत्र जिस जनप्रतिनिधित्व प्रणाली पर आधारित शासन है, उसमें नागरिकों के पास वास्तविक अधिकार काफी सीमित रहे हैं। मुख्यतया चुनावों के पंचवर्षीय आयोजनों में एक वोट डाल आने तक सीमित कर दी गई भूमिका भी राजनीति में तमाम गिरावटों के कारण नागनाथ या साँपनाथ में से किसी एक को चुनने की त्रासदी बन जाती है। बमुश्किल हम एक 'प्रतिनिधि' चुनकर अपने सारे अधिकार इस वास्ते सौंप देते हैं कि वह संसद, विधानसभाओं में जाकर लोकहित में कानूनों और योजनाओं का निर्माण करे, स्वीकृति दे या निरस्त करे, समस्त कार्यों, परिघटनाओं पर निगरानी रखे और जनता की ओर से सवाल पूछे। लेकिन असलियत भयावह है। साल में महज दस-बीस दिन चलनेवाले सदन की प्रक्रिया प्रायः विचारहीन शोर-शराबे या औपचारिकताओं में डूबी रहती है। बजटों, योजनाओं, अंकेक्षण रपटों, कानूनी संशोधनों या विधेयकों को पढ़ा तक नहीं जाता, बहस तो दूर की बात। लाभ का पद जैसे विधेयक चोरों की तरह झटपट पारित कर लिये जाते हैं। जनता की ओर से सवाल पूछने की गुंजाइश अत्यंत सीमित रह जाती है। कुछ सवाल पूछे भी गए तो जवाब

नदारद। जवाब मिला भी तो कार्रवाई खुदा जाने। सदन के मोरचे पर पूर्ण विफल हमारा जनप्रतिनिधि अपने कीमती समय का बड़ा हिस्सा समितियों की बैठकों और टूर-दौरों में, उद्घाटन और अभिनंदनों में, विवाह और शोक समारोहों की शोभा बनने में गँवा देता है। इससे भी कुछ समय निकला तो दलीय गुटबंदी। हाल के वर्षों में मौजूदा शासन प्रणाली के प्रति चौतरफा विरक्ति अकारण नहीं है।

आज जनता के सवालों को सामने लाने का काम जनप्रतिनिधि नहीं, बल्कि सूचनाधिकार आंदोलन से जुड़े लोग कर रहे हैं। विधायकों, सांसदों द्वारा जनता की ओर से शासन-प्रशासन को जवाबतलब करने के दायित्व की सारी सीमाएँ भहराकर गिर गई हैं। जनप्रतिनिधियों ने जितने सवाल दस-पाँच साल में पूछे होंगे, उससे ज्यादा सवाल खुद नागरिकों ने महज छह-सात महीनों में पूछ लिये। और बेशक, जवाब भी काफी हासिल हुए। कार्रवाई भी संतोषजनक है।

नागरिकों के पास आज यह ताकत जनप्रतिनिधियों से भी ज्यादा है। कोई विधायक-सांसद सवाल पूछना चाहे तो कोई जरूरी नहीं कि वह स्वीकृत हो जाये। हुआ भी तो जरूरी नहीं कि सदन में उस पर चर्चा हो। हुई भी तो जरूरी नहीं कि जवाब मिले। एक बार मामला खत्म, तो फिर अगले सत्र का इंतजार। एक दिन में कोई सांसद-विधायक कितने सवाल पूछ सकेगा, इसकी भी सीमा है।

लेकिन सूचनाधिकार ने नागरिकों को ऐसी तमाम सीमाओं से मुक्ति दिलायी है। कई मामलों में इसने नागरिकों को सांसद-विधायक से भी ज्यादा शक्तियाँ दी हैं। जनप्रतिनिधि सिर्फ अपने सदन में, सत्र के दौरान सवाल कर सकते हैं, जबकि एक नागरिक राज्य या केंद्र, किसी भी सरकार के किसी भी विभाग से, किसी भी समय, कितने ही सवाल पूछ सकता है। सांसद, विधायक को यह कहकर टाला जा सकता है कि विभाग से सूचना की प्रतीक्षा की जा रही है। नागरिकों को इस कदर टालना दंडनीय है, क्योंकि एक माह की समय सीमा लागू है। नागरिकों के सवालों को स्थगित नहीं किया जा सकता। विधायकों, सांसदों को अपर्याप्त जवाब मिलने पर प्रतिक्रिया के लिए बेहद सीमित अवसर होते हैं, जबकि नागरिक के पास इसके अपार अवसर हैं।

जाहिर है कि जो नया लोकतंत्र आज हम गढ़ रहे हैं, उसमें कोई सवाल उठाने, जवाब माँगने के लिए नागरिक अपने चुने हुए जनप्रतिनिधि का मुहताज नहीं। वह स्वयं पहलकदमी ले सकता है। ले रहा है। वह हर चीज का हिसाब माँगने, जाँच करने को स्वतंत्र है। एक बार उसे इसका कारगर इस्तेमाल सीख तो लेने दें। फिर देखने को मिलेगा इसका चौतरफा असर।

तमिलनाडु, गोवा, महाराष्ट्र, राजस्थान, दिल्ली, मध्यप्रदेश इत्यादि जिन नौ राज्यों ने गत वर्षों में सूचना का अधिकार लागू किया, वहाँ के परिणाम काफी उत्साहजनक रहे हैं। 12 अक्तूबर 2005 से पूरे देश में सूचनाधिकार लागू होने

के बाद विभिन्न उदाहरणों से लगातार यह बात सामने आ रही है कि यह कितना कारगर हथियार है।

गोपनीयता का दौर

ब्रिटेन का नाम पूरी दुनिया में शासकीय गोपनीयता का पहला कानून बनाने वाले देश के बतौर लिया जाता है। दुर्भाग्यवश, ब्रिटिश उपनिवेश का अंग होने के कारण भारत को भी वर्ष 2005 के अक्तूबर माह तक इस कानून का शिकार होना पड़ा। इसकी छाप अभी लंबे समय तक राजनेताओं, नौकरशाहों के दिलोदिमाग पर बनी रहेगी, सो अलग।

ब्रिटेन में पहली बार 1889 में शासकीय गोपनीयता कानून बना था। इसकी पृष्ठभूमि काफी दिलचस्प थी। ब्रिटेन के विदेश विभाग के एक कर्मचारी *मार्विन* ने 1878 में एंग्लो-रशियन ट्रीटी का पूरा ब्यौरा 'ग्लोब' नामक पत्रिका को दे दिया था। संसद में पेश होने से पहले पत्रिका में छपने के कारण ब्रिटिश सरकार की भद्द पिटी थी। मार्विन को सरकारी दस्तावेजों की चोरी का अभियुक्त बनाया गया। लेकिन अपराध साबित नहीं किया जा सका। मार्विन ने अदालत में साबित कर दिया कि उसने कोई दस्तावेज नहीं चुराया, बल्कि अपनी स्मृति के आधार पर जानकारी दी थी। उस वक्त इसके लिए किसी सजा का प्रावधान नहीं होने के कारण मार्विन बच गया। पुनः 1889 में एंडरसन कांड में यह बात महसूस की गई कि सरकारी दस्तावेजों की गोपनीयता बनाये रखने का कानून लाना जरूरी है। लिहाजा, ब्रिटिश सरकार ने 'ऑफिशियल सीक्रेट्स एक्ट, 1889' बनाया।

जब ब्रिटेन में ऐसा कानून लाया जा रहा हो, तो भारत को उससे अलग रखने का कोई कारण नहीं था। उसी वर्ष भारत में भी 'शासकीय गोपनीयता कानून, 1889' लागू कर दिया गया। बाद के दौर में, स्वाधीनता आंदोलन की पत्रकारिता पर अंकुश लगाने के लिए 1904 में उस कानून में संशोधन करके कुछ प्रावधानों को और कड़ा कर दिया गया। इसके तहत समस्त अपराधों को संज्ञेय एवं गैर-जमानती बना दिया गया। बाद में ब्रिटेन तथा भारत में इस कानून में कई परिवर्तन हुए। अंततः भारत में नया कानून 'शासकीय गोपनीयता कानून, 1923' लागू कर दिया गया। वह कानून आज भी देश में लागू है, भले ही सूचनाधिकार ने उसे अप्रासंगिक कर दिया हो। सूचना का अधिकार अधिनियम, 2005 की धारा 22 में स्पष्ट लिखा गया है—

> इस अधिनियम के उपबंध, शासकीय गुप्त बात अधिनियम, 1923 और तत्समय प्रवृत्त किसी अन्य विधि में या इस अधिनियम से अन्यथा किसी विधि के आधार पर प्रभाव रखनेवाली किसी लिखित में उससे असंगत किसी बात के होते हुए भी, प्रभावी होंगे।

शासकीय गोपनीयता कानून, 1923 को आजादी की लड़ाई के दिनों में काले कानून की संज्ञा दी जाती रही है। कारण यह, कि इसमें 'गोपनीयता' की कोई परिभाषा नहीं दी गई है। यह सरकार पर निर्भर है कि वह किस बात को गुप्त करार दे। यह कानून किसी भी सामान्य सरकारी दस्तावेज को 'गोपनीय' करार देकर किसी भी व्यक्ति को जेल की हवा खिलाने के लिए पर्याप्त है। इस रूप में, इस कानून ने कार्यपालिका को असीमित, अपरिभाषित एवं निरंकुश अधिकार दे रखा है। हालाँकि इसमें न्यायालय यह तय कर सकता है कि कोई बात गोपनीय है अथवा नहीं। फिर भी, अगर कार्यपालिका चाहे तो किसी नागरिक या पत्रकार को इस कानून के सहारे आसानी से प्रताड़ित कर सकती है।

गोपनीयता की मानसिकता पर 1975 में उत्तरप्रदेश बनाम राजनारायण मामले में *जस्टिस के.के.मैथ्यू* की टिप्पणी महत्वपूर्ण है–"यह धारणा रही है कि सूचना गोपनीय होती है। शासक और शासित के बीच ऐसे रिश्ते की परंपरा रही है। राजतंत्र में राजा के पास निरंकुश सत्ता थी। उसके निर्णय को चुनौती नहीं दी जा सकती थी। उपनिवेश में विदेशी शासक भी इसी नीति पर चले। उन्होंने सूचना को अपनी ताकत बनाकर जनता को इसे दूर रखा। सरकारी मशीनरी ने सचेत ढंग से गोपनीयता की संस्कृति विकसित कर ली।"

स्वाधीनता के बाद इस कानून को बदलने या इसमें व्यापक फेरबदल की सिफारिश कई महत्वपूर्ण संस्थाओं/आयोगों ने की। प्रेस-विधि जाँच समिति ने 1948 में सरकार से आग्रह किया था कि व्यापक राज्यहित एवं जनहित में ही इस कानून के प्रावधानों का उपयोग करे। प्रथम प्रेस आयोग, 1954 ने भी इस बात को दोहराया। आयोग ने कहा कि किसी परिपत्र पर 'गोपनीय' लिख देने मात्र से इसका प्रकटीकरण अपराध नहीं माना जाना चाहिए, अगर उसका प्रकाशन लोकहित में हो तथा उससे राज्यहित पर चोट न पहुँचती हो।

प्रथम प्रशासनिक सुधार आयोग (1968) के *देशमुख अध्ययन दल* ने शासकीय गुप्त बात संबंधी प्रावधानों पर पुनर्विचार की आवश्यकता बतायी। उन अतार्किक एवं अनावश्यक प्रावधानों को हटाने की माँग की, जिनके कारण सूचनाओं के प्रवाह में बाधा आती है। रिपोर्ट के अनुसार इस कानून में शासन के अधीन पद धारण करने के कारण हासिल किसी भी जानकारी को प्राधिकार के बिना उद्घाटित करना अपराध मान लिया गया है।

भारतीय विधि आयोग ने 1971 में *'राष्ट्रीय सुरक्षा'* पर अपनी रिपोर्ट में शासकीय गोपनीयता कानून, 1923 की धारा पाँच का उल्लेख करते हुए सुझाव दिया कि ऐसे सामान्य प्रकटीकरण, जिनसे राज्य-हित प्रभावित नहीं होते हों, मुकदमा चलाने की स्वीकृति नहीं देनी चाहिए।

इसी तरह, भारतीय प्रेस परिषद् (1981) ने भारतीय विधि संस्थान के साथ मिलकर एक विस्तृत अध्ययन किया था। विषय था– *'ऑफिशियल सीक्रेसी एंड द*

प्रेस'। इसकी रिपोर्ट में शासकीय गुप्त बात कानून (1923) की धारा पाँच को बदलने की सिफारिश की गई थी।

द्वितीय प्रेस आयोग (1982) ने शासकीय गोपनीयता कानून (1923) की धारा पाँच को निरस्त करने की सिफारिश की थी। आयोग के अनुसार–'इस धारा के अंतर्गत आनेवाला क्षेत्र अत्यंत विस्तृत है।...इसमें कहीं भी यह परिभाषित नहीं किया गया है कि 'गुप्त' क्या है तथा 'शासकीय गुप्त बात' क्या है। परिभाषा के अभाव में यह बात सरकार के विनिश्चय पर निर्भर है कि वह किस बात को 'गुप्त' माने और किस बात को नहीं।'

इसके बावजूद अब तक यह कानून कायम है। हालाँकि सूचनाधिकार ने इसे हास्यास्पद, अप्रासंगिक बना दिया है तथा इसके दिन अब शायद ही लौटें। *वीरप्पा मोइली* की अध्यक्षता में गठित द्वितीय प्रशासनिक सुधार आयोग, 2006 ने तो इस कानून को निरस्त कर देने का सुझाव दिया है।

गोपनीयता संबंधी कानूनों को पूरी दुनिया में शासन-प्रशासन पर काबिज लोगों ने अपने विशेषाधिकार के बतौर इस्तेमाल किया है। इस मनोवृत्ति पर व्यंग्य करते हुए जिम्बाब्वे के पूर्व मुख्य न्यायाधीश *ए.आर. गुब्बे* ने लिखा था–

> पर्यावरण में दिलचस्पी रखनेवाले एक सांसद को गोपनीयता कानून के अंतर्गत सजा सुना दी गई। उनका कसूर यह था कि उन्होंने एक नेशनल पार्क की स्थापना संबंधी जानकारी हासिल की थी। इस जानकारी का देश की सुरक्षा से कोई लेना-देना नहीं था। दरअसल गोपनीयता कानून की धारा इतनी व्यापक है कि अगर आपने इस बात का खुलासा कर दिया कि अधिकारियों ने प्रतिदिन कितने कप चाय पी है, तो यह दंडनीय अपराध होगा। यहाँ तक कि यह बताना भी अपराध है कि अधिकारी प्रतिदिन चाय पीते हैं।

अमेरिका के न्यायाधीश *बर्गर* ने *रोजेनब्लेट* बनाम *बेयर* (1966, 383, यूएस 75, 49-95) में कहा था–

> जनता के सुनने का अधिकार उसके बोलने के अधिकार में अंतर्निहित है। आम नागरिकों के लिए सूचना पाने का अधिकार सरकार या किसी प्रसारण लाइसेंसधारी या किसी व्यक्ति के किसी विषय पर अपने विचारों को प्रसारित करने के अधिकार से ज्यादा महत्वपूर्ण है।

ब्रिटिश पत्रकार *रॉबर्ट नाइट* के अनुसार–''जहाँ तक उचित और संभव हो, सरकार अपने कामकाज, सरकार तक पहुँचनेवाली जानकारी, उसके संबंध में सरकार के विचार, सरकार के उद्देश्य, उन्हें प्राप्त करने में जटिलताओं इत्यादि के संबंध में प्रेस को सूचना देती रहे।''

हेराल्ड जे. लास्की और *कर्ट आइनजर* ने कहा था–''जिन्हें भरोसेमंद और वास्तविक सूचनाएँ नहीं मिल पातीं, उनकी स्वतंत्रता खतरे में है। आज नहीं तो

कल, उनका नष्ट होना स्वाभाविक है। सत्य किसी भी राष्ट्र की प्रमुख धरोहर है। जो उसे दबाने या छिपाने की कोशिश करते हैं, अथवा जो उसके उजागर होने से भयभीत रहते हैं, बर्बाद होना ही उनकी नियति है।''

पारदर्शिता के पक्ष में

स्वीडेन पहला देश है, जिसने 240 साल पहले सूचनाधिकार लागू किया था। वहाँ 1766 में *'फ्रीडम ऑफ प्रेस एक्ट'* पारित हुआ। इसमें लोक-दस्तावेजों तक पहुँच का अधिकार दिया गया था। इसे सुविचारित रूप से *'फ्रीडम ऑफ द प्रेस एक्ट, 1949'* में प्रतिस्थापित किया गया। फिर 1976 में संशोधन भी हुआ। स्वीडेन के संविधान में हर नागरिक को, कुछ विषयों में निर्बंधन को छोड़कर सभी सरकारी दस्तावेज हासिल करने का अधिकार है। वहाँ सभी प्रशासनिक दस्तावेजों को खुला मान लिया जाता है। सबसे पहले पारदर्शिता लागू करनेवाले देश स्वीडेन की प्रतिव्यक्ति आय आज दुनिया में सर्वाधिक है।

स्वीडेन में सूचनाधिकार लागू होने का प्रसंग काफी रोचक है। स्वीडेन में दो मुख्य पार्टियाँ थीं। एक थी–हैट्स। दूसरी थी–कैप्स। दोनों का अर्थ है टोपी। विपक्षी पार्टी 'कैप्स' उदारवादी थी। वह विपक्ष में थी और पारदर्शिता की माँग करती थी। दूसरी ओर, लंबे समय से सत्ता पर काबिज 'हैट्स' ने गोपनीयता की वकालत की। 1765 में स्वीडेन में आम चुनावों में पारदर्शिता बनाम गोपनीयता का मुद्दा प्रमुख बना। चुनाव में 'कैप्स' की जीत हुई। अगले ही साल उसने अपने वायदे के मुताबिक पारदर्शिता का कानून लागू किया।

शासकीय कार्यों में पारदर्शिता एवं नागरिकों को जानने के अधिकार को लगभग 1940 के दशक में अंतरराष्ट्रीय स्तर पर एक महत्वपूर्ण जरूरत मान लिया गया था। भले ही इसके अनुपालन के प्रति अधिकांश देशों ने लंबे समय तक उदासीनता दिखायी। 1946 में संयुक्त राष्ट्रसंघ की आम सभा ने अपने प्रस्ताव में कहा था कि सूचना का अधिकार मनुष्य का एक बुनियादी अधिकार है तथा यह उन सभी स्वतंत्रताओं की कसौटी है, जिन्हें संयुक्त राष्ट्रसंघ ने प्रतिष्ठित किया है।

इसी तरह, संयुक्त राष्ट्रसंघ ने 1948 में अंतरराष्ट्रीय कन्वेंशन में घोषणा की– *'जानकारी पाने की इच्छा रखना, उसे प्राप्त करना तथा किसी माध्यम द्वारा जानकारी एवं विचारों को फैलाना मनुष्य का मौलिक अधिकार है।'*

फिनलैंड में 1951 में सरकारी दस्तावेजों की सार्वजनिक प्रकृति निर्धारित करने संबंधी कानून के रूप में पारदर्शिता लागू की गई। कनाडा, अमेरिका, फ्रांस, न्यूजीलैंड, आस्ट्रेलिया जैसे देशों ने संयुक्त राष्ट्रसंघ की भावनाओं के अनुरूप सूचना के अधिकार संबंधी कानून बनाये। हालाँकि इनमें कई प्रकार के निर्बंधन व अपवाद भी रखे गए।

इसके बावजूद पूरी दुनिया में सूचना के अधिकार की लहर चल पड़ी। ब्रिटेन ने अपने सौ वर्ष पुराने गोपनीयता कानून में संशोधन किया।

कनाडा में 'एक्सेस टू इनफॉरमेशन एक्ट, 1982' के जरिये सूचनाधिकार लागू हुआ। इसमें कनाडा के नागरिकों तथा स्थायी नागरिकों को सरकारी दस्तावेजों की सूचना हासिल करने का अधिकार दिया गया। इसके दायरे में विधि न्यायालयों, पार्लियामेंट एवं वाणिज्यिक निगमों को छोड़कर संघीय सरकार की सभी संस्थाओं को लाया गया।

अमेरिका ने प्रशासनिक प्रणाली अधिनियम, 1946 की धारा तीन के संशोधन के रूप में सूचना की स्वतंत्रता अधिनियम, 1966 लागू किया। इस 'फ्रीडम ऑफ इनफॉरमेशन एक्ट' ने पारदर्शिता का जबरदस्त माहौल बनाया। इस कानून में संघीय सरकार के दस्तावेजों तक नागरिकों की पहुँच को 'सामान्य' बात बना दिया तथा उनमें गोपनीयता सिर्फ 'अपवाद' स्वरूप ही रह गई। इस अधिनियम के अनुसार सिर्फ नौ अपवादों के आधार पर ही नागरिकों को किसी सूचना से वंचित किया जा सकता है। अमेरिका के सूचना स्वातंत्र्य अधिनियम, 1974 के तहत सूचना देने का दायित्व शासन पर है।

फ्रांस में सरकारी दस्तावेजों तक नागरिकों की पहुँच सुनिश्चित करने हेतु 1978 में कानून बना। इसमें आठ अपवादों के आधार पर किसी नागरिक को किसी सूचना से वंचित करने का प्रावधान रखा गया।

आस्ट्रेलिया में 'फ्रीडम ऑफ इनफॉरमेशन एक्ट, 1982' के रूप में सूचनाधिकार लागू हुआ। इसके दायरे में संघीय सरकार की सभी एजेंसियों को लाया गया जिसमें राजधानी प्रक्षेत्र भी शामिल था। इसमें स्पष्ट रूप से कहा गया–''इस अधिनियम द्वारा ऐसी जानकारी पाने का अधिकार दिया जाता है, जो मंत्रियों, विभागों और लोक-प्राधिकारियों के कब्जे में दस्तावेजों के रूप में है। इसमें अपवाद के बतौर सिर्फ अत्यावश्यक लोकहित और निजी मामले आएँगे।''

न्यूजीलैंड ने 'ऑफिशियल इनफॉरमेशन एक्ट, 1982' बनाया। इस कानून की एक विशेषता यह है कि इसमें सिर्फ सरकारी दस्तावेजों को ही *'सूचना'* नहीं माना गया है बल्कि किसी मंत्री या अधिकारी के पास शासकीय हैसियत से मौजूद किसी तथ्य के ज्ञान या परिस्थिति की जानकारी को भी 'सूचना' के दायरे में रखा गया है। इस कानून में अपवादों की सूची नहीं दी गई है बल्कि इसका निर्धारण करने का काम 'ऑम्बुड्समैन' तथा न्यायालयों पर छोड़ दिया गया है। इसमें सूचना से इंकार किये जाने पर 'ऑम्बुड्समैन' के पास अपील का प्रावधान है। हालाँकि 'ऑम्बुड्समैन' के फैसले पर मंत्री को वीटो लगाकर उस सूचना को देने से इंकार करने का अधिकार है। यह 'ऑम्बुड्समैन' के अधिकार को सीमित करता है।

संयुक्त राष्ट्रसंघ के महासचिव कोफी अन्नान ने सूचना की ताकत को इन शब्दों में अभिव्यक्त किया था–

"सूचना की व्यापक लोकतांत्रिक शक्ति से हमें परिवर्तन और निर्धनता उन्मूलन के समस्त अवसर इतने रूपों में मिले हैं, जिनकी हम आज कल्पना तक नहीं कर सकते।"

भारत में सूचनाधिकार की पृष्ठभूमि

पूरी दुनिया में सूचना की आजादी के आंदोलनों ने भारत में भी इसकी जरूरत प्रमाणित की थी। हालाँकि यह माना जाता रहा है कि भारत के संविधान की धारा 19(1)(क) में जानने का अधिकार भी निहित है। इसमें कहा गया है कि सभी नागरिकों को वाक्-स्वातंत्र्य एवं अभिव्यक्ति-स्वातंत्र्य का अधिकार होगा। इस प्रावधान की व्यापक व्याख्या की गई है। संविधान में प्रेस की स्वतंत्रता का कहीं अलग से उल्लेख नहीं है। हर नागरिक के लिए प्रदत्त इस स्वतंत्रता में ही प्रेस की स्वतंत्रता को भी अंतर्निहित माना गया है। इसी तरह, सूचना के अधिकार को भी इसका अनिवार्य अंग बताया गया है। *इंडियन एक्सप्रेस न्यूजपेपर्स* बनाम *भारत संघ* (1985, एसीसी 641) मामले में उच्चतम न्यायालय ने कहा है कि नागरिकों को सरकार के संचालन-संबंधी सूचनाओं के विषय में जानने का अधिकार है।

हमदर्द दवाखाना बनाम *भारत संघ* (1960, 2 एसीआर, 671) में कहा गया कि सामान्य हित के विषयों पर विचार और सूचना ग्रहण करने तथा पाने का अधिकार भी वाक् एवं अभिव्यक्ति-स्वातंत्र्य में शामिल है।

हिम्मतलाल बनाम *पुलिस आयुक्त, अहमदाबाद* (1973, एआइआर, एससी 87) मामले में उच्चतम न्यायालय ने कहा था–"लोकतंत्र की मूल अवधारणा यह है कि नागरिकों की सहमति के आधार पर शासन होना चाहिए। यह सहमति स्वतंत्र और स्वाभाविक होने के साथ ही विभिन्न स्रोतों से प्राप्त पर्याप्त सूचनाओं और विचार-विमर्श पर आधारित होनी चाहिए।"

द्वितीय प्रेस आयोग (1981) ने कहा था–"आज सरकार का कार्यक्षेत्र काफी बढ़ चुका है। सरकार के पास समाज, स्वास्थ्य, अर्थव्यवस्था, पर्यावरण सहित अन्य विषयों की ऐसी जानकारियाँ होती हैं, जो अन्य कहीं नहीं मिल सकतीं। लोकतंत्र का आधार जागरूक और जानकार जनमत है, और जनता अपना मत तभी बना सकती है, जब उसे पूरी जानकारी हो। इसलिए यह जरूरी है कि सरकार के पास जो जानकारी है, वह जनता को भी उपलब्ध हो।"

दसवीं पंचवर्षीय योजना के दस्तावेज में कहा गया–"10वीं योजना के लक्ष्यों की प्राप्ति के लिए सुशासन जरूरी है। विकास कार्यों के आयोजन, कार्यान्वयन तथा निगरानी के सभी स्तरों पर जनसहभागिता अति आवश्यक है। विकास की नीति और प्रक्रियाओं में सुधार तब प्रभावशाली होंगे जब लोगों को उन सुधारों के बारे में जानकारी प्राप्त होगी। अगर सूचना को अधिकार के तौर पर सभी नागरिकों

को उपलब्ध कराया जाये तो प्रशासन के लिये विकास योजनाओं का कार्यान्वयन आसान हो जायेगा।"

भारत में पारदर्शिता के लिए व्यवस्थित आंदोलन की शुरुआत पर्यावरण आंदोलन के रूप में हुई। 1984 में भोपाल गैस कांड ने पूरे देश के पर्यावरण आंदोलनकारियों को सकते में डाल दिया। यह बात सबकी चिंता का विषय बनी कि अपने ही देश के भीतर चल रहे इतने खतरनाक रासायनिक उद्योग के संबंध में देशवासियों को बेहद कम जानकारी थी। इन चिंताओं ने ऐसी सूचनाएँ सार्वजनिक करने का दबाव बनाया। 1984 के बाद बने पर्यावरण संबंधी कानूनों में जनभागीदारी तथा जनसुनवाई के पहलू जोड़े गए, ताकि नागरिकों को उनके क्षेत्र में होनेवाली प्रदूषण संबंधी किसी भी संभावना की पर्याप्त जानकारी हो सके।

बॉम्बे इन्वायरनमेंटल एक्शन ग्रुप ने 1985-86 में महसूस किया कि पूना कैंटोनमेंट बोर्ड द्वारा विभिन्न भवनों का अवैध ढंग से निर्माण कराया जा रहा है। संगठन ने इन भवनों के निर्माण से संबंधित नक्शों का अध्ययन करने की अनुमति माँगी। लेकिन बोर्ड ने साफ इनकार कर दिया। उस वक्त तक सूचना का अधिकार जैसा कोई कानून नहीं होने के कारण संगठन ने 1986 में हाईकोर्ट में रिट याचिका दायर करके इस संबंधी अनुमति माँगी। अदालत ने यह अनुमति दे दी।

भारत में सूचना के अधिकार के लिए सबसे ठोस, स्पष्ट एवं अनवरत आंदोलन राजस्थान के किसानों ने चलाया। अरुणा राय एवं निखिल डे के नेतृत्व में एमकेएसएस का आंदोलन भारत में सूचना के अधिकार का अगुआ बना। दूसरी ओर, महाराष्ट्र में अन्ना हजारे ने गांधीवादी तरीके से आंदोलन चलाकर पारदर्शिता के पक्ष में जोरदार माहौल तैयार किया।

भारत में सूचनाधिकार लागू होने की एक लंबी प्रक्रिया देखी जा सकती है। 1989 में कांग्रेस की सरकार गिरी और वी.पी. सिंह की सरकार बनी। इसने चुनाव में सूचनाधिकार का वायदा किया था। तीन दिसंबर 1989 को देश के नाम अपने पहले संदेश में तत्कालीन प्रधानमंत्री विश्वनाथ प्रताप सिंह ने संविधान में संशोधन करके सूचना का अधिकार प्रदान करने तथा शासकीय गोपनीयता कानून में संशोधन की घोषणा की थी। लेकिन वी.पी. सिंह की सरकार अपनी कोशिशों के बावजूद इसे लागू नहीं कर पायी। यह सरकार भी ज्यादा दिन नहीं चल पायी। बाद में वी.पी. सिंह ने स्वीकार किया कि वह कानून लाना चाहते थे, लेकिन नौकरशाही के तीखे विरोध के कारण ऐसा नहीं कर पाये। श्री सिंह के अनुसार नौकरशाहों ने इस मामले में उन्हें हर कदम पर हतोत्साहित किया।

एक मार्च 1990 को केंद्र सरकार ने शासकीय गोपनीयता कानून में संशोधन संबंधी बिंदुओं पर अर्द्धशासकीय पत्र निर्गत करके जानने का प्रयास किया कि शासकीय गतिविधियों में गोपनीयता को किस तरह कम किया जा सकता है।

अक्तूबर 1995 में लालबहादुर शास्त्री नेशनल एकेडमी ऑफ एडमिनिस्ट्रेशन,

मसूरी में सूचना के अधिकार पर कार्यशाला हुई। इसमें सूचनाधिकार पर आंदोलनरत प्रमुख लोगों, अधिकारियों ने विचार-विमर्श करके सूचना के अधिकार का एक प्रारूप तैयार किया।

24 मई 1997 को नयी दिल्ली में मुख्यमंत्रियों का सम्मेलन हुआ। इसका विषय था– *'प्रभावी और प्रत्युत्तरदायी सरकार के लिए एक्शन प्लान का निर्माण।'* इसमें सूचनाधिकार कानून बनाने पर सहमति हुई। कार्मिक एवं लोक-शिकायत मंत्रालय ने अपनी 38वीं रिपोर्ट में भी ऐसे कानून की सिफारिश की।

1996 में गांधी शांति प्रतिष्ठान, नयी दिल्ली में *नेशनल कम्पेन फॉर पीपुल्स राइट टू इन्फॉरमेशन* का गठन हुआ। एन.सी.पी.आर.आइ. तथा भारतीय प्रेस परिषद् ने जस्टिस पी.बी. सावंत के नेतृत्व में मसविदा दस्तावेज तैयार किया। इसे भारत सरकार को सौंपा गया।

इस पर विचार करने के लिए सरकार ने एच.डी. शौरी की अध्यक्षता में कमेटी बनायी। इसके गठन का उद्देश्य था–'सरकार को पारदर्शी एवं जवाबदेह बनाना।' समिति को सूचना अधिनियम के साथ ही पारदर्शी एवं उत्तरदायी शासन की आवश्यकता को पूरा करने के लिए नौकरशाही के ढाँचे व कार्यप्रणाली संबंधी समुचित सुझाव देने थे। समिति ने सिविल सेवा (आचरण) नियम और विभागीय सुरक्षा अनुदेश निर्देशिका में उपयुक्त संशोधनों की सिफारिश की, ताकि उन्हें प्रस्तावित विधेयक के अनुकूल बनाया जा सके।

शौरी कमेटी ने मई 1997 में 'सूचना स्वातंत्र्य विधेयक' का प्रारूप प्रस्तुत किया। इस पर केंद्र सरकार द्वारा गठित मंत्रियों के समूह ने विचार किया कि राष्ट्रीय हित, भारत की अखंडता एवं विदेशी राज्यों के साथ मैत्रीपूर्ण संबंधों को बनाये रखते हुए नागरिकों को सूचना की स्वतंत्रता किस प्रकार दी जाये।

एच.डी. शौरी द्वारा प्रस्तुत प्रारूप को संयुक्त मोर्चा की दो सरकारों ने दबाये रखा। भाजपा ने अपने चुनाव घोषणापत्र में सूचना का अधिकार देने का वायदा किया था। लेकिन सत्ता में आने के बाद उसने भी इस पर गंभीरता नहीं दिखायी।

वर्ष 2001 में संसद की स्थायी समिति ने सूचना स्वातंत्र्य विधेयक अनुमोदित किया। दिसंबर 2002 में संसद ने सूचना स्वातंत्र्य विधेयक पारित किया। जनवरी 2003 में इसे राष्ट्रपति की मंजूरी मिली। छह जनवरी 2003 को इसे अधिनियम संख्या 5/2003 के बतौर अधिसूचित किया गया। लेकिन इसकी नियमावली बनाने के नाम पर इसे लागू नहीं किया गया।

मई 2004 में केंद्र में यू.पी.ए. की सरकार आई। कांग्रेस ने अपने चुनाव घोषणापत्र में सूचनाधिकार का वायदा किया था। यू.पी.ए. सरकार ने अपने न्यूनतम साझा कार्यक्रम में कहा कि सूचना के अधिकार को ज्यादा प्रगतिशील, सहभागितापूर्ण एवं अर्थपूर्ण बनाया जायेगा। यू.पी.ए. सरकार ने न्यूनतम साझा कार्यक्रम के कार्यान्वयन के लिए एक राष्ट्रीय सलाहकार परिषद का गठन किया। इसमें विभिन्न

जनांदोलनों एवं जनसंगठनों से जुड़े प्रमुख लोग तथा सूचनाधिकार आंदोलन के अगुवा भी शामिल थे। लिहाजा, राष्ट्रीय सलाहकार परिषद इस बात पर सहमत हुई कि देश में सूचनाधिकार को प्रभावी ढंग से लागू किया जाये। अगस्त 2004 में एन.सी.पी.आर.आइ. ने सूचना स्वातंत्र्य अधिनियम में संशोधन के सुझाव दिये।

राष्ट्रीय सलाहकार परिषद ने सूचना के अधिकार का एक मुकम्मल दस्तावेज प्रस्तुत किया। लेकिन संसद में इसे संशोधित करके सूचना का अधिकार विधेयक के रूप में 22 दिसम्बर 2004 को पेश किया गया। यह विधेयक 2002 के कानून से बेहतर जरूर था, लेकिन इसमें कई खामियाँ थीं। राष्ट्रीय सलाहकार परिषद द्वारा पारित कई धाराओं को या तो बुरी तरह काट-छाँट दिया गया था, या फिर पूर्णतया हटा दिया गया था। एक बड़ा बदलाव यह भी था कि इसे सिर्फ केंद्र सरकार तक सीमित कर दिया गया था। राज्य सरकारों पर यह कानून लागू नहीं होता। इस कानून का उल्लंघन करने वाले अधिकारियों को दंडित करने संबंधी अधिकांश प्रावधानों को भी निष्प्रभावी कर दिया गया। स्वाभाविक तौर पर, इसके खिलाफ तीखी प्रतिक्रिया हुई। राष्ट्रीय सलाहकार परिषद में शामिल सूचनावादियों ने परिषद की अध्यक्ष सोनिया गांधी को साफ कह दिया कि हमें इतना कमजोर कानून नहीं चाहिए। सोनिया गांधी के हस्तक्षेप के बाद यू.पी.ए. सरकार ने मंत्रियों का एक समूह बनाकर विधेयक के संशोधनों की समीक्षा का दायित्व सौंपा। इस समिति ने विधेयक को संसद की स्थायी समिति के पास भेज दिया। इस बीच राष्ट्रीय सलाहकार परिषद के सदस्यों ने प्रधानमंत्री मनमोहन सिंह से मिलकर अपनी मूल अनुशंसाएँ लागू करने का आग्रह किया।

अंततः इसे मार्च 2005 में संसद में पेश किया गया। 11 मई 2005 को लोकसभा में 144 संशोधनों के साथ पारित हुआ। 12 मई को राज्यसभा में भी इसे पारित कर दिया गया। 12 जून 2005 को राष्ट्रपति ने इसे स्वीकृति दी। इस तरह, 12 अक्तूबर 2005 से सूचना का अधिकार पूरे देश में प्रभावी हो गया। (जम्मू-कश्मीर को छोड़कर, जहाँ विधानसभा द्वारा पहले ही सूचनाधिकार कानून पारित एवं लागू किया जा चुका था। इसके अलावा, केंद्र सरकार से जुड़े निकायों के संबंध में सूचना का अधिकार, 2005 के तहत सूचना माँगने का अधिकार जम्मू-कश्मीर के नागरिकों को भी प्राप्त है।)

सूचनाधिकार का केंद्रीय कानून बनने से पहले देश के नौ राज्यों में यह अधिकार मिल चुका था—तमिलनाडु (1997), गोवा (1997), राजस्थान (2000), कर्नाटक (2000), दिल्ली (2001), असम (2002), मध्यप्रदेश (2002), महाराष्ट्र (2002), जम्मू-कश्मीर (2004)।

सूचना का केंद्रीय कानून बनाने का श्रेय कांग्रेस के नेतृत्व वाली यू.पी.ए. सरकार को मिला। इससे पहले, नौ राज्यों में सूचना कानून लागू करने वाली सभी सरकारें भी कांग्रेस या उसके सहयोगी गंठबंधन की थी। भाजपा या राजग गंठबंधन से

जुड़ी किसी भी सरकार ने किसी भी राज्य में सूचना का कानून बनाने में कोई दिलचस्पी नहीं दिखायी।

राज्यों में सूचनाधिकार

कर्नाटक ऐसा पहला राज्य है जिसने सूचना का अधिकार लागू करने की कोशिश की। हालाँकि उसे सफलता नहीं मिली। 1988 में कर्नाटक विधानसभा में 'कर्नाटक फ्रीडम ऑफ प्रेस विधेयक' पेश किया गया था। इसे भारी विरोध का सामना करना पड़ा। अंततः यह मामला भारतीय प्रेस परिषद् को सौंपा गया। परिषद् ने इस पर सकारात्मक सुझाव दिये। इसके बावजूद मामला ठंडे बस्ते में डाल दिया गया।

तमिलनाडु विधानसभा ने 17 अप्रैल 1997 को सूचना का अधिकार विधेयक पारित किया। इस तरह, भारत में ऐसा पहला कानून बनाने का श्रेय तमिलनाडु के मुख्यमंत्री करुणानिधि को मिला।

इसके तीन महीने बाद ही, जुलाई 1997 में गोवा विधानसभा ने भी विधेयक पारित करके ऐसा दूसरा राज्य होने का गौरव पाया।

मध्यप्रदेश सरकार ने 1996 में 'मध्यप्रदेश राइट टू इनफॉरमेशन बिल' तैयार किया। 1997 में इसे कैबिनेट में भारी विरोध का सामना करना पड़ा।1998 में मध्यप्रदेश विधानसभा ने इस विधेयक को पारित करके राज्यपाल के बदले आश्चर्यजनक रूप से राष्ट्रपति के पास मंजूरी हेतु भेज दिया। यह विधेयक कभी वापस नहीं लौटा। पाँच साल बाद, 2003 में मध्यप्रदेश विधानसभा ने पुनः नया विधेयक पारित करके लागू किया।

हालाँकि मध्यप्रदेश के बिलासपुर संभाग के कमिश्नर हर्ष मंदर ने 1995 से 1997 के बीच सार्वजनिक वितरण प्रणाली, परिवहन, ग्रामीण विकास योजनाओं, साक्षरता, रोजगार से जुड़े दस्तावेजों में पारदर्शिता के महत्वपूर्ण प्रयास किये।

राजस्थान वह राज्य है, जहाँ सूचनाधिकार के लिए सबसे पहले और सबसे जबरदस्त आंदोलन हुआ। भारी जनदबाव के कारण 1995 में मुख्यमंत्री भैंरोसिंह शेखावत ने विधानसभा में आश्वासन दिया कि जल्द ही सूचनाधिकार लागू किया जायेगा। लेकिन जनता को अगले पाँच वर्षों तक निरंतर आंदोलन करना पड़ा। मई 2000 में राजस्थान विधानसभा ने सूचनाधिकार विधेयक पारित किया।

महाराष्ट्र में 11 दिसंबर 2000 को सूचनाधिकार विधेयक पारित हुआ। लेकिन यह बेहद कमजोर था। इसमें विभिन्न महत्वपूर्ण सूचनाओं पर पाबंदी थी। इसलिए, सूचनावादियों को यह कानून बेहद अपर्याप्त लग रहा था। यही कारण है कि अन्ना हजारे ने राज्य में जोरदार आंदोलन चलाकर एक बेहतर कानून बनाने का दबाव डाला। महाराष्ट्र सरकार ने नया विधेयक बनाने के लिए 10 सितंबर 2001 को समिति गठित की। अप्रैल 2002 में विधानसभा में नया विधेयक आया। साथ ही,

23 सितंबर 2002 को एक अध्यादेश लाया गया। मार्च 2003 में महाराष्ट्र विधानसभा के दोनों सदनों ने विधेयक को पारित कर दिया। 10 अगस्त 2003 को राष्ट्रपति की मंजूरी मिल गई। इसे अध्यादेश की तिथि 23 सितंबर 2002 से लागू माना गया।

मई 2001 में दिल्ली में सूचनाधिकार विधेयक पारित हुआ। दो अक्तूबर 2001 से उसे लागू किया गया। उत्तरप्रदेश ने कोड ऑफ प्रैक्टिस ऑन एक्सेस टू इनफॉरमेशन, 2000 पारित किया। हालाँकि इसके प्रावधान बेहद सीमित होने के कारण इसकी खास प्रासंगिकता नहीं देखी गई।

नये लोकतंत्र का आधार

सूचनाधिकार ने देश को एक नये लोकतंत्र का आधार दिया है। अब तक शासकीय गोपनीयता अधिनियम (1923) का सहारा लेकर तमाम सार्वजनिक सूचनाओं पर परदा डाल दिया जाता था। सूचनाधिकार ने उस परदे को तार-तार कर दिया है। इसने नये लोकतंत्र की नींव रखनेवाले नये नायक भी सामने ला दिये हैं।

अधिनियम के प्रारंभ में ही कहा गया है कि यह लोक प्राधिकरणों के नियंत्रण में मौजूद सूचनाओं तक आम नागरिकों की पहुँच का व्यावहारिक रास्ता खोलने हेतु सूचना का अधिकार देने के लिए बनाया गया है। इसका मकसद है हरेक लोक प्राधिकार के क्रियाकलाप में पारदर्शिता एवं उत्तरदायित्व को बढ़ावा देना।

अधिनियम के अनुसार भारत के संविधान ने लोकतांत्रिक गणतंत्र की स्थापना की है। लोकतंत्र में नागरिकों का सूचना-संपन्न होना तथा सूचनाओं की पारदर्शिता का होना आवश्यक है। इससे भ्रष्टाचार पर लगाम लगायी जा सकती है। सरकारों व उससे जुड़े लोगों को शासितों के प्रति उत्तरदायी बनाया जा सकता है।

किसी भी सच्चे लोकतंत्र तथा सुशासन के लिए जरूरी है कि शासन के कार्यों में अधिकतम पारदर्शिता हो तथा नागरिकों को अधिकतम सूचनाएँ आसानी से हासिल हो सकें। सूचना-संपन्न नागरिक ही इस बात की समीक्षा कर सकते हैं कि उनके संसाधनों का प्रबंधन करने तथा शासन का दायित्व सँभालने वाले लोग वास्तव में किस हद तक 'सुशासन' की ओर बढ़ रहे हैं। इसी के आधार पर यह भी तय होता है कि शासन और प्रशासन से जुड़े लोग अपनी जिम्मेवारियों के प्रति कितने जवाबदेह तथा नागरिकों के प्रति किस हद तक उत्तरदायी हैं।

भारत के संविधान में धारा 19 (1) (क) के तहत नागरिकों को वाक् एवं अभिव्यक्ति की स्वतंत्रता का अधिकार प्रदान किया गया है। इसे मौलिक अधिकारों में शामिल किया गया है। इसके पीछे भावना यही रही है कि लोकतांत्रिक व्यवस्था में विचार-विमर्श और नागरिकों के विचारों को सामने लाने का स्वस्थ परिवेश निर्मित किया जाये। लेकिन सूचना के अभाव के कारण वाक् और अभिव्यक्ति का यह

अधिकार अधूरा था। जब तक नागरिकों के पास शासन और प्रशासन से जुड़ी तथ्यपरक, नवीनतम एवं प्राथमिक सूचनाएँ न हों, तब तक किसी ठोस एवं प्रभावी विचार-विमर्श की गुंजाइश नहीं बनती। सूचनाधिकार के बगैर नागरिकों को अँधेरे में हाथ-पाँव चलाने के लिए विवश होना पड़ता था, जबकि शासन, प्रशासन से जुड़े लोग तमाम सूचनाओं पर कुंडली मारकर बैठे रहते थे। विडंबना यह थी कि भारतीय संविधान में वाक् और अभिव्यक्ति की स्वतंत्रता पर युक्तियुक्त निर्बंधन के कतिपय प्रावधानों तथा नौकरशाही के हाथों में मौजूद जबरदस्त हथियार 'शासकीय गोपनीयता कानून, 1923' के कारण नागरिकों के मौलिक अधिकार काफी सीमित रह जाते थे।

अब सूचनाधिकार भारतीय नागरिकों के हाथों में एक जबरदस्त हथियार है। अगर कार्यपालिका के पास *'शासकीय गोपनीयता कानून'* है, विधायिका के पास *'संसदीय विशेषाधिकार'* है, न्यायपालिका के पास *'न्यायालय की अवमानना'* संबंधी कानून है तो नागरिकों के पास भी एक अचूक हथियार आ गया है। इसका विवेकपूर्ण तथा कुशलता के साथ उपयोग किया जाये तो देश को सच्चे लोकतंत्र और सुशासन की दिशा में आगे ले जाने का रास्ता खुल सकता है।

बाबूशाही का रवैया

सूचनाधिकार के प्रति नौकरशाही का रवैया काफी आक्रामक एवं हताशापूर्ण है। देश के विभिन्न हिस्सों में यही बात देखने को मिली है। अधिकारियों का बड़ा हिस्सा इसे अपने विशेषाधिकार का हनन समझता है। उसे लगता है कि अब तक उसके स्वच्छंद चले आ रहे रवैये पर अचानक रोक लग रही है। यह कानून उसे अपनी 'प्राइवेसी' में हस्तक्षेप लग रहा है। सूचना के आवेदन जमा करनेवाले नागरिकों को परेशान करने या टालने की वजह यही है।

सूचनाधिकार के प्रति अधिकारियों का नकारात्मक रवैया अकेले भारत की समस्या नहीं। जिन देशों में यह कानून कई दशक पहले लागू हो चुका है, वहाँ भी अब तक ऐसी समस्याएँ देखने को मिल रही हैं। कनाडा में 1983 से यह कानून लागू है। वहाँ के सूचना आयुक्त का आकलन है कि कानून लागू होने के दो दशक बाद भी अधिकारियों की मनोवृत्ति उस जमाने जैसी ही है, जब वे सूचनाओं पर नियंत्रण करते थे। ऐसे अधिकारियों ने इस कानून को कमजोर करने के प्रयास अब भी बंद नहीं किये हैं।

भारत सरकार में खाद्य-आपूर्त्ति विभाग के प्रधान सचिव तथा पारदर्शिता के पक्षधर वरिष्ठ अधिकारी *टी. नंदकुमार* कहते हैं–

> सूचना का अधिकार लागू करने में बाधाएँ नहीं आतीं तो मुझे ताज्जुब होता। नौकरशाही अब तक जिस गोपनीयता कानून के परदों में काम

करती रही है, उसे भूलकर अचानक इतनी पारदर्शिता लाना उसके लिए असंभव है। लिहाजा, इस कानून के लागू होने में आ रही बाधाएँ अप्रत्याशित नहीं हैं।

इसी संदर्भ में, वरिष्ठ पत्रकार प्रभाष जोशी की पंक्तियाँ गौरतलब हैं–

...नौकरशाही ऐसा कभी नहीं होने देगी कि आम आदमी सूचना के अधिकार के जरिये सरकार चलाने में सीधी भागीदारी पा सके। सूचना अगर सत्ता है तो उस पर राजनेताओं से ज्यादा अधिकार नौकरशाहों ने जमा रखा है। वे इस अधिकार को जनता के हाथ में नहीं जाने देंगे। प्रेस परिषद ने सूचना के अधिकार पर राष्ट्रीय सम्मेलन किया था। उसमें पूर्व प्रधानमंत्री वी.पी. सिंह ने आँख खोल देनेवाली यह बात कही–

"प्रधानमंत्री बनने के बाद मैंने अधिकारियों से कहा कि सूचना के अधिकार पर एक प्रस्ताव बनाकर लायें। बार-बार याद दिलाने के बाद अधिकारियों ने जो मसविदा भेजा, उसे पढ़ने से लगा कि यह तो फालतू की कवायद होगी। मसविदा इतना पनीला था कि उसमें कितना ही दूध डाला जाता, वह दूधिया तक नहीं होता।"

सूचनाधिकार के समुचित कार्यान्वयन में राजनीतिक इच्छाशक्ति का अभाव भी एक बड़ी बाधा है। शासन-प्रशासन की अधिकांश गड़बड़ियों में राजनेताओं की भी हिस्सेदारी होती है। लिहाजा, कोई राजनीतिक दल नहीं चाहता कि जनता को इन अनियमितताओं की जानकारी मिले। यही कारण है कि सूचना के अधिकार के प्रति जागरूकता उत्पन्न करने की दिशा में भी किसी दल ने कदम नहीं उठाये।

इसी तरह, अधिनियम में केंद्रीय एवं राज्य सूचना आयोगों को इस कानून के समुचित अमल के पर्याप्त अधिकार दिये गए हैं। सूचना आयोगों से इस कानून के प्रावधानों एवं भावना को कठोरता के साथ लागू कराने की अपेक्षा है। लेकिन, इस कानून को कमजोर करने की नीयत से, कई सूचना आयोगों को अक्षम, विवादास्पद व पूर्वाग्रह-प्रेरित लोगों की आश्रयस्थली बनाया जा रहा है, जिनका माइंडसेट पुराने किस्म का है। कई सूचना आयुक्त खुद गोपनीयता के पक्षधर हैं। इनमें कुछ 'उपकृत' किस्म के लोग भी हैं, जो खुद को इतनी ऊँची तनख्वाह, इतनी सुविधाएँ और इतना बड़ा सम्मान देनेवाले शासन-प्रशासन और उस मशीनरी के प्रति 'कृतज्ञ' हैं। ऐसे सूचना आयुक्त नागरिकों को सूचना दिलाने के कानूनी प्रावधानों को नियमानुसार लागू करने के बजाय काफी लिजलिजा रवैया अपना रहे हैं। ऐसे उदाहरण सामने आ रहे हैं जहाँ सूचना आयुक्तों ने नागरिकों को सूचना उपलब्ध कराने की सदाशयता के साथ इस कानून की भावना के अनुरूप कदम उठाने के बजाय सूचनाओं पर कुंडली मारकर बैठे अधिकारियों के साथ मधुर रिश्ते बनाने और उन्हें संरक्षण प्रदान करने में ज्यादा दिलचस्पी दिखायी।

यही कारण है कि सूचनाधिकार की उपेक्षा कर रही नौकरशाही को आज भी सूचना आयोगों तथा इस कानून के प्रावधानों की परवाह नहीं। साथ ही, देश में सूचनाधिकार लागू हो जाने के बावजूद केंद्र तथा राज्य सरकारों ने भी अब तक इस दिशा में कई महत्वपूर्ण कार्य पूरे नहीं किये हैं। जैसे–

1. सभी लोक प्राधिकरणों में जनसूचना अधिकारी तथा सहायक अधिकारी की नियुक्ति नहीं की गई है। इससे नागरिकों को असुविधा हो रही है।
2. कई राज्यों में सूचना आयोग के गठन का काम अब भी अधूरा है।
3. अधिनियम की धारा चार (1) (ख) के तहत विभिन्न सूचनाओं को स्वतः सार्वजनिक करना है, लेकिन उसे अब तक लागू नहीं किया गया है।
4. नागरिकों को प्रभावित करनेवाले निर्णयों से संबंधित महत्वपूर्ण नीतियों के निर्धारण से संबंधित सभी प्रासंगिक तथ्यों को सार्वजनिक करने का काम भी नहीं किया जा रहा है।
5. सूचना के आवेदन तथा शुल्क जमा करने संबंधी प्रक्रिया को सचेत ढंग से जटिल किया जा रहा है। आवेदकों को हतोत्साहित किया जा रहा है। इस मनोवृत्ति को शासन-प्रशासन के वरीय लोगों का मौन संरक्षण प्राप्त है।

सूचना-प्रदाय व्यवस्था की अपर्याप्तता समस्या है, तो नौकरशाही का उदासीन रवैया उससे भी बड़ी समस्या। नौकरशाही अब तक 'शासकीय गुप्त बात अधिनियम' के तहत हर सूचना को गोपनीय बनाये रखने की अभ्यस्त रही है। अब अधिकारियों के लिए 'सूचनाधिकार' बेहद कष्टप्रद साबित हो रहा है। ऐसे अधिकारी साजिश के तहत आवेदकों को परेशान व अपमानित कर रहे हैं। अधिकारियों का एक हिस्सा सूचना के अधिकार को अप्रासंगिक बना देने की हर संभव कोशिश कर रहा है।

ऐसे नौकरशाह यह बहस भी खड़ी करना चाहते हैं कि सूचना के दुरुपयोग को कैसे रोका जाये, जबकि यह कोई मुद्दा ही नहीं। देश के सारे कानूनों का दुरुपयोग अब तक खुद कानून के रक्षकों ने ही किया है। यह पहला कानून है जिसने आम नागरिकों के हाथ में कानून की कोई ताकत दी है। इस ताकत के जरिये वह कोई भी 'सूचना' निकाल सकता है, यानी उस 'सच' को सामने ला सकता है जो अब तक फाइलों में कैद था। लिहाजा, 'सच' का कोई खास दुरुपयोग नहीं हो सकता। अब तक के उदाहरण तो सूचनाधिकार के शानदार सदुपयोग के ही संकेत दे रहे हैं। इसलिए, दुरुपयोग की आशंका के नाम पर इसे सीमित करने की हर दलील का पुरजोर विरोध किया जाना चाहिए।

सूचना कानून को पूरी तरह से लागू कराना ही नागरिक समाज की असली परीक्षा है। हम नौकरशाही के इस रवैये से घबराएँ नहीं, बल्कि ऐसे हर मामले की शिकायत तत्काल संबंधित सूचना आयोग के पास करें। अधिनियम में ऐसे पर्याप्त प्रावधान हैं, जिनके तहत उदासीन व उद्दंड अधिकारियों को सबक सिखाया जा सके।

सूचनाधिकार के तीन प्रयोग

भारत में सूचनाधिकार के प्रयोग की अब तक मुख्यतः तीन धाराएँ उभरकर सामने आई हैं। पहली धारा राजस्थान के मजदूरों-किसानों के आंदोलन की है। इसे ही भारत में सूचनाधिकार आंदोलन की नींव रखने का श्रेय भी जाता है। यह प्रयोग नागरिकों को जानने का हक दिलाने के व्यापक लक्ष्य की बात करते हुए श्रमिकों को मस्टर रोल के जरिये अपने नाम पर भुगतान की गई राशि तथा विकास कार्यों के खर्च का लेखा-जोखा माँगता है। इसी आंदोलन ने मुख्यमंत्री को विधानसभा में यह घोषणा करने को बाध्य किया कि राजस्थान ऐसा पहला राज्य होगा, जहाँ विकास कार्यों से संबंधित किसी भी योजना की फोटोकॉपी आम नागरिकों को उपलब्ध करा दी जायेगी। इस घोषणा के बावजूद राजस्थान की जनता को सूचना का अधिकार मिलने में काफी वक्त लगा। हालाँकि स्थानीय प्रशासन पर दबाव डालकर तथा लंबे चले धरने व अनवरत आंदोलनों के जरिये राजस्थान के किसानों, मजदूरों ने विकास योजनाओं के दस्तावेज और मस्टर रोल हासिल किये। इनके आधार पर की गई जनसुनवाइयों ने विकास योजनाओं के सामाजिक अंकेक्षण का शानदार उदाहरण पेश किया। इसने सरकारी लूट की पूरी पोल खोल दी।

दूसरी धारा शहरी गरीबों और मध्यवर्ग से जुड़े आम नागरिकों की है, जो अपने दैनंदिन के सामान्य कार्यों के लिए भी सरकारी कार्यालयों के चक्कर लगाते परेशान थे। इसके सफल प्रयोग देश के कई हिस्सों में, कई संस्थाओं ने किये। इसके प्रतिनिधि के बतौर दिल्ली के संगठन 'परिवर्तन' ने अपनी पहचान बनायी। इस धारा ने कार्यालयों में फाइलों पर पड़ी धूल को झाड़ दिया। इसने आम आदमी को यह ताकत दी कि वह किसी भी सरकारी अधिकारी से पूछ सके– *'मेरा काम क्यों नहीं हुआ?'* जो लोग कल तक बाबुओं के आगे गिड़गिड़ाते थे, वे आज इन सवालों के जरिये पूछ रहे हैं–*इस लापरवाही के लिए कौन अधिकारी जिम्मेवार है, उसे क्या सजा मिलेगी?* इस प्रयोग ने सूचना के अधिकार को शासन-प्रशासन को जवाबदेह बनाने और काम में लापरवाही का हिसाब माँगने का हथियार बना दिया। इस प्रयोग की सफलता के साथ दिल्ली के दिहाड़ी मजदूर नन्नू को राशनकार्ड तथा छोटे दुकानदार अशोक गुप्ता को बिजली कनेक्शन मिलने के किस्से जुड़े। प्रेम शर्मा को पासपोर्ट मिला और मुहल्लों में विकास कार्यों की असलियत

सामने आई। इन प्रयोगों ने सूचना कानून की ताकत का एहसास कराया।

तीसरी धारा पत्रकारिता में सूचनाधिकार के उपयोग के शानदार प्रयोग की है। झारखंड को इसकी प्रयोगभूमि का श्रेय मिला, जहाँ *प्रभात खबर* ने निरंतर प्रयासों के जरिये यह प्रमाणित किया कि पत्रकारिता के लिए सूचना का अधिकार एक अनूठा, अनिवार्य एवं सशक्त माध्यम है। झारखंड में पत्रकारों की एक युवा टोली ने राज्य के कोने-कोने में नागरिकों को सूचनाधिकार की बारीकियों से अवगत कराया, विभिन्न विभागों में सैकड़ों आवेदन डालकर ऐसी एक्सक्लूसिव खबरें निकालीं, जो चालू पैटर्न के समाचार संकलन में संभव नहीं थीं। इन प्रयोगों ने पत्रकारिता में सूचनाधिकार के शानदार उपयोग की असीम संभावनाओं के सैद्धांतिक आयाम एवं व्यावहारिक रूप, दोनों ही चीजों को प्रभावशाली तरीके से पेश किया है। इन प्रयोगों ने यह साबित किया कि गंभीर एवं खोजपरक पत्रकारिता में इस कानून का जबरदस्त उपयोग संभव है। पत्रकारिता की बुनियाद अगर अभिव्यक्ति की स्वतंत्रता है, तो यह जानने के हक के बगैर अब तक अधूरी थी। पत्रकारिता अपनी आजादी को संपूर्ण करनेवाले कानून का स्वागत और उपयोग किस तरह करे, इसे झारखंड के प्रयोगों में देखा जा सकता है।

भारत में सूचनाधिकार के इन तीनों प्रतिनिधि प्रयोगों के संबंध में विस्तार से जानना महत्वपूर्ण होगा।

पहला प्रयोग : राजस्थान

हमारा पैसा, हमारा हिसाब

राजस्थान के किसानों ने अरुणा राय एवं निखिल डे के नेतृत्व में *'हमारा पैसा, हमारा हिसाब'* आंदोलन के जरिये सूचना के अधिकार को देश भर में ख्याति दिलाने वाले अगुआ दस्ते का गौरव हासिल किया। भारत में जानने के अधिकार को लेकर आंदोलन का श्रेय राजस्थान के सुदूर गाँवों के गरीब किसानों को जाता है। यह आंदोलन महानगरों के तथाकथित बुद्धिजीवियों या देश के मध्यवर्ग ने शुरू नहीं किया। पारदर्शिता का यह आंदोलन गाँवों, पंचायतों में विकास कार्यों में भ्रष्टाचार के खिलाफ तथा न्यूनतम मजदूरी के लिए संघर्षरत ग्रामीणों एवं गरीब मजदूर-किसानों की देन है।

1975 में आइ.ए.एस. की नौकरी छोड़कर जनांदोलनों से जुड़ी अरुणा राय ने 1987 में राजस्थान के देवडूँगरी गाँव में एक संगठन की नींव रखी—'मजदूर-किसान शक्ति संगठन'। भारत के पूर्व एयर मार्शल पी.के. डे के पुत्र निखिल डे तथा स्थानीय कार्यकर्त्ता शंकर सिंह की मदद से इस संगठन ने जल्द ही अपनी

मजबूत पकड़ बना ली। मजदूरी, आजीविका के साधन तथा जमीन के सवालों पर आंदोलन तेज हुआ।

उन दिनों विभिन्न निर्माण कार्यों से जुड़े मजदूरों को न्यूनतम मजदूरी से वंचित करना आम बात थी। पूरी मजदूरी की माँग करने पर सरकारी अधिकारी कहते कि तुमने पूरा काम नहीं किया है, इसलिए पूरी मजदूरी नहीं दी जा सकती। तब मजदूरों ने कहा कि हमें अपने मेजरमेंट बुक, मस्टर रोल, यूटिलाइजेशन सर्टिफिकेट वगैरह दिखाओ। हम देखना चाहते हैं कि इसमें हमारे द्वारा किये गए काम को पूरा दिखाया गया है या अधूरा, और हमारे नाम पर कितनी मजदूरी का भुगतान दिखाया गया है। इस पर अधिकारियों ने दस्तावेज दिखाने से इनकार कर दिया।

तब मजदूरों ने कहा– *'हमें दस्तावेज देखने हैं और हमें इनकी फोटोकॉपी भी चाहिए।'*

इस तरह, विकास योजनाओं में गबन तथा कम मजदूरी के खिलाफ 1993 में प्रारंभ अभियान ने धीरे-धीरे पारदर्शिता के लिए आंदोलन का रूप लिया। इसके पीछे यह समझ काम कर रही थी कि कम मजदूरी देकर अधिक भुगतान दिखाने से जहाँ मजदूरों को आर्थिक नुकसान हो रहा है, वहीं विकास योजनाओं में गबन से उनके जीवन-स्तर में सुधार के अवसर घट रहे हैं। लिहाजा, *'हमारा पैसा, हमारा हिसाब'* का आंदोलन शुरू हुआ, विकास योजनाओं के दस्तावेज माँगे जाने लगे। इस तरह, न्यूनतम मजदूरी के आंदोलन को व्यापक स्वरूप मिला।

इसी दौरान, 'अपना गाँव, अपना काम' योजना में भारी अनियमितता का भंडाफोड़ करने के लिए इससे संबंधित दस्तावेजों की माँग करते हुए 15 जून 1994 को भीम (राजसमंद) में धरना दिया गया। इसी वर्ष जून महीने में कोटकिराणा (रायपुर, पाली) में ग्रामीणों के दबाव में बी.डी.ओ. ने दस मस्टर रोल की जाँच की। इसमें फर्जीवाड़े का पता चला। ग्रामीणों ने मस्टर रोल की 'फोटो-कॉपी' माँगी। बी.डी.ओ. इसके लिए तैयार नहीं हुए। फिर, जनदबाव के कारण इस बात पर राजी हुए कि ग्रामीण अनौपचारिक रूप से मस्टर रोल की नकल स्वयं अपने हाथ से दूसरे कागज पर लिख लें।

इसके साथ ही, भ्रष्टाचार के खिलाफ जनसुनवाई का अनूठा प्रयोग शुरू हुआ। इसके लिए विकास एवं राहत कार्य संबंधी दस्तावेज माँगे गए। इसके लिए लगातार आंदोलन और धरने के बाद कई पंचायतों की विकास योजनाओं से संबंधित दस्तावेज हासिल हुए। इनमें मस्टर रोल की कॉपी और वस्तुओं की खरीद संबंधी रसीदें भी शामिल थीं।

दो दिसंबर 1994 को पहली जनसुनवाई *कोटकिराणा* (पाली) में हुई। दूसरी जनसुनवाई सात दिसंबर 1994 को *भीम* (राजसमंद) में। तीसरी जनसुनवाई 17 दिसंबर 1994 को विजयपुरा (देवगढ़-राजसमंद) में। चौथी जनसुनवाई सात जनवरी 1995 को *जवाजा* (अजमेर) में।

जनसुनवाई में दस्तावेजों को ग्रामीणों के बीच जाँच के लिए पेश करने पर भारी गड़बड़ियों का पता चला। मस्टर रोल में ऐसे लोगों के भी नाम पर मजदूरी का भुगतान दिखाया गया था, जिनकी वर्षों पहले मौत हो चुकी थी, या जो दूसरी जगह जा चुके थे। बहुत से जाली लोगों के भी नाम थे। यह भी पता चला कि एक प्राथमिक विद्यालय की मरम्मत में जितनी सीमेंट लग गई, उतने में नयी बिल्डिंग बन जाती।

इस तरह, चार जिलों में जनसुनवाई के आधार पर एम.के.एस.एस. ने भ्रष्ट अधिकारियों एवं जनप्रतिनिधियों के खिलाफ मुकदमा दर्ज कराने का प्रयास किया। लेकिन इसकी अनुमति नहीं मिली। इसके बाद एम.के.एस.एस. ने जानने के अधिकार को लेकर आंदोलन तेज कर दिया।

जनसुनवाई के इस प्रयोग से अधिकारियों में हड़कंप मच गया। जवाजा (अजमेर) की जनसुनवाई के लिए कलक्टर ने एम.के.एस.एस. की माँग स्वीकार करके मस्टर रोल व अन्य दस्तावेज देने का निर्देश दिया था। लेकिन ग्रामसेवकों ने इंकार करके 22 दिसंबर 1995 को कलक्टर को ज्ञापन दिया। उनका कहना था कि वे सिर्फ सरकारी उच्चाधिकारियों को ही अपने दस्तावेज दिखायेंगे, आम लोगों को नहीं। ग्रामसेवकों ने दो जनवरी 1995 को कलक्टर के सामने धरना देकर कहा कि एम.के.एस.एस. वाले लोग हमीं से दस्तावेज लेकर हमें ही चार्जशीट दिलाना चाहते हैं। इससे पता चलता है कि सरकारी मशीनरी में किस कदर हड़कंप मचा था।

एम.के.एस.एस. ने सूचना का आंदोलन जारी रखा। चारों जनसुनवाइयों के आधार पर फरवरी 1995 में जाँच हुई। मार्च में थियेटर वर्कशॉप किये गए तथा विकास संबंधी राशि का हिसाब माँगने के आंदोलन को सांस्कृतिक धार देने का प्रयास हुआ। अप्रैल 1995 में लगभग डेढ़ सौ गाँवों में सूचना के अधिकार पर बैठकें की गईं। 25 अप्रैल 1995 को थाणा (भीलवाड़ा) में पाँचवीं जनसुनवाई की गई। पहली मई को सूचनाधिकार दिवस के बतौर मनाया गया। 25 सितंबर 1995 को सूचना के जनाधिकार के लिए पहला राज्य अधिवेशन हुआ।

1995 में ही एक ऐतिहासिक उपलब्धि मिली। आंदोलन के दबाव में, पाँच अप्रैल 1995 को राजस्थान के मुख्यमंत्री भैरोंसिंह शेखावत ने विधानसभा में घोषणा कर दी कि हमारी सरकार भारत की पहली सरकार होगी, जो किसी भी नागरिक को स्थानीय विकास कार्यों से संबंधित दस्तावेजों की फोटोकॉपी उचित शुल्क पर उपलब्ध करायेगी।

लेकिन नौकरशाहों एवं जनप्रतिनिधियों के दबाव के कारण एक साल तक इस पर कोई कदम नहीं उठाया गया। लिहाजा, ठीक एक साल बाद एम.के.एस.एस. ने ब्यावर के चांग गेट पर छह अप्रैल 1996 को अनिश्चितकालीन धरना आयोजित किया। धरने के पहले ही दिन सरकार ने आदेश जारी किया कि नागरिक

शुल्क जमा करके दस्तावेज देख सकते हैं, लेकिन फोटो-कॉपी नहीं मिलेगी।

लेकिन एम.के.एस.एस. इस घोषणा से संतुष्ट नहीं हुआ। कहा कि हमें प्रमाणित प्रति मिले बगैर हम भ्रष्टाचार के खिलाफ मुकदमा दर्ज नहीं कर सकते। इसलिए सिर्फ दस्तावेज देखने का अधिकार पर्याप्त नहीं। लिहाजा, ब्यावर का यह धरना लगातार जारी रहा। इसे व्यापक जनसमर्थन मिलता गया। अंततः लगभग डेढ़ महीने के बाद, 14 मई 1996 को राज्य सरकार ने एक समिति बनाने की घोषणा की, जिसे सूचना के अधिकार का स्वरूप तैयार करना था। इस तरह धरना खत्म हुआ। लेकिन फिर एक साल तक कोई प्रगति नहीं हुई। छह मई 1997 से एम.के.एस.एस. ने राजधानी जयपुर के स्टेच्यू सर्कल में विशाल अनिश्चितकालीन राज्यस्तरीय धरना शुरू किया। यह धरना पूरे राज्य और देश में चर्चा का विषय बना। इसी दौरान कांग्रेस नेता अशोक गहलोत ने घोषणा कर दी कि हमारी सरकार बनी तो हम सूचना का कानून लागू करेंगे।

जयपुर धरने के 52 दिन के बाद उपमुख्यमंत्री हरिशंकर भाभड़ा ने दिलचस्प रहस्योद्घाटन किया। उन्होंने कहा कि राज्य सरकार पिछले साल ही अधिसूचना जारी कर चुकी है कि पंचायत तथा ग्रामीण स्थानीय निकाय संबंधी दस्तावेजों की फोटो-कॉपी उचित शुल्क देकर हासिल की जा सकती है। हालाँकि सरकार के कामकाज में पारदर्शिता लाने की इस अधिसूचना को ही इतने दिनों तक गोपनीय क्यों रखा गया, इसका जवाब किसी के पास नहीं था।

इसके बावजूद राज्य में सूचना का अधिकार नहीं मिला। आंदोलन चलता रहा। जनवरी 1998 में पंचायतों से मिले दस्तावेजों की जाँच के आधार पर कूकरखेड़ा (भीम राजसमंद), लोटियाणा, रावतमाल, सूरजपुरा (जवाजा, अजमेर) में जनसुनवाई की गई। इस दौरान तीन सरपंचों ने गबन किये गए पैसे लौटाये। बाद में जाँच के आधार पर तीन सरपंचों को निलंबित कर दिया गया।

पहली मई 2000 को राजस्थान विधानसभा ने सूचना का अधिकार कानून पारित किया। इसी दिन पंचायती राज अधिनियम में संशोधन करके वार्ड सभा एवं ग्राम सभा में सामाजिक अंकेक्षण को अनिवार्य कर दिया गया। 26 जनवरी 2001 से राजस्थान में सूचना का अधिकार कानून लागू हुआ। इस तरह, राजस्थान को सूचनाधिकार देनेवाले पहले राज्य का श्रेय भले न मिला हो, यहाँ के ग्रामीणों को पूरे देश में इसकी अवधारणा और उदाहरण पेश करने का ऐतिहासिक गौरव अवश्य प्राप्त हुआ।

कानून बनने से उत्साहित मजदूर-किसानों ने नये जोश के साथ विकास योजनाओं की जाँच-पड़ताल शुरू की। चार अप्रैल 2001 को जनावद (कुम्भलगढ़, राजसमंद) में जनसुनवाई हुई। यह पूरे देश में चर्चित हुई। इस जनसुनवाई में उपलब्ध दस्तावेजों से 44 लाख के घोटाले का भंडाफोड़ हुआ। सरकार इसकी जाँच वित्त-विभाग के शासन उपसचिव बन्नालाल से कराने पर मजबूर हुई। जनावद

पंचायत में 1994 से 2001 के बीच हुए 141 विकास कार्यों का भौतिक सत्यापन किया गया। इस दौरान करीब सवा करोड़ रुपये इस पंचायत पर खर्च दिखाये गए! लेकिन वास्तव में सिर्फ 55 लाख रुपये खर्च किये गए। शेष 70 लाख रुपये अधिकारी, नेता और बिचौलिये हड़प गए। बन्नालाल समिति ने 24 जुलाई 2001 को रिपोर्ट सौंपी। इसमें लगभग पचास अधिकारियों पर तरह-तरह के आरोप लगे थे। तीन अधिकारियों को जेल की हवा खानी पड़ी, आठ निलंबित कर दिये गए और 25 के खिलाफ विभागीय जाँच बिठा दी गई।

जनावद की जनसुनवाई का खास महत्व एक और वजह से है। इस पंचायत के सरपंच रामलाल का प्रदेश की राजनीति में खास रुतबा था। वह पूर्व मुख्यमंत्री हीरालाल देवपुरा के खासमखास थे। इसी के बूते उन्होंने 37 पंचायतों के लिए आए दस करोड़ रुपयों में से सवा करोड़ रुपये अकेले जनावद पंचायत के लिए झटक लिये थे। जनावद में भ्रष्टाचार उजागर होने के बाद राज्य सरकार ने उन सभी पंचायतों में जनसुनवाई और जाँच के आदेश दिये जहाँ ज्यादा रुपये खर्च हुए।

5-6 अप्रैल 2001 को ब्यावर के सुभाष गार्डन में सूचना के अधिकार का प्रथम राष्ट्रीय सम्मेलन हुआ। इसके विशाल मंच पर बैनर था–

''चोरीवाड़ो घणो होग्यो रे, कोई तो मुण्डे बोलो।''

(लूटखसोट बहुत हो चुकी, कोई तो मुँह से बोले या अपनी जुबान खोले) एक चर्चित गीत की यह पहली पंक्ति सूचना आंदोलन की प्रतिनिधि बन गई। नारे थे–

''यह देश हमारा-आपका, नहीं किसी के बाप का।''

''हम अपना अधिकार माँगते, नहीं किसी से भीख माँगते।''

''हमारी संख्या-हमारी ताकत, हमारा पैसा-हमारा हिसाब।''

''म्हारो छोटो सो गाम, जिम कितना आया दाम।''

''सोना चाँदी मैं नहीं माँगा, मस्ट्रोलाँ री नकलाँ माँगाँ।''

ऐसे नारों में राजस्थान के मजदूर-किसानों के एक नयी लोकतांत्रिक ताकत के बतौर उठ खड़े होने तथा भारतीय राज-समाज को नयी कसौटी पर तौलने की जद्दोजहद के संकेत मिल रहे थे। इस सम्मेलन ने ''ब्यावर घोषणापत्र'' जारी किया।

इस आंदोलन ने किस तीखेपन के साथ व्यवस्था पर कटाक्ष किये, इसे जानने के लिए एक दिलचस्प उदाहरण देखें। मई-जून 1997 में जयपुर में 53 दिनों का धरना हुआ था। इसी दौरान भाजपा नेता लालकृष्ण आडवाणी का रथ राजस्थान पहुँचा। उनका नारा था– *'भय, भूख और भ्रष्टाचार।'* इसके जवाब में धरना-स्थल पर एक *'घोटाला-रथ'* बनाया गया। एक ठेले पर बने इस रथ की छतरी के चारों ओर घोटालों की तख्तियाँ लगी थीं। इस रथ से भ्रष्टाचार के प्रतीक नेता *'राजवाणी'*

ने माइक से यह प्रचार किया–

> "भाइयो, इस छतरी के घोटाले ही हमारे लोकतंत्र की आत्मा हैं। ये घोटाले ही अफसरों और नेताओं की खुराक हैं। इस खुराक को कम मत करना। इसे चालू रखना ताकि नेता-अफसर मजबूत रहें। अगर वे कमजोर होंगे तो देश भी कमज़ोर होगा। उनकी खुराक चालू रखो..."

सूचना के कानून ने राजस्थान में क्या गजब किया, इसे जवाजा (अजमेर) के एक उदाहरण में देखें। अप्रैल 2005 में यहाँ की कोटड़ा पंचायत में वन विभाग ने 45 दिन तक महिला श्रमिकों से मिट्टी खोदने का काम कराया। फिर न्यूनतम मजदूरी 73.00 रुपये के बदले सिर्फ साठ रुपये की दर से भुगतान शुरू किया। महिलाओं ने न्यूनतम मजदूरी की बात कही तो रेंजर ने जवाब दिया कि इतना ही पैसा आया है। इस पर महिलाओं ने सूचना का एक आवेदन थमा दिया। इसमें वन विभाग में आए सारे पैसों का विवरण और उसके खर्च का हिसाब माँगा गया था। इस आवेदन का क्या असर हुआ, इस पर *सुशीला बाई* कहती हैं–

> "रेंजर आवेदन लेते ही काँपने लगा। उसकी हालत खराब हो रही थी। मैं बोली–इससे आप मना नहीं कर सकते हैं। यह सूचना आपको देनी पड़ेगी। कानून है राइट टू इनफॉरमेशन का। पेमेंट भले ही बाद में करना। हमें सूचनाएँ बताओ।
>
> ...रेंजर यह सुनते ही सन्न रह गया। वह कमरे में फोरेस्टर के पास जाकर बोला कि जल्दी से जाकर 73 रुपये की घोषणा करो...तब से यहाँ पूरे काम का पूरा दाम मिल रहा है।"

लेकिन राजस्थान के किसानों-मजदूरों के इस आंदोलन ने देश के बुद्धिजीवियों और मीडिया के बड़े हिस्से के दिल-दिमाग या जमीर को जरा भी नहीं झकझोरा। यही कारण है कि सूचना आंदोलन से घनिष्ठ रिश्ता रखने वाली *नंदिनी सहाय* (एमिक-इंडिया) ने जुलाई 2006 में कहा–

> "हमें यह खुशी है कि देश में सूचना का अधिकार लागू हुआ, लेकिन यह तकलीफ हमेशा रहेगी कि एक दशक लंबे आंदोलन के दौरान मीडिया ने कभी इसका साथ नहीं दिया। कुछ मीडियाकर्मी या संस्थान अपवाद हो सकते हैं, लेकिन मीडिया की मुख्यधारा ने इस आंदोलन का उपहास ही किया।"

राजस्थान के आंदोलनकारी *चुन्नी सिंह* ने लिखा है–

> "हमारा आंदोलन शुरू हुआ तो बुद्धिजीवियों और मीडिया के लोगों ने कहा कि हमें समझ में नहीं आ रहा है कि इस सूचना के अधिकार का क्या मतलब है। प्रबुद्ध लोगों को लगा कि ये गरीब फटेहाल लोग ऐसे अधिकार के लिए संघर्ष क्यों कर रहे हैं। राजनीतिक दलों को

भी यह अच्छा नहीं लग रहा था...हकीकत में यह लड़ाई मीडिया को लड़नी चाहिए थी। मगर वह गरीबों ने लड़ी और जीती।"

दूसरा प्रयोग : दिल्ली

मेरा काम क्यों नहीं हुआ?

दिल्ली विधानसभा ने मई 2001 में सूचना का अधिकार विधेयक पारित किया। दो अक्तूबर 2001 से उसे लागू किया गया। इस अधिनियम के दायरे में दिल्ली राज्य सरकार के 119 विभाग शामिल किये गए। हर विभाग में एक जनसूचना अधिकारी की नियुक्ति हुई। लेकिन अधिकारियों का रवैया नकारात्मक रहा। 'परिवर्तन' ने दिसंबर 2001 में तीन सरकारी विभागों–दिल्ली विद्युत बोर्ड, दिल्ली नगर निगम तथा दिल्ली राज्य औद्योगिक विकास निगम में सूचना के आवेदन दिए। लेकिन अधिकारियों को कानून की जानकारी तक नहीं थी। सूचना का अधिकार कानून लागू होने के बाद भी सूचना के लिए काफी संघर्ष करना पड़ा।

दिल्ली में कई संस्थाओं एवं सामाजिक कार्यकर्त्ताओं ने सूचनाधिकार के शानदार प्रयोग किये। इसी बीच भारतीय राजस्व सेवा की महत्वपूर्ण हैसियत को तिलांजलि देकर *अरविंद केजरीवाल* ने भ्रष्टाचार के खिलाफ अभियान चलाया। उनके संगठन 'परिवर्तन' ने आम नागरिकों की छोटी-छोटी समस्याओं को सूचनाधिकार के दायरे में लाकर एक अनूठा प्रयोग किया। उस वक्त तक सूचना के अधिकार को महज राजस्थान के किसानों के आंदोलन और मस्टर रोल की कॉपी देख लेने तक सीमित मामला समझा जा रहा था। बुद्धिजीवियों को यह रिसर्च वगैरह करने के ख्याल से कुछ दस्तावेज हासिल कर लेने की लंबी, उबाऊ एवं खर्चीली प्रक्रियावाला कानून दिख रहा था। क्रांतिकारियों की नजर में यह 'एनजीओ टाइप' मामला था। लेकिन सूचना के अधिकार को आम नागरिकों की सामान्य समस्याओं से जोड़ दिये जाने से एक नया, व्यापक आयाम मिला। अचानक लगा कि सूचना के अधिकार के जरिये पूरे शासन-प्रशासन को हर छोटे-बड़े काम के लिए बेहद आसानी से जवाबतलब किया जा सकता है। इस दौरान सरकारी कार्यालयों में हर काम के लिए घूस लेने और देने की प्रवृत्ति पर भी जमकर चोट की गई। इस प्रयोग की इन सफलताओं ने पूरे देश में उदाहरण पेश किये–

अशोक गुप्ता ने पायी बिजली

दिल्लीवासी अशोक गुप्ता ने नया बिजली कनेक्शन हासिल करने के लिए फरवरी

2001 में दिल्ली विद्युत बोर्ड को आवेदन दिया था। वह इसके बदले रिश्वत देने को तैयार नहीं थे। इसके कारण एक साल तक कोई कार्रवाई नहीं हुई। फरवरी 2002 में उन्होंने आवेदन देकर पूछा–

- मेरे आवेदन पर आज तक की प्रतिदिन की प्रगति-रिपोर्ट क्या है?
- उन अधिकारियों के नाम एवं पद, जिन्हें मेरे आवेदन पर कार्रवाई करनी थी, जिसे उन्होंने नहीं किया। इंडियन इलेक्ट्रिसिटी एक्ट के तहत किसी भी व्यक्ति को आवेदन के तीस दिनों के भीतर बिजली कनेक्शन देना है। क्या इन अधिकारियों ने एक्ट का उल्लंघन किया है?
- क्या इन अधिकारियों ने समय पर बिजली कनेक्शन न देकर मानसिक तनाव उत्पन्न किया है?
- क्या दिल्ली विद्युत बोर्ड इन अधिकारियों के खिलाफ कोई कार्रवाई करने जा रहा है? अगर हाँ, तो कब तक?
- मुझे बिजली कनेक्शन कब मिलेगा?

मार्च 2002 में अशोक गुप्ता को नया बिजली कनेक्शन मिल गया। यह एक चमत्कार ही था। सामान्य परिस्थितियों में तो ऐसे आवेदनों को कूड़ेदान में फेंक दिया जाता है। लेकिन सूचनाधिकार कानून में प्रावधान है कि जो अधिकारी समय पर सूचना नहीं देगा, उससे जुर्माना वसूला जायेगा। चूँकि अशोक गुप्ता के सवालों का जवाब देना मुश्किल था, लिहाजा उन्हें तेरह दिन के अंदर बिजली कनेक्शन देकर अधिकारियों ने इस मुसीबत को टाला।

नन्नू को मिला राशनकार्ड

दिल्ली के दिहाड़ी मजदूर नन्नू को सूचना के एक आवेदन ने देश भर में ख्याति दिला दी। पूर्वी दिल्ली की मजदूर कॉलोनी वेलकम के निवासी नन्नू का राशन कार्ड खो गया था। उन्होंने नये कार्ड के लिए जनवरी 2004 में आवेदन दिया। तीन महीनों तक खाद्य आपूर्ति विभाग के चक्कर लगाने पड़े। अंततः आवेदन जमा करके नन्नू ने पूछा–

- मेरे आवेदन पर प्रतिदिन की प्रगति-रिपोर्ट क्या है?
- उन अधिकारियों के नाम एवं पद क्या हैं जिन्हें मेरे आवेदन पर कार्रवाई करनी थी, जिसे उन्होंने अब तक नहीं किया?
- उन अधिकारियों के खिलाफ क्या कार्रवाई होगी?

इसके हफ्ते भर के अंदर खाद्य आपूर्ति विभाग के एक अधिकारी ने आकर बताया कि राशन कार्ड बन गया है, ऑफिस आकर ले जाइए। दूसरे दिन जब नन्नू खाद्य आपूर्ति विभाग के कार्यालय में पहुँचे तो अधिकारी काफी इज्जत से पेश आए, राशन कार्ड थमाया और चाय पिलाकर आग्रह किया कि अब तो सूचना

के अधिकार के तहत जमा किया गया अपना आवेदन वापस ले लीजिए।

जयमाला का मोबाइल

पूर्वी दिल्ली के मंडावली में रहने वाली जयमाला शर्मा का मोबाइल सेट चोरी हो गया। तीन बार थाना जाने पर भी पुलिस ने प्राथमिकी दर्ज नहीं की। बीमा से राशि पाने के लिए प्राथमिकी जरूरी थी। जयमाला ने सूचना के अधिकार के तहत आवेदन देकर पूछा कि मोबाइल फोन चोरी होने पर थाने में प्राथमिकी दर्ज क्यों नहीं की जाती। उन्होंने यह भी पूछा कि तीन बार थाना जाने पर भी प्राथमिकी दर्ज क्यों नहीं हुई, इसके लिए कौन अधिकारी जिम्मेवार है? इस आवेदन का असर यह हुआ कि दो पुलिसकर्मी उनके घर पहुँच गए तथा प्राथमिकी दर्ज करने की जानकारी देते हुए इसकी प्रतिलिपि दी। लेकिन इस वक्त तक बीमा के लिए दावा करने का समय गुजर चुका था। इसलिए जयमाला ने इसे लेने से इंकार कर दिया। वह सूचना के अधिकार के तहत जानकारी हासिल करने की माँग पर डटी रहीं। नतीजा यह हुआ कि एक वरीय पुलिस अधिकारी ने पुलिस की ओर से क्षमा माँगी। यहाँ तक कि पुलिस ने मुआवजे के बतौर उन्हें मोबाइल सेट भी दिया।

पांडवनगर की पाइपलाइन

दिल्ली के पांडवनगर में पेजयल की एक पाइपलाइन बदली गयी थी। लेकिन शुरू से ही यह खराब थी। आसपास के लोगों ने कई बार शिकायत की। कोई सुनवाई नहीं हुई। अंततः वहाँ के नागरिकों ने पूछा–

- हमारे आवेदन पर अब तक क्या कार्रवाई हुई? उन अधिकारियों के नाम एवं पद क्या हैं जिन्हें आवेदन पर कार्रवाई करनी थी, लेकिन जिसे उन्होंने अब तक नहीं किया ?
- पाइपलाइन बिछाने की संविदा की फोटोकॉपी, पाइपलाइन बिछाने संबंधी कार्य समाप्त किये जाने का पूर्णता (कंप्लीशन) प्रमाणपत्र एवं उसके बिल की फोटोकॉपी, उन अधिकारियों के नाम जिन्होंने पूर्णता प्रमाणपत्र जारी किया ?

यह आवेदन जमा करने के तीन दिन के भीतर पाइपलाइन की मरम्मत हो गई।

पूर्वी दिल्ली में सफाई

पूर्वी दिल्ली के पांडवनगर इलाके में सड़कों और गलियों की सफाई के लिए दिल्ली

नगर निगम ने 61 सफाईकर्मी बहाल कर रखे हैं। लेकिन किसी भी दिन 35 से ज्यादा कर्मी काम पर नहीं आते। पूर्वी दिल्ली के ही सुंदरनगरी इलाके में सफाई के लिए 42 सफाईकर्मी हैं। लेकिन यहाँ किसी भी दिन 18 से ज्यादा सफाईकर्मी नजर नहीं आते। जबकि इन सारे ही लोगों को रजिस्टर में उपस्थित दिखा दिया जाता था। इसका भंडाफोड़ तब हुआ, जब इन दोनों इलाकों के नागरिकों ने इन कर्मचारियों के उपस्थिति रजिस्टर की माँग की। एक बार उपस्थिति रजिस्टर मिल जाने के बाद नागरिकों को सभी सफाई कर्मचारियों के नाम, नंबर, संख्या, कार्य के घंटे, उनके निर्धारित काम इत्यादि सभी चीजों की जानकारी मिल गई। इसके आधार पर कर्मचारियों की जवाबदेही भी तय करना संभव हो गया। इसका तत्काल असर हुआ। इलाके में पर्याप्त मात्रा में ऐसे सफाई कर्मचारी नजर आने लगे, जो पहले सिर्फ उपस्थिति रजिस्टर में ही नजर आते थे।

दिल्ली नगर निगम ने दिया हिसाब

दिल्ली के नागरिकों ने सूचना के अधिकार विधेयक का शानदार इस्तेमाल करके दिल्ली नगर निगम के कामकाज की पड़ताल की। अगस्त 2002 में 'परिवर्तन' ने सूचनाधिकार का उपयोग करते हुए दिल्ली नगर निगम द्वारा पूर्वी दिल्ली में पिछले दो वित्तीय वर्षों में कराये गए सिविल कार्यों के संबंध में जानकारी माँगी। दस्तावेजों के अध्ययन से बड़े पैमाने पर भ्रष्टाचार की जानकारी मिली। एक करोड़ तीस लाख रुपये में कराये गए कुल 68 कार्यों की जाँच करने पर सत्तर लाख रुपयों का काम कराये ही नहीं जाने का प्रमाण मिला। इसका विवरण इस प्रकार है–

- 29 हैंडपंप के लिए भुगतान हुआ, जबकि केवल 14 लगाये गए।
- कुल 29 इलेक्ट्रिक मोटरों का अस्तित्व सिर्फ कागजों में था।
- 253 आयरन ग्रेटिंग (नाली पर लोहे की जाली) के लिए भुगतान हुआ जबकि मात्र 30 जालियाँ ही लगायी गईं।
- कुल 35 नालियों का अस्तित्व सिर्फ कागजों पर नजर आया।
- कई सड़कें और गलियाँ सिर्फ सरकारी फाइलों में मौजूद थीं।
- दो मामलों में एक ही काम का दो बार भुगतान हुआ।

ऋचा ने किया सड़क का निरीक्षण

सूचना के अधिकार के तहत किसी निर्माण कार्य का निरीक्षण भी किया जा सकता है। निर्माणस्थल के निरीक्षण एवं सरकारी दस्तावेजों के अध्ययन से भ्रष्टाचार को उजागर किया जा सकता है। उदाहरण के लिए, अगर एक सौ मीटर सड़क बनायी जाती है तो अधिकारी उसे दो सौ मीटर बताकर दोगुना भुगतान करा लेते हैं।

अधिकारी सोचते हैं कि यह मामला सरकारी फाइलों में ही दबा रहेगा। यहाँ तक कि अगर कभी विजिलेंस की जाँच हो या ऑडिट जाँच हो तो अधिकारियों को इसकी भी परवाह नहीं, क्योंकि उन्हें भरोसा है कि वे रिश्वत देकर बच जायेंगे। लेकिन अगर आप किसी निर्माणाधीन सड़क का निरीक्षण करके इसमें प्रयुक्त सामग्री का नमूना भी ले लेते हैं तो अधिकारियों में यह भय होगा कि कोई नागरिक उनके कार्यों की निगरानी कर रहा है। इसके बाद वे दस्तावेजों एवं मेजरमेंट बुक में गलत सूचनाएँ डालने से घबरायेंगे। वे घटिया सामग्री के उपयोग से भी परहेज करेंगे। दिल्ली में इसके कुछ उल्लेखनीय उदाहरण सामने आए हैं–

मार्च 2004 में ऋचा ने पूर्वी दिल्ली की एक सड़क का आधिकारिक तौर पर निरीक्षण किया। इस दौरान पी.डब्ल्यू.डी. के अधिकारी भी मौजूद थे, जो ऋचा के सारे सवालों का जवाब दे रहे थे तथा संबंधित दस्तावेज दिखा रहे थे। देश के इतिहास में ऐसा पहली बार हुआ, जब किसी नागरिक ने आधिकारिक तौर पर किसी सरकारी कार्य का निरीक्षण किया हो। इसने नागरिकों द्वारा सरकारी कार्यों के निरीक्षण का मॉडल पेश किया।

कूड़ेदान की असलियत

जून 2002 में पूर्वी दिल्ली के पटपड़गंज क्षेत्र में दिल्ली नगर निगम ने एक कूड़ेदान की मरम्मत करायी। सिर्फ कूड़ेदान की सतह में थोड़ा काम किया गया। नागरिकों ने इस कार्य के दस्तावेज माँग लिये। ठेके की शर्तों को देखकर लोग हैरान रह गए। दस्तावेज के अनुसार, कूड़ेदान में लोहे का एक गेट लगाना था तथा उसकी दीवारों को पलस्तर करना था। यह सब किये बगैर ही ठेकेदार अपना काम पूरा बताकर जा चुका था। वहाँ के नागरिक अभी सोच ही रहे थे कि इस मामले में क्या कदम उठाये जायें, तब तक वह ठेकेदार खुद ही वापस लौट आया तथा बचे हुए कामों को फटाफट पूरा कर गया। सिर्फ ठेके की कॉपी देख लेने का इतना बड़ा असर हुआ।

अधूरी बनी सड़क

वर्ष 2001 में पटपड़गंज इलाके में एक सड़क पर काफी सघन काम हुआ, लेकिन उसके एक हिस्से को अधूरा छोड़ दिया गया। नागरिकों को शक हुआ कि मामला गड़बड़ है। नागरिकों ने सड़क से संबंधित ठेके के दस्तावेज माँगे। आवेदन दिये जाने के हफ्ते भर के अंदर कार्यपालक अभियंता ने आवेदक को बुलाया और वायदा किया कि काम पूरा कर दिया जायेगा। जल्द ही अधूरा काम पूरा हो गया।

दिल्ली में जनवितरण प्रणाली

'परिवर्तन' ने जनवितरण प्रणाली में भ्रष्टाचार उजागर करने में सूचनाधिकार का शानदार उपयोग किया। यह अभियान लगभग दो साल चला। गरीबी रेखा से नीचे की देश की लगभग साढ़े छह करोड़ की आबादी (बी.पी.एल.) के लिए भारत सरकार सस्ते दर पर अनाज मुहैया कराती हैं। इसके लिए अनुदान का वार्षिक बजट 26 हजार करोड़ रुपये है। लेकिन इसका समुचित उपयोग उन लोगों के लिए नहीं हो पाता, जिनके लिए यह योजना बनायी गई है। प्रख्यात सामाजिक कार्यकर्त्ता ज्याँ द्रेज के अनुसार लगभग पचास फीसदी राशन की कालाबाजारी हो जाती है।

गरीबों तक यह अनाज पहुँचाने का काम जनवितरण प्रणाली की दुकानों के माध्यम से होता है। इस अनाज का बड़ा हिस्सा बिचौलियों की बंदरबाँट का शिकार होता है। दिल्ली में 'परिवर्तन' के कार्यकर्त्ताओं के पास कई तरह की अनियमितताओं की शिकायतें आती थीं। दुकानें बेहद कम समय के लिए खुलती थीं। दुकानदार बहाने बनाता था कि राशन खत्म हो चुका है। लोगों को प्रायः निश्चित मात्रा की अपेक्षा कम राशन मिल पाता था। मिलनेवाले राशन की गुणवत्ता भी निर्धारित मापदंड के अनुरूप नहीं होती थी। इस योजना के अनाज का बड़ा हिस्सा जनवितरण दुकानों के बजाय सीधे प्राइवेट मिलों में पहुँच जाता था। वर्ष 2003 में 'परिवर्तन' ने जनवितरण प्रणाली में सुधार का अभियान चलाया। कार्यकर्त्ताओं ने घर-घर घूमकर सर्वेक्षण किया तो पता चला कि गरीबों के लिए आनेवाला नब्बे फीसदी अनाज कालाबाजारी में चला जाता है। जून 2003 में वितरण के लिए आए 2650 किलो गेहूँ में से 87 फीसदी गेहूँ कालाबाजार में चला गया। इन तथ्यों की दस्तावेजी जाँच के लिए 'परिवर्तन' ने सुंदरनगरी की सत्रह दुकानों के चार महीने के सारे रिकॉर्ड सूचनाधिकार के जरिये माँगे। जून 2003 में प्रथम अपीलीय अधिकारी के आदेश के बावजूद दस्तावेज नहीं मिले। अगस्त 2003 में खाद्य आयुक्त के समक्ष प्रदर्शन के बाद दस्तावेजों की जाँच की अनुमति मिली। इस दौरान राशन दुकानदारों ने विभिन्न तरीकों से कार्यकर्त्ताओं पर हमले किये तथा आतंकित करने का प्रयास किया। लेकिन अभियान जारी रहा। अंततः दिसंबर 2003 में दस्तावेजों के निरीक्षण का अवसर मिला। कार्यकर्त्ताओं के साथ आम नागरिकों ने भी दस्तावेजों की जाँच की। इनकी सत्यता का पता लगाने के लिए कार्यकर्त्ताओं ने घर-घर घूमकर पता लगाया कि दस्तावेजों में दर्ज की गई मात्रा के अनुसार उन्हें राशन मिला है या नहीं। इससे बौखलाये राशन दुकानदारों ने दिसंबर 2003 में सर्वेक्षण दल पर हमला कर दिया और उनके दस्तावेज छीन लिये। इसके बावजूद अभियान जारी रहा। सरकार कई दुकानदारों के लाइसेंस रद्द करने को विवश हुई। वर्ष 2004 में प्रतिमाह राशन दुकानों का जन-अंकेक्षण करके अनियमितताओं को सामने लाया गया। इससे बौखलाये राशन दुकानदारों के गुंडों ने 30 दिसंबर 2004 को एक कार्यकर्त्ता का

गला काटने की कोशिश की। फरवरी 2005 में मुख्यमंत्री ने जनवितरण प्रणाली की गहन समीक्षा का आदेश दिया। इस अभियान के कारण राशन दुकानों की अनियमितताओं पर काफी रोक लगी। सरकारी अधिकारियों ने लगातार दौरे करके दुकानों के खुलने व बंद होने के समय तथा स्टॉक वगैरह की पूरी जाँच की। हर दुकान के बाहर यह सूची लगाना जरूरी कर दिया गया कि किन लोगों ने कितना राशन उठाया है। नागरिकों को यह अधिकार दिया गया कि वे प्रत्येक शनिवार को राशन दुकानों के दस्तावेजों की जाँच करके देख सकते हैं कि उनमें कोई अनियमितता हुई है या नहीं। यह अभियान देश में सूचनाधिकार का एक महत्वपूर्ण उदाहरण बना।

विधायक का बहाना नहीं चला

सूचनाधिकार ने नागरिकों को सांसदों, विधायकों पर से निर्भरता कम करने का आधार देने के साथ ही जनप्रतिनिधियों को जवाबदेह बनाने का भी अवसर दिया है। इसका शानदार उदाहरण दिल्ली में देखा गया। पांडवनगर इलाके के लोग एक सड़क बनवाना चाहते थे। उन्होंने विधायक से आग्रह किया कि इसे विधायक फंड से बनवा दें। विधायक ने यह कहकर साफ मना कर दिया कि उनका फंड तो खत्म हो चुका है। नागरिकों ने सूचना का अधिकार विधेयक के तहत जानकारी प्राप्त की। वे यह देखकर हैरान रह गए कि उस वित्त वर्ष में विधायक फंड के तहत बेहद कम काम हुए हैं तथा ज्यादातर राशि बेकार पड़ी है। इन सूचनाओं के साथ नागरिकों ने जब विधायक महोदय से दुबारा संपर्क किया तो उनके पास कोई भी बहाना शेष नहीं बचा था।

ऊँचे स्कूलों में गरीब बच्चे

दिल्ली में निजी विद्यालयों को जमीन व अन्य सुविधाएँ देते समय यह शर्त होती है कि गरीब बच्चों के लिए बीस फीसदी सीटों पर निःशुल्क नामांकन की सुविधा दी जायेगी। लेकिन यह प्रावधान फाइलों में ही कैद रहता था। मालवीय नगर क्षेत्र के *सतर्क नागरिक संगठन* के सदस्यों ने शिक्षा उपनिदेशक के कार्यालय में सूचनाधिकार आवेदन देकर विभिन्न विद्यालयों में निःशुल्क नामांकन की सुविधा पानेवाले बच्चों की सूची माँगी। पता चला कि ए.पी.जे. स्कूल में कमजोर वर्ग के विद्यार्थियों के लिए आरक्षित सीटें खाली हैं। परिणाम यह हुआ कि 25 गरीब बच्चों को तत्काल दाखिला मिल गया। सब्जी विक्रेता मनीराम का बेटा उस स्कूल में पढ़ेगा, किसने सोचा था? लेकिन यह हो रहा है एक नये लोकतंत्र के गठन की प्रक्रिया में।

कैंटीन की व्यवस्था सुधरी

दिल्ली विश्वविद्यालय के साउथ कैंपस में विद्यार्थी कैंटीन की बदहाली से बेहद दुखी थे। छात्र-छात्राओं के तमाम प्रयासों के बाद भी ठेकेदार रवैया बदलने को तैयार नहीं था। पत्रकारिता के एक छात्र विभव कुमार ने सूचना के अधिकार के तहत कैंटीन के ठेके, वहाँ बिकनेवाले सामान की गुणवत्ता और कीमत आदि के बारे में सवाल उठाये। नतीजा यह हुआ कि एक महीने में ही कैंटीन की तसवीर बदल गई है। अब वहाँ रेट लिस्ट लग गई है और सामान की गुणवत्ता भी सुधरी है। एक शिकायत पुस्तिका भी उपलब्ध करा दी गई है।

परीक्षा और नामांकन पर उठे सवाल

2006 में दिल्ली के युवा संगठन 'जोश' ने परीक्षा-प्रणाली में सुधार का अभियान शुरू किया। इसमें कई विश्वविद्यालयों के विद्यार्थी शरीक हुए। अपनी पिछली परीक्षाओं की उत्तर-पुस्तिका देखने के लिए आवेदन दिये गए। छात्र-छात्राओं ने अपने नंबरों का ब्रेक-अप, परीक्षा परिणाम देर से आने का कारण, परीक्षा में पूछे गए सवालों के मॉडल उत्तर, परीक्षकों द्वारा तैयार टेबुलेशन शीट, कट-ऑफ मार्क्स इत्यादि विभिन्न जानकारियाँ माँगीं। इन आवेदनों से सारे विश्वविद्यालयों में हड़कंप मच गया। ऐसी सूचनाओं को गोपनीय बताकर देने से मना कर दिया गया। कई मामले सूचना आयोग में पहुँचे। लोक सेवा आयोग से संबंधित एक मामले में केंद्रीय सूचना आयोग ने परीक्षार्थियों को उनके अंकों का ब्यौरा, अंक देने की प्रक्रिया, तकनीक आदि की जानकारी तथा प्रश्नों के सही जवाब भी देने का निर्देश दिया।

इस अभियान को परीक्षा एवं नामांकन की प्रणाली में आमूल सुधार लाने की दिशा में एक बड़े कदम के बतौर देखा गया।

दिल्ली जल-बोर्ड का निजीकरण घोटाला

दिल्ली जल बोर्ड के निजीकरण के फैसले को वापस लेने के लिए मजबूर हुई सरकार। विश्व बैंक की मदद से दिल्ली जल बोर्ड के निजीकरण की प्रक्रिया गुपचुप ढंग से 1998 में शुरू कर दी गई थी। वर्ष 2004 तक इसके बारे में नागरिकों को कोई जानकारी नहीं मिल पा रही थी। मीडिया में भी परस्पर विरोधी खबरें आ रही थीं। सरकार निजीकरण की खबरों का खंडन कर रही थी। इसी बीच 'एशियन एज' में छपी एक खबर के आधार पर दिल्ली की एक महिला मधु भादुड़ी ने सूचना माँगी। कुल मिलाकर चार हजार से भी ज्यादा पृष्ठों के दस्तावेजों की 'परिवर्तन' की टीम ने धैर्यपूर्वक पड़ताल की।

दस्तावेजों से पता चला कि बहुराष्ट्रीय कंपनी *प्राइस वाटरहाउस कूपर्स* (पी. डब्ल्यू.सी.) को इस काम का ठेका दिलाने के लिए विश्वबैंक ने दिल्ली जल बोर्ड व राज्य सरकार को शर्मनाक शर्तों पर झुकने को मजबूर किया। इसके लिए सारे नियमों को ताक पर रखना पड़ा। विश्व बैंक ने बार-बार नियमों व शर्तों को बदलवाया, ताकि उसकी मनचाही कंपनी को ठेका मिल सके। खुली निविदा में यह कंपनी दसवें स्थान पर आई थी। विश्वबैंक के दबाव में उसे छठे स्थान पर लाया गया। इसके बावजूद उसे काम देना संभव नहीं हुआ तो निविदा रद्द करा दी गई। दुबारा निविदा डालने पर यह कंपनी छह निविदादाताओं में से पाँचवें स्थान पर आई। इसके बाद पुनः निविदा रद्द कर दी गई। तीसरी बार फिर यह कंपनी पिछड़ गई। इसके बाद विश्वबैंक ने मूल्यांकनकर्त्ताओं द्वारा विभिन्न निविदादाताओं को दिये गए अंकों में छेड़छाड़ की। तकनीकी मूल्यांकन में एक सदस्य आर.के. जैन ने इस कंपनी को सबसे कम नंबर दिये थे। विश्वबैंक ने उनके अंकों को हटाकर मूल्यांकन का निर्देश दिया।

दस्तावेजों से कुछ अन्य चिंताजनक बातें सामने आईं। इस योजना के लागू होने पर पानी की कीमत छह गुना बढ़ जाती। पानी सिर्फ उन्हीं इलाकों में दिया जाता जहाँ के लोग पाइप बिछाने से लेकर सारे खर्च उठाने को तैयार होते। इससे देश की राजधानी में पानी के लिए हाहाकार मच जाता। दिल्ली की चालीस फीसदी आबादी झुग्गियों में रहती है, जिसे एक-एक बूँद पानी के लिए तरसना पड़ जाता।

दूसरी ओर, विश्वबैंक की ओर से 85 विदेशी विशेषज्ञों, अधिकारियों की नियुक्ति की जाती, जिन्हें प्रतिमाह प्रतिव्यक्ति पच्चीस हजार डॉलर, यानी लगभग ग्यारह लाख रुपये महीने वेतन देना पड़ता। इसके अलावा, विश्वबैंक द्वारा हर साल जो भी बजट बनाकर पेश किया जाता, उतनी राशि का भुगतान दिल्ली सरकार को बिना चूँ-चपड़ किये कर देना होता। जबकि विश्वबैंक व उनके विशेषज्ञों, अधिकारियों के ऊपर कोई जवाबदेही भी निर्धारित नहीं की गई थी।

गुपचुप चल रहे इस षड़यंत्र का भंडाफोड़ करते हुए *'परिवर्तन'* के साथियों ने इस मुद्दे पर जबरदस्त जनांदोलन संचालित करके दिल्ली सरकार को पीछे हटने के लिए विवश किया। विश्वबैंक व बहुराष्ट्रीय कंपनियों के खिलाफ इतनी बड़ी उपलब्धि का यह ऐतिहासिक उदाहरण है। सूचनाधिकार ने इसे संभव बनाया। विश्वबैंक और दिल्ली जल बोर्ड के बीच जनविरोधी समझौतों का सच विधानसभा और संसद के कारण सामने नहीं आया, न ही विपक्ष या मीडिया के लिए यह कोई गंभीर पड़ताल का विषय था। यह सच सामने आया नये लोकतंत्र की ताकतों के माध्यम से, जिनका सबसे बड़ा हथियार पारदर्शिता है।

तीसरा प्रयोग : झारखंड

सूचनाधिकार से निकली खबरें

पत्रकारिता में सूचनाधिकार का शानदार उपयोग संभव है। यह बात समझने में मीडिया की तथाकथित राष्ट्रीय धारा को शायद वक्त लगे। लेकिन झारखंड में इसके शानदार प्रयोग ने सैद्धांतिक एवं व्यावहारिक, दोनों स्तर पर यह बात प्रमाणित कर दी है। समाचार संकलन के तरीकों एवं समाचार के स्रोतों में अब तक सूचना के अधिकार के लिए कोई जगह नहीं रही है। कारण कि अब तक न तो ऐसा कानून था और न ही ऐसी अवधारणा। अब सूचनाधिकार ने पत्रकारिता को बेहद ताकतवर बनाया है। झारखंड के ऐसे प्रयोग पूरे देश के मीडिया-जगत के लिए अनुकरणीय हैं। मसलन–

विधि विभाग का सच सामने आया

सूचनाधिकार किसी खबर की गहन पड़ताल में क्या मदद कर सकता है, इसका एक शानदार उदाहरण देखें। झारखंड हिंदू धार्मिक न्यास बोर्ड के अध्यक्ष ने एक अवैधानिक फैसले के जरिये 'मनोरमा ट्रस्ट' की लगभग दो अरब की परिसंपत्ति को निजी संपत्ति में बदल दिया। इसमें देवघर स्थित *बावन बीघा* बेशकीमती जमीन के साथ ही कोलकाता के दो मकान भी शामिल थे। इस प्रोपर्टी के मालिक ने 1968 में इसे ट्रस्ट बनाया था। उनके तीन पुत्रों ने इसे निजी संपत्ति घोषित करने की अपील पटना तथा कोलकाता हाईकोर्ट में की, लेकिन राहत नहीं मिली।

झारखंड बनने के बाद हिंदू धार्मिक न्यास बोर्ड के अध्यक्ष राजेंद्रनाथ शाहदेव ने धारा 43 के तहत ट्रस्ट की पूरी परिसंपत्ति को निजी संपत्ति घोषित कर दिया। हिंदू धार्मिक न्यास अधिनियम की धारा 43 कहती है कि किसी ट्रस्ट की संपत्ति को लेकर विवाद हो तो राज्य सरकार इसके निपटारे के लिए किसी प्रशासनिक या न्यायिक सेवा के पदाधिकारी को अधिसूचित कर सकती है।

लेकिन श्री शाहदेव को राज्य सरकार ने इस काम के लिए अधिसूचित नहीं किया था। उन्होंने खुद ही अदालत लगा ली थी। यह पूर्णतया अवैधानिक था। देवघर जिला उपायुक्त ने पत्र लिखकर इस पर आपत्ति दर्ज करायी। फिर भी परिसंपत्तियों की बंदरबाँट हो गई। मामला सरकार तक पहुँचा। कैबिनेट ने विधि विभाग को जाँच का आदेश दिया। लेकिन इस जाँच के संबंध में विधि विभाग रहस्यमय ढंग से खामोश रहा।

प्रभात खबर ने 29.12.2005 को सूचना आवेदन द्वारा विधि विभाग से जाँच रिपोर्ट माँगी। लगभग आठ माह बाद मिली रिपोर्ट ने गंभीर तथ्यों का खुलासा

किया। पता चला कि कैबिनेट ने विधि विभाग को जाँच का निर्देश दिया था। लेकिन विधि विभाग ने यह काम देवघर के जिला उपायुक्त के मत्थे सौंप दिया। उपायुक्त ने इसे अपर समाहर्त्ता के हवाले कर दिया। अपर समाहर्त्ता ने अंचल अधिकारी को सौंप दिया। अंचल अधिकारी ने इसे हलका कर्मचारी के हवाले कर दिया। हलका कर्मचारी ने कुछ बेमतलब कागज लगाकर भेज दिया। इस तरह हुई 'जाँच' की रिपोर्ट पर अपनी 'विधिसम्मत' टिप्पणी के बिना ही विधि विभाग ने इसे विधि-मंत्री को सौंप दिया। स्पष्ट था कि राजनीतिक दबाव में विधि विभाग ने चुप्पी साध रखी थी। इन तथ्यों पर 17 अक्तूबर 2006 को प्रभात खबर में रिपोर्ट छपी— *'हलका कर्मचारी से करायी भारी मामले की जाँच।'*

एक बार फिर विधि विभाग से सूचना माँगी गई— .

'राज्य कैबिनेट ने विधि विभाग को मनोरमा ट्रस्ट मामले की जाँच का आदेश दिया था। उक्त आदेश के बावजूद विधि विभाग द्वारा इस मामले की वैधानिकता की जाँच नहीं करने संबंधी कारणों की जानकारी देने का कष्ट करें। राज्य में वैधानिक संस्थाओं के कार्यों में वैधानिकता सुनिश्चित करने का दायित्व किस विभाग का है? मनोरमा ट्रस्ट संबंधी मामले में उक्त विभाग ने कौन से कदम उठाये?'

अपनी गरदन फँसती देख विधि विभाग ने चुप्पी तोड़ी। 11 अक्तूबर 2006 को पहली बार विधि विभाग ने इस फाइल पर विचार किया। फैसला सुनाया कि मनोरमा ट्रस्ट को निजी संपत्ति में बदलने के संबंध में बोर्ड अध्यक्ष का निर्णय अवैध है। उन्हें धारा 43 के तहत सुनवाई का कोई अधिकार नहीं।

इस् तरह, सूचना के आवेदन के कारण विधि विभाग को पूरे 40 महीनों के बाद यह निर्णय सुनाना पड़ा। हालाँकि इस अवधि में ट्रस्ट की परिसंपत्तियों की बंदरबाँट हो गई। कई बड़े अधिकारियों, नेताओं के लाभान्वित होने की चर्चा है। अगला सूचना आवेदन सारे तथ्यों के साथ यह बात उजागर कर सकता है कि इस बंदरबाँट में किन लोगों को कैसा लाभ मिला।

यह प्रकरण पत्रकारिता में सूचनाधिकार के शानदार उपयोग की अनूठी मिसाल बना है। सिर्फ समाचार हासिल करने के लिहाज से नहीं, बल्कि सम्मानजनक तरीके से सूचना पाने के हक के बतौर भी। दिसंबर 2005 में प्रभात खबर संवाददाता को मनोरमा ट्रस्ट मामले में अवैध निर्णय की जानकारी मिली थी। विधि विभाग ही इस पर प्रामाणिक जानकारी दे सकता था। लेकिन कई बार दूरभाष पर संपर्क के बावजूद विधि विभाग के अधिकारियों ने कुछ भी बताने से इंकार कर दिया। विधि विभाग जाने पर संयुक्त सचिव मुनींद्र मिश्र ने कहा कि इस पर कोई भी जानकारी सचिव ही दे सकते हैं। सचिव रामविलास गुप्ता से मिलने पर उन्होंने इस प्रकरण पर बात करने में जरा भी दिलचस्पी नहीं दिखायी। संवाददाता को टालने की गरज से उन्होंने अपने सामने खाली पड़ी कुरसी पर बैठने का आग्रह तक करने की औपचारिकता नहीं निभायी। वह अपनी फाइलों में उलझे रहे और

साफ झूठ कह डाला– *'मुझे ध्यान में नहीं आ रहा कि क्या मामला है, हमें अब तक जाँच का कोई आदेश नहीं आया है।'*

हालाँकि विधि विभाग को जाँच का आदेश जुलाई 2005 में ही मिल चुका था। लेकिन जब अधिकारी किसी सच पर परदा डाले, तो उसे सामने लाने के रास्ते पहले बेहद सीमित थे। जब आप किसी अनियमितता की जाँच कर रहे होते हैं तो अधिकारीगण इसी तरह उपेक्षापूर्ण रवैया अपनाते हैं। लेकिन सूचना के अधिकार को धन्यवाद, जिसने इस लाचारी और उपेक्षा को हमेशा के लिए मिटा दिया है। जिस मामले में पहले अधिकारियों ने एक शब्द तक बताने से इंकार कर दिया था, अब उसी मामले की पूरी फाइल उसी संवाददाता के पते पर पहुँचानी पड़ी है। सूचनाधिकार की ताकत का इससे दिलचस्प उदाहरण भला और क्या हो सकता है।

प्रसंगवश, एक रोचक संयोग यह भी कि विधि विभाग के वही सचिव रामविलास गुप्ता अब झारखंड के सूचना आयुक्तों में एक हैं। उन्हें भी आयोग में सुनवाई के दौरान यह निर्णय सुनाना पड़ा कि सारी सूचना दे दी जाये।

विधानसभा गेस्टहाउस का गबन उजागर

झारखंड का चर्चित उदाहरण है विधानसभा गेस्टहाउस का गबन उजागर होना। विधानसभा परिसर में तीस वातानुकूलित कमरों का गेस्टहाउस है। इसमें ठहरनेवालों से शुल्क लेने तथा प्राप्त राशि ट्रेजरी में जमा करने का प्रावधान है। यह बात लंबे अरसे से चर्चा में थी कि कमरों में ठहरने के शुल्क के संबंध में दो तरह के नियम थे। एक नियम पूर्णतः अवैध था। उसके जरिये प्रति कमरा प्रतिदिन 300 रुपये लिये जा रहे थे। मूल नियम के अनुसार यह राशि मात्र 100 रुपये थी। 300 रुपये की रसीद जाली दी जाती थी। प्राप्त राशि का बड़ा हिस्सा गबन का शिकार हो रहा था। ट्रेजरी में बेहद मामूली राशि जमा होती थी।

इस लूट की जानकारी के बावजूद दस्तावेजी सबूत के अभाव में इसकी खबर बनाना मुश्किल था। विधायिका के 'विशेषाधिकार' की वजह से यह हिचक स्वाभाविक है। इस समाचार के लिए यह जानना जरूरी था कि ट्रेजरी में कितनी रकम जमा की जा रही है। विधानसभा सचिवालय से बार-बार पूछे जाने पर भी यह जानकारी नहीं दी गई। ट्रेजरी में भी कई बार चक्कर लगाने के बावजूद इसे गोपनीय जानकारी बताकर देने से साफ इंकार कर दिया गया। कहा गया कि उपायुक्त की अनुमति लेकर आने पर ही मिलेगी जानकारी।

सौभाग्यवश, इसी दौरान सूचनाधिकार लागू हो गया। विधानसभा सचिवालय से सूचनाएँ माँगी गईं। काफी जद्दोजहद के बाद जब सूचनाएँ मिलीं तो पोल खुल गई। वर्ष 2002 से 2005 के अक्तूबर माह तक ट्रेजरी में जमा राशि प्रथमदृष्टया

बेहद कम थी। मार्च 2004 के बाद 21 महीनों में मात्र 32,800 रुपये जमा किये गए। 300 रुपये प्रतिदिन की दर पर तीस कमरों से 21 माह में इतनी कम राशि प्राप्त होने का मतलब स्पष्ट था। साथ ही, किराये के बतौर दो तरह के शुल्क संबंधी गड़बड़ी भी उजागर हुई। 09.12.2005 को इसकी खबर छपी। विधानसभा सचिवालय ने एक भी शब्द का प्रतिवाद नहीं करके प्रकारांतर से स्वीकार कर लिया कि गड़बड़ियाँ हुई हैं। सूचनाधिकार के बगैर, विधायिका के खिलाफ ऐसी गंभीर रिपोर्ट लिखना, छापना मुश्किल था।

नियुक्ति में भारी अनियमितता

झारखंड विधानसभा में नियुक्तियों एवं पदोन्नतियों में भारी अनियमितता होती है। मीडिया इसे विधायिका का 'विशेषाधिकार' मानता है, जबकि विपक्ष ने इसे अध्यक्ष का 'प्राधिकार' मान लिया है। लेकिन नये लोकतंत्र की ताकतें, आम जनता चुप नहीं बैठतीं। लिहाजा, सड़कों पर हंगामा होता है, अदालतों में जनहित याचिका दायर होती है, न्यायालय द्वारा विधानसभा सचिवालय के विरुद्ध अपमानजनक टिप्पणियाँ की जाती हैं, परीक्षाएँ रोकने का आदेश दिया जाता है। लेकिन विधानसभा सचिवालय पर कोई फर्क नहीं पड़ता।

जी हाँ, यह विवरण लोकतंत्र के मंदिर के संबंध में ही है। यहाँ पिछले दरवाजे से ऐसे लोगों को नियुक्त कर लिया गया, जिन्हें अदालत के आदेश पर बिहार विधानसभा से हटा दिया गया था। झारखंड हाइकोर्ट ने भी इन्हें हटाने का आदेश दिया। सहायक पद पर नियुक्ति के लिए हजारों बेरोजगारों ने आवेदन दिए, जबकि मात्र 52 लोगों को एडमिट कार्ड जारी करके गुपचुप परीक्षा लेने का प्रयास किया गया। हजारों बेरोजगार सड़कों पर उतर आए। उधर, अदालत ने भी इस परीक्षा पर रोक लगा दी। इसके बावजूद अक्तूबर 2005 में 75 अनुसेवकों की बहाली की गई जिनमें 36 पलामू जिले के थे, जो अध्यक्ष का विधानसभा इलाका है। अन्य नियुक्तियों में भी पारदर्शिता का अभाव रहा।

संवाददाता ने इन पहलुओं पर जानकारी के लिए कई बार सूचनाधिकार आवेदन दिये, लेकिन सूचना नहीं मिली। अन्य सूत्रों से मिली जानकारियों के आधार पर ऐसी खबरें प्रकाशित होने के बाद अध्यक्ष को 29 नवंबर को घोषणा करनी पड़ी कि सभी सूचनाएँ दी जायें, गोपनीयता से भ्रम फैलता है।

एक दिन में दो बार, पाँच माह में तीन बार प्रोन्नति

झारखंड विधानसभा के अधिकारियों को प्रोन्नति लाभ जमकर मिला। एक ही दिन में दो-दो बार प्रोन्नति मिल गई। पाँच माह में तीन-तीन पदोन्नति! नियमतः कोई

भी प्रोन्नति दो साल के पहले नहीं दी जा सकती। इन अवैध प्रोन्नतियों की जानकारी के लिए संवाददाता ने मार्च 2006 में सूचना का आवेदन डाला। सात माह बाद, आयोग के आदेश पर सूचना मिली। पता चला कि विधानसभा सचिव सीताराम सहनी को पाँच महीने में तीन बार प्रोन्नत्ति मिली। एक ही दिन दो-दो बार। अगस्त 2004 में उन्हें उपसचिव से संयुक्त सचिव बना दिया गया। पाँच महीने बाद अपर सचिव बनाया गया। लेकिन इस पद पर उन्हें एक घंटे भी काम करने की जरूरत नहीं पड़ी। उसी दिन उन्हें फिर पदोन्नति देकर सचिव बना दिया गया।

ऐसे ही खुशकिस्मत हैं राजेंद्र प्रसाद सिंह। कैडर विभाजन के बाद बिहार से आकर उन्होंने एक जनवरी 2005 को अवर सचिव के बतौर योगदान किया। उसी दिन उन्हें संयुक्त सचिव बना दिया गया। इस पद पर काबिलियत दिखाने का एक भी मिनट का समय दिये बगैर पुनः उसी दिन उन्हें अवर सचिव बना दिया गया। विनोदानंद झा, गया प्रसाद, सच्चिदानंद श्रीवास्तव, कौशल किशोर प्रसाद, संतोष कुमार सिंह, एस. सिराज बंटी जैसे अन्य खुशकिस्मत हैं, जिन्हें पाँच माह के भीतर दो-दो बार पदोन्नति मिली। विधानसभा के अधिकांश कर्मचारियों एवं अधिकारियों को एक या दो बार पदोन्नति का लाभ सारे नियमों को ताक पर रखकर दिया गया। लगभग पचास चपरासियों को नियुक्ति के महज छह महीने के भीतर क्लर्क के रूप में प्रोन्नति दे दी गई। अगस्त 2004 से जून 2006 के बीच 213 लोगों को प्रोन्नति दी गई। इस क्रम में न तो आवश्यक शैक्षणिक योग्यता को ध्यान में रखा गया, न ही समुचित प्रक्रिया पूरी की गई। कई स्वीपरों को सहायक और कैशियर जैसे पदों पर बिठा दिया गया। सारे विधायकों को मालूम था कि लोकतंत्र के मंदिर में क्या हो रहा है। लेकिन किसी ने जुबान नहीं खोली।

45 फीसदी कमीशन का हिसाब

झारखंड विधानसभा परिसर में अक्तूबर 2005 में विभिन्न निर्माण-कार्यों को लेकर अचानक हंगामा हुआ। प्राक्कलन समिति के सभापति राधाकृष्ण किशोर ने घटिया सामग्री के इस्तेमाल सहित कई गंभीर आरोप लगाये। सत्तादल के मुख्य सचेतक सी.पी. सिंह ने इन कार्यों में 45 फीसदी कमीशन का आरोप लगाया। कहा कि भवन निर्माण विभाग को सौंदर्यीकरण के नाम पर बारह करोड़ मिले हैं, जिनका दुरुपयोग किया जा रहा है। ऐसे आरोपों के बीच विधानसभा अध्यक्ष ने इन नेताओं के साथ मौके पर जाकर निर्माण कार्य बंद करा दिया। कहा कि आप लोग कहीं भी, कुछ भी तोड़कर फिर से बनाने लगते हैं, हमसे पूछते तक नहीं, जहाँ-तहाँ टाइल्स बिछाने की क्या जरूरत।

ऐसी खबरें प्रमुखता से छपीं। लेकिन नागरिकों को उतनी ही सूचनाएँ मिल पायीं, जितनी इस या उस नेता ने उपलब्ध करायीं। जल्द ही पता चला कि आपत्ति

करनेवाले अब संतुष्ट हैं। निर्माण-कार्य पर लगी रोक हट गई। लेकिन सौंदर्यीकरण के नाम पर बारह करोड़ की राशि की 45 फीसदी की दर पर लूट किस तरह हो रही है, अनावश्यक काम क्यों कराये जा रहे हैं, टाइल्स क्यों बिछ रहे हैं, ऐसी सूचनाओं से नागरिकों को दूर ही रखा गया।

संवाददाता ने इन पहलुओं की पड़ताल के लिए 22.11.2005 को भवन निर्माण विभाग में आवेदन देकर जानकारियाँ माँगीं। लगभग नौ माह बाद मिली अधूरी सूचनाएँ भी विभिन्न अनियमितताओं को उजागर करने का आधार बनीं।

उपहार के वेश में रिश्वतखोरी

झारखंड विधानसभा के सत्रों के दौरान विभिन्न विभाग जमकर उपहार बाँटते हैं। विधायकों, अधिकारियों और पत्रकारों के नाम पर करोड़ों की बंदरबाँट होती है। किस बजट से, कितने खर्च किये जाते हैं, इसका हिसाब किसी को नहीं मालूम। सारे लोग उपहारों पर टूट पड़ते हैं। इन उपहारों में कीमती सूटकेस, घड़ियों से लेकर साड़ी-ब्लाउज और धोती-कुरता, सर्फ-शैंपू, च्यवनप्राश और मिक्सी तक शामिल होता है। (एकमात्र माले विधायक स्व. महेंद्र सिंह ने कभी उपहार नहीं लिया। अब उनके पुत्र विनोद सिंह भी उसी आदर्श पर चल रहे हैं।)

संवाददाता ने 28.01.2006 को झारखंड विधानसभा से उपहारों के खर्च का ब्यौरा माँगा। सात माह बाद जवाब मिला कि उपहारों का वितरण विधानसभा ने नहीं, बल्कि विभिन्न विभागों ने किया था। इसलिए इसकी सूचना विधानसभा सचिवालय के पास मौजूद नहीं है।

संवाददाता ने राज्य सूचना आयोग में अपील की कि कानून की धारा छह(तीन) के अनुसार विधानसभा सचिवालय को उन विभागों से मँगाकर पूरी सूचना देनी होगी। विधानसभा अधिकारियों ने गल्ती स्वीकारी, माफी माँगी। साथ ही, राज्य के सभी विभागों को पत्र भेजकर उनके द्वारा विधानसभा में बाँटे गए उपहारों की सूची माँगी। इस सवाल का जवाब देने में सबके होश उड़ गए। कारण यह कि बिहार के समय से ही विधानसभा सत्र के दौरान कीमती उपहार बाँटने के नाम पर करोड़ों की बंदरबाँट हुई है। इन उपहारों की खरीद का कोई बजट नहीं होता। इनका इंतजाम सामान्यतः उन विभागों में गलत ढंग से ठेका-पट्टा लेनेवाले ठेकदार, माफिया, बिचौलियों द्वारा किया जाता है।

सूचना आयोग के डंडे से भयभीत विधानसभा सचिवालय ने अधूरी और भ्रामक सूचनाएँ देकर अपनी गरदन बचाने का प्रयास किया। खुद विधानसभा सचिवालय ने महँगी पुस्तकें, डायरियाँ जैसे उपहार बाँटने के तथ्य छिपाये। कई विभागों ने झूठा प्रतिवेदन देकर कहा कि हमने कोई उपहार नहीं दिया, जबकि उन विभागों ने खुलेआम उपहार बाँटे। कई विभागों ने अपनी सूचना में अनाप-शनाप दरों पर

सूटकेस, मिक्सी, कश्मीरी शॉल जैसी चीजें खरीदकर विधायकों के बीच बाँटने के दिलचस्प तथ्य पेश किये। संभव है कि उन विभागों के दस्तावेजों में उपहार के व्यय का उल्लेख न हो तथा ठेकेदारों द्वारा अवैध रूप से उपहार बँटवाये गए हों। इस खुलेआम रिश्वतखोरी को सूचनाधिकार ने बखूबी उजागर किया।

दुकान-आबंटन और लैपटॉप

संवाददाता ने 28.01.2006 को झारखंड विधानसभा से सूचना माँगी–'विधानसभा परिसर में जितनी दुकानें, कैंटीन, स्टॉल वगैरह उपलब्ध हैं, उनकी सूची तथा उनके आबंटियों की सूची उपलब्ध करायें। आबंटियों से अग्रिम के रूप में ली गई राशि, मासिक किराये की राशि तथा किराये के भुगतान की अद्यतन स्थिति की जानकारी दें।'

सूचना आयोग के निर्देश पर, सात महीने बाद अधूरी सूचना मिली। पता चला कि दुकानों के आबंटन में समुचित प्रक्रिया का निर्वहन नहीं किया गया। दुकानों के एवज में न तो अग्रिम राशि ली गई और न ही छह वर्षों से एक भी पैसा किराया वसूला गया। दुकानों में उपयोग की गई बिजली का शुल्क भी नहीं लिया जा रहा। इन सूचनाओं से भारी अनियमितता का स्पष्ट प्रमाण मिला। सूचना आयोग के निर्देश पर विधानसभा सचिवालय ने संबंधित लोगों एवं अधिकारियों को पत्र भेजकर समुचित कार्रवाई के निर्देश दिये।

इसी तरह, झारखंड विधानसभा के सदस्यों को प्रथम झारखंड विधानसभा के दौरान लैपटॉप दिये गए। विधानसभा का कार्यकाल पूरा होने के बाद उनसे लैपटॉप वापस लिये गए। द्वितीय विधानसभा के सदस्यों के लिए पुनः लैपटॉप की खरीद की गई। इस संबंध में संवाददाता ने सूचना आवेदन देकर पूछा–'किस दर से कितने लैपटॉप खरीदे गए, उनका वितरण किन माननीय सदस्यों व अन्य के बीच हुआ, किन लोगों के लैपटॉप वापस मिल चुके हैं तथा किनसे वापस लेना शेष है?'

इस आवेदन पर भी कोई जवाब नहीं मिला। सूचना आयोग के हस्तक्षेप के बाद मिली अपर्याप्त सूचनाओं से कई अनियमितताओं के संकेत मिले।

आइ.डी.बी.आइ. की चुप्पी टूटी

सार्वजनिक धन की लूट का कारगर तरीका है, उद्योग के नाम पर ऋण लेकर डकार जाना। इसमें प्रायः बैंक व उद्योग विभाग के अधिकारी भी मिले होते हैं। मुंबई के तीन-चार लोगों ने 1998-99 में आइ.डी.बी.आइ. से बीस करोड़ से भी ज्यादा ऋण लिया। राँची के तुपुदाना औद्योगिक क्षेत्र में तीन कारखाने लगाने के नाम

पर। दो कारखाने तो खुले ही नहीं। तीसरा कारखाना नाममात्र को खोलकर बंद कर दिया गया। बाहर से आए लोगों को समुचित चल-अचल जमानतों के बगैर बीस करोड़ का ऋण किन परिस्थितियों में दिया गया, इसकी जाँच करने वाला कोई नहीं। तीनों कारखाने बंद पड़े हैं।

आइ.डी.बी.आइ. बैंक की पटना तथा राँची शाखाओं ने समाचार संकलन के लिए गए संवाददाता को कोई सूचना नहीं दी। कहा कि व्यक्तिगत खातों के बारे में कोई जानकारी नहीं दी जा सकती। बैक अधिकारियों को भय था कि ऋण देने के मामले में समुचित प्रक्रिया का अनुपालन नहीं किये जाने की बात सामने आ जायेगी। ऐसे में किसी पत्रकार के पास अब तक दो ही रास्ते थे। या तो वह इस प्रकरण पर लिखना बंद कर दे या फिर अपुष्ट तथ्यों के आधार पर समाचार लिखे।

लेकिन सूचनाधिकार ने एक तीसरा रास्ता दिया है। आइ.डी.बी.आइ. की मुंबई शाखा को रजिस्टर्ड डाक द्वारा (20.05.2006) आवेदन भेजकर सूचनाएँ माँगी गईं। आइ.डी.बी.आइ. की ओर से स्ट्रेस्ड एसेट्स स्टेबिलाइजेशन फंड (एसएएसएफ) ने अपने जवाब में माना कि तीनों कंपनियों ने ऋण चुकाने तथा जमानत संबंधी समझौतों में गंभीर गड़बड़ियाँ की हैं। लेकिन यह कहते हुए इस संबंधी तथ्य देने से इंकार कर दिया कि ये सूचनाएँ तीनों कंपनियों की व्यावसायिक गोपनीयता से संबंधित हैं। इसके खिलाफ प्रथम अपील के बाद केंद्रीय सूचना आयोग में अपील की गई। आधार यह बनाया गया कि सार्वजनिक बैंक से ऋण लेकर गड़प जाना व्यक्तिगत मामला नहीं। इन कारखानों के लिए औद्योगिक विकास क्षेत्र में दी गई भूमि भी जनहित में अधिग्रहित की गयी थी।

आयोग ने आइ.डी.बी.आइ. से जवाब माँगा। एक ही नोटिस में आइ.डी.बी. आइ. ने अपना गोपनीयता सिद्धांत भूलकर फौरन अधिकांश सूचनाएँ भेज दीं। पता चला कि तीनों कारखानों को मिलाकर 22.8 करोड़ का ऋण स्वीकृत हुआ था। इसमें 19.65 करोड़ की राशि ऋण के बतौर दी गई। 31 मार्च 2004 तक मूलधन और ब्याज मिलाकर 29.75 करोड़ पहुँच गई। वर्ष 2006 तक यह राशि चालीस करोड़ से ज्यादा हो जाने के बावजूद आइ.डी.बी.आइ. बैंक ने इसका गबन करनेवालों की असलियत नागरिकों को बताना जरूरी नहीं समझा। सूचनाधिकार ने उसे सच सामने लाने के लिए विवश किया।

विधानसभा को सूचना नहीं मिली, पत्रकार को मिली

झारखंड विधानसभा के मार्च 2006 सत्र में विधायक बंधु तिर्की ने विकास योजनाओं की चार हजार करोड़ की राशि ट्रेजरी से निकालकर बैंकों में जमा किये जाने संबंधी अनियमितता पर अल्पसूचित प्रश्न पूछा था। प्रभारी मंत्री का जवाब था कि

इस संबंध में सूचना माँगी गई है, मिलने पर दी जायेगी। अगस्त 2006 में भी यही जवाब दोहरा दिया गया। स्पष्टतया, दिधानसभा में पूछे गए सवाल की पूरी उपेक्षा कर दी गयी थी। लेकिन इन्हीं बिंदुओं पर नवंबर 2006 में संवाददाता ने वित्त विभाग में सूचना का आवेदन दे दिया। वित्त विभाग को तत्काल राज्य के सभी विभागों को इस संबंधी सूचना देने संबंधी कड़ी हिदायत देने को विवश होना पड़ा। लगभग सौ पृष्ठों की सूचना देखते-ही-देखते उपलब्ध हो गई।

एन.आर.ई.जी.ए. का सच सामने आया

राष्ट्रीय ग्रामीण रोजगार गारंटी कानून को एक एतिहासिक कदम की संज्ञा दी गई है। लेकिन नौकरशाही इसे लागू करने के प्रति उदासीन है। इसका खुलासा अगस्त 2006 में झारखंड के ग्रामीण विकास विभाग से इस कानून के कार्यान्वयन संबंधी प्रखंडवार सूचनाएँ माँगने पर हुआ। पता चला कि राज्य मुख्यालय के पास सामान्य जानकारी तक नहीं हैं। राज्य सूचना आयोग ने इन सूचनाओं के साथ राज्य के बीस जिलों के उपायुक्तों (जिलाधिकारी) को तलब करके सारी विसंगतियाँ ठीक करने का निर्देश दिया।

संस्था-निबंधन में अनियमितता

झारखंड के ही कुछ अन्य उदाहरण। किसी स्वयंसेवी संस्था के निबंधन के आवेदन संबंधी दस्तावेजों में उसका स्थायी पता अंकित होता है। लेकिन झारखंड बनने के बाद 160 ऐसी संस्थाओं को निबंधन दे दिया गया, जिसके आवेदन में स्थायी पता अंकित नहीं था। कुछ संस्थाओं के पते के नाम पर सिर्फ जिले का उल्लेख था। इस गड़बड़ी का खुलासा तब हुआ, जब पत्रकारिता की छात्रा सरिता ने 03.01.2006 को सूचनाधिकार आवेदन देकर राज्य में निबंधित स्वयंसेवी संस्थाओं का विवरण माँगा। मिली जानकारियों के विश्लेषण से कई अनियमितताएँ उजागर हुईं।

दस माह में खर्च तीन गुना

चुनावों के दौरान सरकारी प्रयोग हेतु निजी वाहनों को जब्त किया जाता है। इन वाहनों के नंबर प्रशासन दर्ज कर लेता है। ऐसे वाहनों को प्रायः किसी खुले मैदान में रखा जाता है, जहाँ बाँस से घेराबंदी होती है। सूचनाधिकार से इस घेराबंदी के नाम पर लूट का रहस्य सामने आया। संवाददाता ने अप्रैल 2004 में लोकसभा चुनाव तथा फरवरी 2005 के विधानसभा चुनाव के दौरान जब्त वाहनों हेतु राँची

के मोराबादी मैदान की घेराबंदी के खर्च का ब्यौरा माँगा था। ब्यौरा चौंकाने वाला था। लोकसभा चुनाव के दौरान घेराबंदी का खर्च लगभग एक लाख था। विधानसभा चुनाव के दौरान यह लगभग तीन लाख हो गया। यानी तीन गुना। महज दस माह के भीतर आखिर ऐसा क्या हो गया, जिसके कारण एक ही काम का खर्च तीन गुना हो गया?

दिलचस्प यह कि एक लाख की घेराबंदी में कुल 2124 वाहन रखे गए थे, जबकि तीन लाख की घेराबंदी में मात्र 1333 वाहन रखे गए। ऐसे तथ्य 'एक्सक्लूसिव न्यूज' का आधार बन गए। अब कोई पत्रकार इस मामले से जुड़ी कई अच्छी खबरें निकाल सकता है। एक लाख और तीन लाख के खर्च का पूरा ब्यौरा लेने, यह कार्य कराने की प्रक्रिया वगैरह की जाँच महत्वपूर्ण हो सकती है। यह पता लगाया जा सकता है कि राज्य के अन्य विधानसभा क्षेत्रों में इसी काम के लिए कितना खर्च हुआ। अगर इन कार्यों में अनियमितताएँ पायी गईं तो इन्हें उजागर करना राज्यहित में होगा। अगर एक विधानसभा क्षेत्र में तीन लाख खर्च हुए तो 81 क्षेत्रों में यह खर्च दो से तीन करोड़ तक हो सकता है।

एंबुलेंस का दुरुपयोग

एक संवाददाता ने स्वास्थ्य विभाग द्वारा बड़ी संख्या में एंबुलेंस की खरीद करके स्वयंसेवी संस्थाओं में वितरण संबंधी सूचनाएँ माँगीं। मिली सूचनाओं के आधार पर छपी खबरों से इस बात का खुलासा हुआ कि कई एंबुलेंस का उपयोग सब्जी खरीदने तथा सैर-सपाटे में हो रहा है। इसकी खबर छपने के बाद सरकार ने ऐसे वाहनों पर कड़ी निगरानी का निर्देश दिया।

आदिवासियों की हड़पी गई जमीन का ब्यौरा

पत्रकारिता की एक छात्रा ने राजस्व एवं भूमि सुधार विभाग में आवेदन देकर आदिवासियों की हड़पी गई जमीन का ब्यौरा माँगा। पता चला कि झारखंड बनने के बाद आदिवासी भूमि पर कब्जे संबंधी मुकदमों के निष्पादन तथा उन्हें वापस अपनी जमीन दिलाने संबंधी काम की गति काफी धीमी है। इसमें यह बात भी सामने आई कि सर्वाधिक मामले राँची जिले से संबंधित हैं। आदिवासियों की हड़पी गई जमीन के एवज में मुआवजा देने की राशि का समुचित भुगतान नहीं होने के भी तथ्य मिले।

पिछले दरवाजे से नियुक्तियाँ

झारखंड अधिविद्य परिषद् में बड़ी संख्या में पिछले दरवाजे से नियुक्तियों की खबरें सुनने को मिलती थीं। सूचना कानून आने के साथ ही आवेदन देकर परिषद् में कार्यरत समस्त लोगों की सूची, नियुक्ति की तिथि, नियुक्ति हेतु जारी विज्ञापन की संख्या इत्यादि की जानकारी माँगी गई। जवाब में जो सूचनाएँ मिलीं, वे अपूर्ण होते हुए भी काफी कुछ बता रही थीं। मसलन, नियुक्ति हेतु जारी विज्ञापन संख्या का नहीं मिलना यह बता रहा था कि ऐसा कोई विज्ञापन जारी ही नहीं हुआ। कर्मचारियों की सूची में जहाँ अन्य कर्मचारियों की नियुक्ति तिथि का जिक्र था, वहीं 65 कर्मचारियों की ऐसी भी सूची थी, जिसमें नियुक्ति तिथि का उल्लेख नहीं था। क्या ये ऐसे लोग हैं जिनकी गलत तरीके से नियुक्ति हुई? ऐसे में संवाददाता को इससे जुड़े सभी पहलुओं पर गंभीर जाँच का ठोस एवं विश्वसनीय आधार हाथ लग जाता है। यह संवाददाता पर निर्भर करता है कि वह कितने धैर्यपूर्वक, कितनी गहराई में जायेगा।

सूचनाधिकार की विशेषता यह है कि किसी भी विभाग में आप सूचनाओं के लिए आवेदन दें, आपको सूचनाओं का न मिलना या अधूरी सूचना का मिलना भी काफी दिलचस्प तथ्य प्रदान कर सकता है। जिन सूचनाओं को छुपाया जा रहा है, वे स्वयं कुछ बता देती हैं। यह बात सहज पता लग जाती है कि किन सूचनाओं को छुपाया जा रहा है। साथ ही, एक बार इस किस्म का आवेदन देने के बाद इन मुद्दों को खत्म करना संभव नहीं होता। मुद्दे जिंदा रहते हैं, उसका सच चाहे जब सामने आए।

सूचना का एक आवेदन बिरसा कृषि विश्वविद्यालय, राँची में जमा करके स्वीकृत पदों की संख्या, कार्यरत अधिकारियों एवं कर्मचारियों के पद व नाम, जाति, नियुक्ति की तिथि, नियुक्ति प्रक्रिया का विवरण, विज्ञापन की तिथि इत्यादि की माँग की। इन सूचनाओं के जरिये यह बात सामने आ सकती थी कि हाल के दिनों में नियुक्तियों में कई प्रकार की अनियमितताएँ हुईं, जिनकी खबरें बाद में अखबारों में भी आईं। लेकिन विश्वविद्यालय द्वारा सूचनाएँ उपलब्ध नहीं कराये जाने के कारण इनका पूरी तरह खुलासा नहीं हो सका है। आशा की जानी चाहिए कि सूचनाधिकार को सही रूप में लागू करने की प्रक्रिया में ऐसी तमाम जानकारियाँ सामने आएँगी तथा मीडिया के लिए ऐसी खबरें ज्यादा पुख्ता प्रमाणों के आधार पर पेश करना संभव होगा।

अंकेक्षकों की नियुक्ति, स्वास्थ्य का हाल

मृत्युंजय शर्मा का आवेदन झारखंड राज्य विद्युत बोर्ड में लंबित है, जिसमें आंतरिक अंकेक्षण हेतु आमंत्रित निविदा, नियुक्त अंकेक्षकों, निर्धारित दर के संबंध में जानकारी

माँगी गई थी। स्वास्थ्य विभाग से मच्छरदानी तथा वाहनों की खरीद संबंधी विवरण, खरीदे गए समस्त एंबुलेंस का विवरण, जिन संस्थाओं को एंबुलेंस प्रदान किये गए, उनकी सूची तथा उनकी उपयोगिता रिपोर्ट, कंप्यूटराइजेशन हेतु दिये गए कार्यादेश की प्रतिलिपि, भुगतान की गई राशि का विवरण तथा तत्संबंधी कार्यप्रगति के अलावा एक्स.आइ.टी., गम्हरिया को चिकित्सकों के प्रशिक्षण हेतु प्रदत्त राशि तथा उसकी उपयोगिता संबंधी विवरण माँगा गया था। खान एवं भूतत्त्व विभाग ने बोकना माइंस में तीन कंपनियों को किस आधार पर खनन-पट्टा दिया, इस बाबत आवेदन पर सूचना नहीं मिली। ऐसी सूचना देने में आनाकानी उन आशंकाओं को पुख्ता करती है, जिनके तहत ऐसे आवेदन दिए गए।

राजस्व-क्षति का सच

झारखंड में नयी उत्पाद नीति लागू होने के बाद अवैध शराब की बिक्री तेज होने तथा उत्पाद-कर एवं बिक्री-कर के राजस्व में कमी की बात सामने आती रही। विभागीय अधिकारी रहस्यमय कारणों से इस तथ्य को छुपाते रहे। मीडिया में ऐसी खबरें आने पर अधिकारी उसका खंडन करते रहे। यहाँ तक कहा गया कि हमारा राजस्व तो पहले से ज्यादा बढ़ गया है।

विधायक विनोद सिंह ने दिसंबर 2005 के विधानसभा सत्र में अल्पसूचित प्रश्न के माध्यम से पूछा–''क्या यह सच है कि अवैध शराब के निर्माण एवं वितरण के कारण उत्पाद-कर एवं बिक्री-कर के मद में बड़े पैमाने पर राजस्व हानि हो रही है?''

जवाब में उत्पाद सचिव ने लिखा–''ऐसी कोई शिकायत किसी स्रोत से प्राप्त नहीं हुई है।'' इस तरह, विधानसभा में जनता के प्रतिनिधि को सच्चाई का एक टुकड़ा भी हासिल नहीं हो पाया।

इस संबंध में मिली शिकायतों एवं मीडिया की खबरों के आधार पर वित्तमंत्री ने उत्पाद विभाग को पत्र भेजकर जानकारी माँगी। लेकिन उन्हें भी सच्चाई से अवगत कराने की जरूरत नहीं समझी गई।

लेकिन प्रशिक्षु पत्रकार दयानंद कुमार राय ने सूचना का आवेदन देकर सारे आँकड़े निकाल लिये। पता चला कि वर्ष 2000-01 में राज्य को देशी शराब से उत्पाद-कर के मद में 10.2 करोड़ प्राप्त हुए थे। वर्ष 2001-02 में यह राशि बढ़कर 16.0 करोड़ तक पहुँच गई थी। लेकिन वर्ष 2005-06 में यह राशि घटकर मात्र 1.65 करोड़ ही मिल पायी। राजस्व में लगभग नब्बे फीसदी की इतनी बड़ी गिरावट अधिकारियों के लिए चिंता का विषय होनी चाहिए थी। लेकिन इस पर चुप्पी बनी रही। मीडिया, विधानसभा और वित्तमंत्री तक को गुमराह किया गया। जबकि सूचना के एक आवेदन ने पूरा सच सामने ला दिया।

मंत्री-मुख्यमंत्री पर कितना ख़र्च?

एक संवाददाता ने सूचनाधिकार के तहत राज्य के पूर्व मुख्यमंत्रियों, मंत्रियों, निजी सचिवों पर खर्च का ब्यौरा माँगा। सूचनाएँ देने में आनाकानी की गई। एक माह बीत जाने के बाद अखबार ने खबर दी–"सूचना का कैसा अधिकार लागू है झारखंड में!" इसमें यह बताया गया कि हमें यह सूचना नहीं दी जा रही है कि पूर्व मुख्यमंत्रियों पर कितना खर्च हो रहा है, मंत्रियों द्वारा एक वर्ष में कितना टी.ए. लिया गया, मंत्रियों की चिकित्सा पर कितना व्यय हुआ, मंत्री के निजी सचिव कितना टी.ए. ले चुके हैं, कौन-कौन से निजी सचिवों ने हवाई यात्राएँ की हैं, इत्यादि। इस खबर के आते ही तीखी प्रतिक्रिया हुई, तत्काल ऐसी सूचनाएँ दे दी गईं। इससे मिले तथ्यों पर बड़ी खबर बनी।

सूचनाधिकार और पत्रकारिता

झारखंड के इन अनुभवों ने पत्रकारिता में भी सूचनाधिकार के भरपूर उपयोग को स्थापित किया है। इसने पत्रकारिता को नये ढंग के सरोकार विकसित करने के शानदार अवसर दिये हैं। हालाँकि आज के दौर में बाजार के 'समझदार' मीडिया गुरुओं के अनुसार किसी सरोकार की बातें करना गुजरे जमाने का रोमांटिसिज्म ही है। दूसरी ओर, किसी तथ्यपरक व गंभीर जाँच पर आधारित पत्रकारिता के लिए भी अवसर सीमित होते जा रहे हैं। भारत जैसे विकासशील देशों में ही नहीं, बल्कि दुनिया के विकसित कहलानेवाले देशों में भी। सितंबर 2005 के आखिरी हफ्ते की बात है। एम्सटर्डम में तृतीय अंतरराष्ट्रीय खोजी पत्रकारिता सम्मेलन में 27 देशों के सौ से भी ज्यादा पत्रकार जुटे थे। इसमें महसूस किया गया कि जनसंपर्क, विज्ञापन तथा सेलीब्रेटी प्रोफाइलिंग के बढ़ते प्रभाव से सच्चाई एवं कड़वे तथ्य प्रकाशित करना मुश्किल होता जा रहा है। सामाजिक सरोकारों की बात तो दूर की है।

इसमें *द गार्जियन* के इनवेस्टिगेशन एडीटर *डेविड लेग* ने ब्रिटेन में पत्रकारिता की भयावह तसवीर पेश की। बताया कि अखबार तथा टी.वी. चैनलों के मालिकों की नजर में खोजी पत्रकारिता अब अलोकप्रिय होती जा रही है। उन्हें लगता है कि यह खर्चीला, खतरे भरा तथा अनिश्चित लाभवाला काम है, यहाँ तक कि नीरस भी है। दूसरी ओर, सरकार और कॉरपोरेट घरानों द्वारा अपने जनसंपर्क तरीकों तथा न्यूज मैनेजमेंट हथियारों का इस्तेमाल भी खोजी पत्रकारिता के खिलाफ किया जा रहा है। इसका उदाहरण है कि पिछले वर्ष *बी.बी.सी.* के पूर्व डायरेक्टर जेनरल ग्रेग डायक को अपनी कुर्सी छोड़नी पड़ी, क्योंकि उन्होंने कॉरपोरेशन की प्रक्रिया में गंभीर कमियों को उजागर किया था। *चार्ल्स लेविस* ने इसे और स्पष्ट करते

हुए कहा कि लोकतांत्रिक संस्थाओं का पतन रोकने हेतु हमें उस पत्रकारिता को बढ़ावा देना होगा, जो राजनेताओं व ताकतवर आर्थिक प्रायोजकों की सौदेबाजी उजागर करे।

मीडिया में लगी बड़ी पूँजी के हित इस किस्म के भंडाफोड़ की कितनी गुंजाइश छोड़ते हैं? अगर गुंजाइश पर्याप्त नहीं तो लोकतांत्रिक संस्थाओं का पतन रोकना, या यूँ कहें कि नये लोकतंत्र का निर्माण करना किस कदर संभव हो पायेगा? क्या बड़ी पूँजी के आगे पत्रकारिता को अपना यह मूल दायित्व फिलहाल मुल्तवी कर देना चाहिए, सिर्फ इसलिए कि उनके मीडिया-गुरुओं की नजर में सरोकार-फरोकार सब फालतू के चोंचले हैं?

आखिर किस हैसियत अथवा प्राधिकार के नाते मीडिया को लोकतंत्र में श्रेष्ठ, गरिमामय जगह मिलती है। कम-से-कम पूँजी और प्रबंधकीय छल-प्रपंच के चलते तो नहीं ही। उसे यह प्राधिकार दिया नागरिकों ने।

रघुवीर सहाय के शब्दों में–

> 'नागरिक अपना अधिकार किसी प्रतिनिधि को सौंपते हैं कि वह सरकार के रूप में उन अधिकारों की रक्षा करे और नागरिकों के प्रति जवाबदेह रहे। पत्रकार उन नागरिकों के प्रतिरूप हैं, जिनके प्रति सरकार जवाबदेह है...वास्तव में जवाबतलबी का अधिकार प्रथमतया उन्हीं को है, जिन्होंने अपने प्रतिनिधि चुने हैं और वे सब पाठक हैं। सच तो यह है कि नागरिक ही हैं, जिनके जवाबतलब करने के अधिकार के कारण पत्रकार अपने को उनके विशिष्ट प्रतिरूप बना पाते हैं।'

कह सकते हैं कि नागरिकों ने सांसद-विधायकों को अपनी ओर से प्रतिनिधित्व का प्राधिकार दिया, उसी तरह मीडिया को भी। जनप्रतिनिधियों की तरह मीडिया भी अपने दायित्व से मुँह मोड़ ले तो नागरिक मीडिया को दिये गए प्राधिकार की भी मात्रा कम करते चले जायेंगे। मीडिया जिस हद तक खुद को गंभीर सामाजिक दायित्वों से अलग, महज मनोरंजन और फरमाइशी कार्यक्रम पेश करनेवाले धंधेबाज में बदलता जायेगा, उसी हद तक समाज भी उसकी कुरसी छोटी करता जायेगा।

जून 2006 में वीरप्पा मोइली की अध्यक्षता में बने द्वितीय प्रशासनिक सुधार आयोग ने अंग्रेजों के बनाये शासकीय गुप्त बात अधिनियम (1923) को अप्रासंगिक करार दिया। सूचनाधिकार को और मजबूत करने की सिफारिश की। ऐसी खबरें खुद मीडिया के हितों के लिहाज से भी ऐतिहासिक, बड़ी थीं। लेकिन प्रिंट व इलेक्ट्रॉनिक मीडिया के बड़े हिस्से के लिए यह कोई खबर नहीं थी।

सूचनाधिकार के प्रति भारतीय मीडिया का उपेक्षापूर्ण रवैया कोई नयी बात नहीं। एक दिलचस्प प्रसंग देखें। *भारतीय प्रेस परिषद्* ने दो जून 1998 को एक समिति बनायी थी। उद्देश्य था–भारत में प्रिंट मीडिया के भविष्य का पता लगाना।

चौबीस सवालों की प्रश्नावली देश भर में भेजकर राय माँगी गई। इसका दूसरा ही प्रश्न था–*पत्रकारिता के पेशागत कार्यों में सूचना कानून कितनी मदद करेगा?*

मीडिया जगत ने इसका जवाब प्रायः बेहद ठंडे, औपचारिक रूप में दिया। इसके बावजूद, प्रेस परिषद ने मार्च 2001 में पेश रिपोर्ट में सूचना कानून को मीडिया के लिए काफी महत्वपूर्ण बताया। कहा–"आधिकारिक सूचनाएँ नहीं मिल पाना आज खोजी, विश्लेषणात्मक एवं लोकप्रिय पत्रकारिता की राह में सबसे बड़ी बाधा है। नौकरशाही, पुलिस, सेना, न्यायपालिका और विधायिका द्वारा बेहद सामान्य सूचनाएँ भी आश्चर्यजनक रूप से छुपा ली जाती हैं। अधिकारियों के असहयोग के इस लौह-द्वार को कम ही पत्रकार भेद पाते हैं। सूचना का कानून पत्रकारों तथा समाज को सवाल पूछने के लिए उत्साहित करेगा। यह जवाबदेही को बढ़ावा देगा। इसके बाद पत्रकार अटकलबाजी, अफवाह, लीक तथा अज्ञात सूत्रों पर निर्भर नहीं रहेंगे। इस कानून का आना उन निहित स्वार्थी तत्वों के मंसूबों पर पानी फेर देगा, जो सूचनाओं को छिपाते या गलत ढंग से व्याख्या करते हैं, या फिर जो लोग गलत सूचनाएँ उपलब्ध कराकर मीडिया को प्रत्यक्ष या प्रत्यक्ष रूप से गुमराह करते हैं।

हैरत की बात है कि भारतीय प्रेस परिषद् के इतने सटीक आकलन को मीडिया के बड़े हिस्से ने तवज्जो नहीं दी। सूचना कानून लागू हुआ तो मीडिया जगत ने औपचारिक स्वागत तक करने का उत्साह नहीं दिखाया। इसे महज राजस्थान के किसानों तथा दिल्ली के झुग्गीवालों का मामला, या फिर एन.जी.ओ.-टाइप लोगों का खेल मान लिया गया। इसका उपयोग करने के बजाय उपेक्षा की ही प्रवृत्ति दिखी। जबकि सूचनाधिकार से पहले और बाद की पत्रकारिता में बुनियादी अंतर है। इस अंतर को शासकीय गोपनीयता कानून बनाम सूचना का अधिकार अधिनियम के प्रावधानों में बेहद आसानी से समझा जा सकता है। पहला कानून जहाँ किसी भी सूचना को गोपनीय करार देते हुए उस पर रोक लगाने का अधिकार शासन-प्रशासन को प्रदान करता है, वहीं दूसरा कानून इसके ठीक उलट, अधिकांश किस्म की सूचनाओं को सार्वजनिक करने की भावना पर आधारित है। सरकारी अधिकारियों को अब तक पद और गोपनीयता की शपथ दिलायी जाती थी। अब द्वितीय प्रशासनिक सुधार आयोग की सिफारिश है कि उन्हें गोपनीयता नहीं, बल्कि पारदर्शिता की शपथ दिलायी जाये। एकदम एक सौ अस्सी डिग्री उलटकर। इस फर्क को समझ लेना नयी पत्रकारिता का व्यापक आधार उपलब्ध कराता है।

जो लोग यह कहते हैं कि सूचनाधिकार से समाचार नहीं मिलता, बल्कि अच्छे रिश्ते बनाने से मिलता है, वे दरअसल पत्रकारिता और जनसंपर्क का फर्क मिटा रहे होते हैं। समाचार की एक चर्चित परिभाषा है–*'जिसे कोई छुपाना चाहे, वह समाचार है, शेष सब विज्ञापन।'* इस परिभाषा का मतलब सूचनाधिकार आने के

बाद ज्यादा स्पष्ट हो रहा है। व्यक्तिगत रिश्तों के आधार पर या तो महिमामंडन की खबरें मिलती हैं, या परस्पर द्वेष के कारण जारी प्रायोजित सूचनाएँ। संवाददाता जाने, अनजाने इस या उस पक्ष का उपकरण ही बन रहा होता है। प्राथमिक एवं पूर्ण तथ्यों के अभाव में कई बार वह एकांगी, अतिशयोक्तिपूर्ण, असत्य, पूर्वाग्रहप्रेरित खबरें लिख रहा होता है। मासूमियत के साथ। सूचनाधिकार उसे यह आधार मुहैया करा रहा है कि वह सारे तथ्यों की पड़ताल स्वयं कर सके, अपने विवेक और अपनी विश्लेषण क्षमता का भरपूर उपयोग कर सके। दिल्ली जलबोर्ड से संबंधित सूचनाओं के सारे पहलुओं की गहन पड़ताल ने मीडिया को भी रास्ता दिखाया है।

मधुर रिश्तों के आधार पर खबरें निकालना एक सामान्य प्रक्रिया है। लेकिन इसकी सीमा यह है कि कई बार संवाददाता को अधिकारियों के हाथों कठपुतली बनने को विवश होना पड़ता है। जब तक वह जनसंपर्क किस्म की रिपोर्टिंग करता रहे, तब तक अधिकारी चहकते हुए उनका स्वागत करते हैं। लेकिन ज्योंही अधिकारियों को यह एहसास हो जाये कि आप कुछ ऐसी सूचनाओं की तलाश कर रहे हैं, जिनसे विभाग की कोई अनियमितता सामने आ सकती है, त्योंही वह मुँह फेर लेते हैं। उसके बाद शायद वह आपको पहचानें भी नहीं।

ऐसे में बीट पर काम करनेवाले पत्रकारों के लिए काफी संकटपूर्ण स्थिति होती है। जिस बीट पर वह काम कर रहा हो, उससे संबंधित तीखी खबरें लाने लगे तो उसे रुटीन खबरें मिलनी बंद हो जायेंगी। सूचनाधिकार ने पत्रकारों की इस सीमा को तोड़ा है। उनके लिए अब संभव है कि मधुर रिश्तों के आधार पर बीट की सामान्य खबरें हासिल करते रहें तथा सूचनाधिकार के माध्यम से तथ्यपरक, एक्सक्लूसिव खबरें निकालें।

यह संकट अखबारों की प्रतिद्वंद्विता के बीच कोई ख़बर 'छूट' जाने की आशंका से भी जुड़ा है। आज शायद ही कोई बीट रिपोर्टर यह खतरा उठाये कि उसके बीट से संबंधित कोई मामूली खबर भी छूटे। इसने खबर और स्रोत के पैमाने को भी बदल दिया है। अब रिपोर्टर के लिए वैसे अधिकारी मुख्य स्रोत बन जाते हैं, जो वस्तुतः स्वयं खबर हों। यानी जिन अधिकारियों, मंत्रियों को खबर के निशाने पर होना चाहिए, वे खबर के स्रोत बन जाते हैं। ऐसे स्रोत को बनाने और बचाये रखने के लिए रिपोर्टर को कई बार खबरों का पैमाना तक बदलना पड़ता है। हर विभाग के आला अधिकारी ही खबरों के मुख्य स्रोत हों, तो पत्रकारिता करने के लिए बचेगा क्या? तब उस विभाग के जनसंपर्क विभाग के पूरक की स्वयंसेवी भूमिका निभाने के सिवाय शायद ही कोई गुंजाइश बचे।

सूचनाधिकार ने सूचना के एक नये, शक्तिशाली स्रोत को जन्म दिया है। यह जितना विश्वसनीय है, उतना ही आसान भी, बशर्ते शासन-प्रशासन में इसके प्रति वैसी तीखी प्रतिक्रिया न हो, जैसी इस कानून के लागू होने के साथ ही नौकरशाहों में देखी गई।

सूचनाधिकार के नये दौर में नागरिक को हर प्रकार के प्राथमिक तथ्य चाहिए। ऐसे तथ्य, जिनके आधार पर खुद भले-बुरे का विश्लेषण कर सके। सूचनाधिकार के बतौर उन्हें पारदर्शिता की जो संभावना मिली है, उसे साकार करने में मीडिया को पूरी ईमानदारी के साथ जुटना होगा। नयी पत्रकारिता का यह दायित्व पत्रकारों ने नहीं सँभाला, तो इसे नये लोकतंत्र की ताकतें स्वयं करेंगी। दिल्ली जलबोर्ड की असलियत और मध्यप्रदेश में बाल श्रमिकों के कल्याण के धन की लूटखसोट की खबरें सूचनाधिकार कार्यकर्त्ताओं ने निकालीं। ऐसे कार्यकर्त्ता अब पत्रकारों को एक्सक्लूसिव खबरें उपलब्ध करा रहे हैं। लिहाजा, मीडियाकर्मी सूचनाधिकार की ताकत समझकर इसका समुचित उपयोग शुरू कर दें, तो पत्रकारिता का पूरा दृश्य बदल सकता है।

सूचनाधिकार ने जिस नयी पत्रकारिता को संभव बनाया है, उसके उदाहरण देश, दुनिया के विभिन्न हिस्सों से सुनने को मिलते रहे हैं। ब्रिटेन के अखबार *'द गार्जियन'* ने सूचनाधिकार के जरिये रिपोर्ट दी कि दूसरे विश्वयुद्ध के बाद ब्रिटेन ने जर्मनी में दो साल तक एक खुफिया जेल का संचालन किया था। इसमें नाजियों को कड़ी यातना दी जाती थी। ब्रिटेन के विदेश विभाग की फाइलों में इसकी एक रिपोर्ट थी, जिसके आधार पर यह खबर बनी। जेल में अमानवीय यातना की उक्त रिपोर्ट स्कॉटलैंड पुलिस के इंस्पेक्टर टॉम हैवार्ड ने तैयार की थी।

दैनिक *इंडियन एक्सप्रेस* ने सूचनाधिकार के जरिये रेल बजट के वायदों की असलियत सामने ला दी। 25 फरवरी 2006 को प्रकाशित रितु सरीन की रिपोर्ट के मुताबिक रेल बजट के तहत घोषित लगभग 47 हजार करोड़ की योजनाएँ लंबित हैं।

इंडियन एक्सप्रेस ने महाराष्ट्र के थाणे जिले में बोपडारी-चंदोसी सड़क के निर्माण के मस्टर रोल हासिल किये। पी.डब्ल्यू.डी. ने यह काम महाराष्ट्र रोजगार गारंटी योजना के तहत कराया था। यह योजना गाँव के गरीबों को रोजगार देने के लिए बनी है। लेकिन इसकी बड़ी राशि लूट का शिकार हो रही है। मस्टर रोल की जाँच से यह बात उजागर हुई। बोपडारी गाँव के गंगा घटाल को ग्यारह दिन काम के एवज में 961 रुपये का भुगतान दिखाया गया था, जबकि उसने 2004 में ही आत्महत्या कर ली थी। मस्टर रोल में कई फरजी नामों पर भुगतान दिखाया गया था।

कहाँ गए बच्चों के पैसे?

एक उदाहरण मध्यप्रदेश का। अंतरराष्ट्रीय श्रम संगठन के पैसों से राज्य के पाँच जिलों में बाल श्रमिकों को प्राथमिक शिक्षा एवं पेशागत प्रशिक्षण देने की परियोजना चल रही है। यह तीन वर्षीय परियोजना वर्ष 2004 में प्रारंभ हुई। अकेले कटनी

जिले में 32 लाख का बजट था। इसमें अनियमितताओं की बात सामने आई। मोहन नागवानी नामक सूचनाधिकार कार्यकर्त्ता ने कटनी के शिक्षण केंद्रों में वितरित प्राथमिक चिकित्सा किट के संबंध में सूचनाएँ माँगीं। मसलन, कितने सेट, किस दर पर खरीदे गए, इनमें कौन-सी चीजें कितनी हैं इत्यादि। सत्रह दिनों में उन्हें सूचना मिल गई। पता चला कि 3500 की दर से 40 सेट खरीदे गए। इसके बाद श्री नागवानी ने बाजार में उस सेट की कीमत का पता लगाया तो सबसे अच्छा सेट मात्र 970 रुपये में उपलब्ध था। यह तथ्य सामने आने पर परियोजना में भारी धाँधली की पोल खुली। इससे उत्साहित होकर डॉ. राकेश रंजन नामक एक अन्य सूचनाधिकार कार्यकर्त्ता ने *दैनिक जागरण* के एक संवाददाता के साथ दस केंद्रों पर जाकर प्राथमिक चिकित्सा किट की जाँच की। पता चला कि तीन केंद्रों में तो प्राथमिक चिकित्सा किट में कुछ था ही नहीं, जबकि सात केंद्रों के प्राथमिक चिकित्सा किट में बेहद घटिया सामग्री थी। ऐसी चीजें स्थानीय अखबारों में खबरें बनीं।

कंपेगौड़ा दिवस की लूट

बैंगलोर में 8-9 मई 2006 को कंपेगौड़ा दिवस मनाया गया। यह दिवस बैंगलोर के संस्थापक कंपेगौड़ा के नाम पर हर साल मनाया जाता है। बैंगलोर के *'विजय टाइम्स'* के एक संवाददाता ने सूचना का आवेदन देकर पूरे खर्च का ब्यौरा निकाला। पता चला कि सिर्फ आतिशबाजी पर ढाई लाख का खर्च हुआ, जबकि लोगों को पता नहीं कि पटाखे कब फोड़े गए। पटाखों के सात डिब्बों की कीमत 1.75 लाख रुपये? चार बैलगाड़ियाँ किराये पर ली गई थीं। एक बैलगाड़ी का एक दिन का किराया नौ हजार रुपया? टैंट पर आठ लाख, बैनर पर 3.5 लाख, फूलों पर दो लाख, लाइटिंग पर तीन लाख, वीडियो रिकार्डिंग पर साढ़े तीन लाख, चाय व भोजन पर दस लाख, सांस्कृतिक कार्यक्रम पर दो लाख, कार्यक्रम के उद्घोषक पर डेढ़ लाख, विज्ञापन पर 28.88 लाख का खर्च दिखाया गया। खरीद एवं भुगतान संबंधी नियमों का भी पालन नहीं किया गया था। अखबार के इस खुलासे के बाद चार अधिकारी निलंबित कर दिये गए।

स्टेट्समैन, 27 जनवरी 2006 में प्रकाशित एक रिपोर्ट गौरतलब है। भाजपा के प्रदेश अध्यक्ष तथागत राय ने पश्चिम बंगाल सरकार से सूचना माँगी थी कि मुख्यमंत्री व सांसदों के विदेश दौरों पर कितना खर्च हुआ। पता चला कि इन दौरों पर भारी मात्रा में सरकारी धन खर्च हुआ। वर्ष 1987 से 2000 के बीच सिर्फ मुख्यमंत्री के विदेश दौरों पर 18 लाख से भी ज्यादा खर्च हुआ। वर्ष 2001 से 2005 के बीच मुख्यमंत्री के विदेश दौरों पर 4.60 लाख खर्च हुआ।

ऐसी खबरें सूचनाधिकार के जरिये बखूबी निकाली जा सकती हैं। मूल दस्तावेजों

के अध्ययन के बाद लिखे गए ऐसे समाचारों को शायद ही कोई चुनौती मिले। सूचनाधिकार ने मीडिया के हाथ में एक शानदार हथियार दिया है। जो लोग इसका मतलब समझेंगे, वे कल की पत्रकारिता की मुख्यधारा का निर्माण करेंगे। जो नहीं समझेंगे, वे कल हाथ मलेंगे। ठीक उसी तरह, जैसे कल जिन्होंने कंप्यूटर व नयी तकनीक का उपहास किया, वे आज हाशिये पर हैं।

सफलता के दिलचस्प किस्से

देश के नौ राज्यों में मौजूद और 2005 से पूरे देश में लागू सूचना कानून की सफलता के किस्से देश के कोने-कोने से सुनाई पड़ रहे हैं। हर किस्सा इस कानून के व्यापक और चमत्कारी उपयोग के नये आयाम खोल रहा है। यहाँ प्रस्तुत हैं कुछ उदाहरण।

महाराष्ट्र में रोजगार का हाल

महाराष्ट्र सरकार ने 1977 में रोजगार गारंटी कानून बनाकर खास तौर पर सूखे के मौसम में ग्रामीण लोगों को आहार एवं रोजगार उपलब्ध कराने की महत्त्वपूर्ण योजना शुरू की। हाल के वर्षों में इस योजना पर काफी बड़ी राशि खर्च की गई। वर्ष 2004-05 में राज्य में अत्यधिक सूखे के कारण इस योजना के तहत 1256 करोड़ की राशि खर्च हुई। इतनी बड़ी राशि का उपयोग आखिर किस तरह हो रहा है, इसे जाँचने के लिए जनवरी 2005 में एक शिक्षक शिवाजी रावत ने सतारा जिले के सूखा-प्रभावित चार तालुकों के फरवरी-मार्च 2004 के मस्टर-रोल की कॉपी माँगी। इसकी जाँच से कई प्रकार की अनियंमितता सामने आई। कई जगहों पर ग्रामीणों को न अनाज मिला था और न ही मजदूरी। इसके बावजूद, ग्रामीणों के नाम पर अनाज का आवंटन और मजदूरी का भुगतान दिखा दिया गया था। दिलचस्प यह कि ऐसी ही अनियमितताओं के आरोपों की जाँच के लिए विधायकों की एक समिति इन क्षेत्रों का दौरा कर चुकी थी। लेकिन वह समिति इन अनियमितताओं को नहीं पकड़ पायी थी। जबकि सूचनाधिकार के कारण ऐसी चीजें उजागर हुईं।

मुंबई का लीज-प्रकरण

सूचना आंदोलन से जुड़े लोगों में *शैलेश गांधी* एक प्रमुख नाम है। उन्होंने सूचनाधिकार के जरिये सरकारी जमीनों के लीज दस्तावेज जुटाये। इससे मुंबई में सरकारी जमीनों के लीज-घोटाले में हर साल लगभग पचास करोड़ रुपये की लूट का भंडाफोड़ हुआ। पता चला कि लगभग दो करोड़ वर्गमीटर जमीन की

लीज से प्रतिवर्ष मात्र 28 करोड़ रुपये का राजस्व मिलता है। जबकि ऐसी जमीनें महँगे व्यावसायिक एवं औद्योगिक इलाकों में हैं। अधिकांश मामलों में लीज खत्म होने के बाद नवीकरण नहीं किया गया। लगभग 400 लीज समझौते खत्म हो जाने के बावजूद न तो उनका नवीकरण किया गया था, न उन्हें खाली कराया गया था। आठ मिलों का भी नवीकरण नहीं किया गया था। कुछ निजी कंपनियों पर खास मेहरबानी हुई। इंडियन ऑयल कॉरपोरेशन से एक लीज खत्म होने के बाद 5291 रुपये प्रति वर्गमीटर की दर से किराया लिया जा रहा था, जबकि ऐसे ही मामले में निजी कंपनी स्टरलिंग इनवेस्टमेंट को कौड़ियों के मोल जमीन दी गई। लीज-घोटाला सामने आने पर महाराष्ट्र के मुख्यमंत्री ने समस्त लीज समझौतों की समीक्षा की घोषणा की।

मुंबई महानगरी में बना रॉयल वेस्टर्न इंडिया टर्फ क्लब, रेस कोर्स काफी बड़े भूखंड में स्थित है। मुंबई नगर निगम ने इसकी जमीन लीज पर दे रखी है। शैलेश गांधी ने निगम से सूचना माँगी कि इस क्लब के लिए दी गई जमीन की लीज की शर्तें क्या हैं तथा कितनी राशि प्राप्त की गई है। इसकी सूचना मिलने पर भारी अनियमितता का पता चला। पहला लीज समझौता 1914 में साठ वर्षों के लिए हुआ था। 1974 में लीज खत्म होने के बावजूद बीस वर्षों तक नवीकरण नहीं किया गया। नया लीज समझौता 1994 में हुआ। बीच के पूरे बीस वर्षों तक बगैर लीज एवं बिना किराया भुगतान के यह क्लब अवैध ढंग से चलता रहा। इससे राजस्व की काफी क्षति हुई।

महाराष्ट्र के थाणे में 1950 में एक सहकारी समिति को साढ़े तीन एकड़ जमीन उपलब्ध करायी गई थी। उद्देश्य था–जरूरतमंद लोगों को आवास मुहैया कराना। लेकिन समिति के कुछ अधिकारियों ने इसमें खुद अपने लिए ही मकान बना लिये। *सुनेत्रा डोलस* नामक एक बुजुर्ग महिला ने सूचना के 32 आवेदन देकर कई महत्वपूर्ण जानकारियाँ माँगी। लेकिन अधिकारियों ने संतोषजनक उत्तर नहीं दिये। आवेदिका ने अपील की। इसके आधार पर दो अधिकारियों के ऊपर 47000 रुपये का जुर्माना लगा। साथ ही, विभिन्न ऐसे दस्तावेज भी मिले जिनसे अवैध निर्माण का भंडाफोड़ हुआ।

स्थानांतरण उद्योग का भंडाफोड़

शैलेश गांधी ने महाराष्ट्र में पुलिस अधिकारियों के तबादले संबंधी जानकारियाँ माँगी थीं। अक्तूबर 2004 में उन्हें सूचनाएँ मिलीं। पता चला कि गलत ढंग से किये गए तबादलों की 61 पैरवियों में से 58 पैरवियाँ मुख्यमंत्री तथा उपमुख्यमंत्री के कार्यालय से आई थीं।

मुख्यमंत्री की पैरवी पर 16 तथा उपमुख्यमंत्री की पैरवी पर 20 इंस्पेक्टरों का

तबादला किया गया था। डी.जी.पी. के पास विधायकों, मंत्रियों, सांसदों की 143 पैरवियाँ पहुँची थीं। जबकि मुंबई पुलिस कमिश्नर के पास वर्ष 2003 में 139 पैरवियाँ पहुँची थीं। पुलिस मैनुअल के नियम 413 के अनुसार किसी पुलिस अधिकारी द्वारा अपने तबादले के लिए ऐसी पैरवी कराना या कोई बाहरी दबाव पैदा करना अनुशासनात्मक कार्रवाई का आधार बनता है। लेकिन कार्रवाई करने के बदले उन्हें मनचाही नियुक्ति मिली। सूचनाधिकार के जरिए भंडाफोड़ होने पर मुंबई पुलिस कमिश्नर ने छह इंस्पेक्टरों के विरुद्ध कार्रवाई की। साथ ही, 71 पुलिस अधिकारियों एवं 64 कांस्टेबलों को चेतावनी दी।

मुंबई के एक जिले से मजिस्ट्रेट का कुछ ही महीनों के भीतर तबादला कर दिया गया। नियमतः तीन वर्षों का कार्यकाल होता है। इस अधिकारी को काफी ईमानदार एवं कार्यकुशल माना जाता था। अचानक हुए तबादले की जनता में तीखी प्रतिक्रिया हुई। इसी बीच, *केवल सेमलानी* नामक नागरिक ने सूचना का आवेदन देकर तबादले संबंधी नियमावली की जानकारी माँगते हुए पूछा कि क्या इस तबादले में नियमों का उल्लंघन हुआ है। इस आवेदन के कुछ ही दिनों के भीतर तबादला आदेश वापस हो गया।

गुजरात में असलम भाई की उपलब्धियाँ

गुजरात के पंचमहल जिले में कलोल तालुका के साठ गाँवों के लोग राशन विभाग के रवैये से परेशान थे। यहाँ कार्ड संबंधी सभी काम सिर्फ शनिवार को किये जाते थे। असलम भाई नामक एक नौजवान ने आवेदन देकर पूछ लिया कि राशन कार्ड संबंधी काम सिर्फ शनिवार को करने का कानूनी आधार क्या है। पंद्रह दिनों बाद फोन आया कि साहब मिलना चाहते हैं। असलम ने मिलने से इंकार किया। कहा कि सिर्फ लिखित सूचना चाहिए। अंततः अधिकारियों को अपनी सुविधा के लिए अपनी ओर रो बनाये गए इस प्रावधान को छोड़ना पड़ा। अब हर दिन राशन कार्ड संबंधी काम होते हैं।

असलम भाई से ही जुड़ा एक अन्य किस्सा। गुजरात के पंचमहल जिले में कलोल तालुका में एक प्राइवेट ट्रस्ट द्वारा संचालित विद्यालय में बच्चों से फीस वसूली जाती थी। इस विद्यालय को राज्य सरकार से वित्तीय सहायता मिलती थी। नियमानुसार इसके विद्यार्थियों से फीस वसूलना अनुचित था। असलम भाई ने विद्यालय के प्राचार्य को सूचनाधिकार आवेदन देकर सरकार के उस आदेश की प्रति की माँग की जिसके आधार पर बच्चों से फीस लेने का प्रावधान था। इसके जवाब में प्राचार्य ने लिखित तौर पर स्वीकार किया कि बच्चों से कोई फीस वसूलने का अधिकार विद्यालय प्रबंधन को नहीं है। प्राचार्य ने यह भी बताया कि उन्हें सिर्फ कंप्यूटर प्रशिक्षण का शुल्क लेने का अधिकार है क्योंकि विद्यालय ट्रस्ट

ने अपने खर्च पर इसकी व्यवस्था की है। इस तरह, स्कूल के बच्चों से हर महीने वसूली जानेवाली फीस पर रोक लगने से अभिभावकों को काफी राहत मिली।

विजय कुमार का गैस सिलेंडर

पुणे के विजय कुमार के घर हिंदुस्तान पेट्रोलियम का एल.पी.जी. गैस कनेक्शन है। सिलेंडर बुक कराने के बाद कई-कई दिनों तक इंतजार करना पड़ता। एक बार तो दोनों सिलेंडर खाली हो गए। गैस नहीं मिली। उन्होंने सूचनाधिकार का आवेदन देकर एच.पी.सी.एल. के लोक अधिकारी से पूछा कि इस एजेंसी की घरेलू व व्यावसायिक ग्राहक संख्या कितनी है, उसने दो माह में कितने सिलेंडर उठाये तथा किन ग्राहकों को बाँटा। यह आवेदन देने के दो घंटे के भीतर घर पर गैस सिलेंडर पहुँच गया। गैस एजेंसी के मालिक ने विजय को फोन करके आग्रह किया कि अपना आवेदन वापस ले लें, वरना मैं मुसीबत में पड़ जाऊँगा।

पुणे की शिक्षिका रुचा को मिला वेतन

पुणे की शिक्षिका रुचा को चार वर्षों से पूरा वेतन नहीं मिल रहा था। वेतन लंबित होने के कारण काफी जटिलताओं का सामना करना पड़ रहा था। लेकिन शिक्षा निदेशालय पर कोई असर नहीं पड़ रहा था। इसी बीच उन्होंने सूचनाधिकार का उपयोग किया। एक महीने के भीतर तीन लाख का चेक मिल गया।

बैंगलोर में होर्डिंग्स का हिसाब

बैंगलोर निवासी विनोद मल्होत्रा को शहर के हर तरफ नेताओं के बड़े-बड़े होर्डिंग्स देखकर अच्छा नहीं लगता था। उन्होंने महानगरपालिका से सूचना माँगी कि शहर में कितने होर्डिंग्स लगे हैं तथा उनसे कितनी आय हो रही है। इस आवेदन के बाद एक सर्वेक्षण कराया गया तो पता चला कि चालीस फीसदी से भी ज्यादा होर्डिंग्स अवैध हैं। प्रशासन इनके खिलाफ कार्रवाई के लिए बाध्य हुआ।

बोफोर्स का माँगा हिसाब

सूचनाधिकार का उपयोग राजनीतिक उद्देश्यों व परस्पर भंडाफोड़ में भी संभव है। भाजपा के महासचिव एवं पूर्व केंद्रीय मंत्री अरुण जेटली ने बोफोर्स मामले में आरोपी क्वात्रोची के लंदन के बैंकों में खातों को पुनः चालू करने के मामले से संबंधित सभी दस्तावेजों की प्रतिलिपि माँगी थी। दरअसल, भारत से हरी झंडी मिलने के

बाद क्वात्रोची के लंदन स्थित दो बैंक खातों पर लगी रोक हटा ली गई थी। साथ ही, क्वात्रोची ने इनमें से 21 करोड़ डॉलर निकाल लिये थे। यह सब कैसे हुआ, इसके दस्तावेज सार्वजनिक हों तो संभव है कि कुछ अनियमितता भी सामने आए। हालाँकि अरुण जेटली के आवेदन को खारिज करते हुए सी.बी.आई. ने तर्क दिया कि इस मामले की अभी जाँच चल रही है, अतः सूचना नहीं दी जा सकती।

मुख्य अभियंता की नियुक्ति में अनियमितता

सरकारी विभागों में कार्यरत लोग अब तक विभिन्न अनुचित निर्णयों पर चुप रहने को विवश थे। सूचनाधिकार ने उन्हें सच सामने लाने का अवसर दिया है। बैंगलोर महानगरपालिका में मुख्य अभियंता पद पर नियुक्ति के संबंध में उसी विभाग के एक सहायक अभियंता ने सूचनाधिकार के तहत जानकारी माँगी। इससे उस प्रक्रिया में अनियमितता सामने आई। सरकार ने सेवानिवृति के बावजूद रामे गौड़ा को मुख्य अभियंता के पद पर यह कहते हुए बहाल रखा था कि इस पद के लिए कोई अनुभवी अधिकारी उपलब्ध नहीं है। इसी तरह, झारखंड में वन विभाग के एक रेंजर आनंद कुमार ने विभागीय तबादलों व प्रोन्नति संबंधी मामलों में सूचनाधिकार आवेदन देकर कई विसंगतियों को उजागर कर दिया।

ललित बाजला को एयरपोर्ट में कमरा मिला

वरिष्ठ अधिवक्ता ललित बाजला 24 अक्तूबर 2006 की रात लगभग दस बजे कोलकाता एयरपोर्ट पहुँचे। वह मुंबई से विमान द्वारा आए थे। उन्हें सुबह 5.30 बजे विमान सेवा से पोर्ट ब्लेयर जाना था। लिहाजा, एयरपोर्ट के गेस्ट हाउस में ही रात गुजारना सुविधाजनक था। लेकिन सोलह कमरोंवाले गेस्ट हाउस में उन्हें कमरा नहीं दिया गया। पता चला कि तीन कमरे खाली हैं। लेकिन उन्हें सांसदों के नाम पर आरक्षित रखा जाता है। इन कमरों में किसी सांसद के आने की सूचना नहीं थी। श्री बाजला को यह प्रावधान नागवार लगा। उन्होंने उसी समय सूचना का आवेदन बनाया। पूछा, किस नियमावली के तहत सांसदों के लिए कमरे आरक्षित रखे जाते हैं तथा जरूरतमंद यात्रियों को वंचित रखा जाता है। एयरपोर्ट के अधिकारियों ने यह आवेदन लेने के बजाय श्री बाजला से निर्धारित शुल्क लेकर कमरा दे दिया।

फरजी शिकायत का सच

झारखंड के एक प्रमुख व्यवसायी घराने को पुलिस अधिकारियों की अप्रत्यक्ष नाराजगी

झेलनी पड़ रही थी। जून 2004 में किसी ने उनकी कंपनी के नाम पर एक फरजी शिकायती पत्र पुलिस मुख्यालय में भेजा था। इसमें वायरलेस संचार सेवा स्थापित करने संबंधी निविदा में अनियमितता का आरोप लगाया गया था। यह बात मीडिया में भी आई। जबकि कंपनी ने ऐसा कोई पत्र नहीं लिखा था। उन्हें फरजी शिकायती पत्र की प्रतिलिपि भी नहीं मिल पा रही थी।

इस बीच सूचनाधिकार लागू हो गया। कंपनी के निदेशक *विजय सरावगी* ने सूचना का आवेदन दे दिया। चार अगस्त 2006 को उन्हें फरजी शिकायती पत्र मिल गया। पता चला कि इसमें न तो उनकी कंपनी के लेटरहेड का प्रयोग किया गया था, न ही किसी के हस्ताक्षर थे। यहाँ तक कि उनकी कंपनी का सही नाम भी नहीं लिखा गया था। यह पत्र *'स्वस्तिक इंटरप्राइजेज'* की ओर से *'जनहित में जारी'* किया गया था। जबकि श्री सरावगी की कंपनी का नाम *स्वस्तिक ग्रुप ऑफ कंपनीज* है।

डी.जी.पी. का झूठ उजागर

मध्यप्रदेश के पुलिस महानिदेशक स्वराज पुरी का बड़ा झूठ पकड़ा गया। उन्होंने वर्ष 2001 में अपने पुत्र श्रेयस पुरी का नामांकन गोविंदराम सक्सेसरिया इंस्टीट्यूट ऑफ साइंस एंड टेक्नॉलोजी में कराया था। एक पत्रकार ने जून 2006 में सूचना हासिल की। पता चला कि उनके बेटे का इंजीनियरिंग में नामांकन एन.आर.आइ. कोटे यानी अनिवासी भारतीय के लिए सुरक्षित सीट में हुआ था। डी.जी.पी. कोई एन.आर.आइ. नहीं हैं। तब इस कोटे में नामांकन कैसे हुआ? इसके लिए डी.जी.पी. ने अपने पिता को ही बदल डाला था। उन्होंने इंदौर के एक मूल निवासी तथा अब अनिवासी भारतीय *बाबूलाल सोमानी* को अपना पिता घोषित कर दिया था। श्री सोमानी ने भी खुद को डी.जी.पी. का पिता घोषित करके अपने तथाकथित पोते का एन.आर.आइ. कोटे में नामांकन कराया था।

मिली सूचनाओं के आधार पर भाजपा नेता महेश गर्ग ने इंदौर स्पेशल जज के पास आपराधिक मामला दर्ज कराया। अदालत ने राज्य की आर्थिक अपराध शाखा को जाँच का आदेश दिया। डी.जी.पी. के खिलाफ मामला दर्ज हुआ। 22 सितंबर 2006 को डी.जी.पी. को पद से हटा दिया गया।

वाहन का हिसाब

पूना में नागरिक चेतना मंच के अध्यक्ष मेजर जनरल एस.सी.एन. जतर ने जनप्रतिनिधियों द्वारा उपयोग किये गए वाहनों के खर्च का हिसाब माँगा। पता चला कि सिर्फ दस महीने में पचास लाख रुपये फूँक दिये गए। मेयर की कार

पर जनवरी से अक्तूबर 2003 के बीच सात लाख रुपये से भी ज्यादा खर्च हुआ।

जेल में मोबाइल-जैमर

मुंबई के आर्थर रोड जेल में कैदियों द्वारा मोबाइल फोन के दुरुपयोग पर रोक लगाने हेतु 'मोबाइल-जैमर' लगाने की योजना अक्तूबर 2001 से लंबित थी। 20 दिसंबर 2005 को शैलेश गांधी ने सूचनाधिकार के तहत इस योजना की स्थिति के संबंध में सूचना माँगी। एक सप्ताह के भीतर कारा महानिरीक्षक ने सात लाख का 'मोबाइल-जैमर' लगाने का आदेश निर्गत कर दिया।

छत्तीसगढ़ में मस्टर रोल का सच

छत्तीसगढ़ के सरगुजा जिले के लक्ष्मणगढ़ गाँव में मस्टर रोल ने भ्रष्टाचार उजागर किया। राष्ट्रीय काम के बदले अनाज योजना के तहत तालाब के निर्माण की मस्टर रोल की प्रतिलिपि माँगी गई थी। 17 अक्तूबर 2005 को जनसुनवाई के जरिये मस्टर रोल की जाँच की गई। इस तालाब के निर्माण में 3.5 लाख रुपये खर्च हुए थे। इसमें 3.1 लाख रुपये का भुगतान मजदूरी के मद में हुआ था। मस्टर रोल के अनुसार इसमें 320 लोगों ने काम किया था। जाँच से पता चला कि वास्तव में सिर्फ 63 लोगों ने ही काम किया था। मजदूरी की राशि में से मात्र 20 फीसदी का भुगतान मजदूरों के बीच हुआ था।

अवैध निर्माण ध्वस्त

महाराष्ट्र के पुणे शहर में अवैध निर्माण हुआ। गोखले नगर कॉलोनी में कुछ लोगों ने अपने फ्लैट के सामने के हिस्से में अवैध निर्माण किया। इससे उस इलाके से गुजरने में काफी असुविधा होती थी। 16.09.2006 को नागरिकों ने नगर निगम से सूचना माँगी कि अवैध निर्माण के खिलाफ क्या कारवाई की गई है। यह आवेदन शनिवार को जमा हुआ था। सोमवार की सुबह नगर निगम के दस्ते ने आकर सारे अवैध निर्माण को ध्वस्त कर दिया।

जीवित को कहा मृत

उत्तर प्रदेश के भरत लाल यादव एल.आइ.सी. के एजेंट हैं। उनके कमीशन की राशि हर महीने चेक से मिलती थी। अचानक उनके बदले उनकी पत्नी के नाम पर चेक आने लगे। भरत लाल को पता चला कि एल.आइ.सी. के रिकॉर्ड के अनुसार

उनकी मौत हो चुकी है। इसके कारण उनके कमीशन की राशि अब उनकी पत्नी के नाम भेजी जा रही है। भरत लाल ने इस गड़बड़ी को ठीक कराने की बहुत कोशिश की लेकिन किसी अधिकारी ने तवज्जो नहीं दी। उन्होंने सूचना का आवेदन दिया। सूचना आयोग के हस्तक्षेप से सूचना मिली। पता चला कि एल.आइ.सी. के एक कर्मचारी ने किसी अन्य एक मृत एजेंट के नाम के बदले भरत लाल का नाम चढ़ा दिया।

बिजली का बिल सुधर गया

युवा व्यवसायी मनोज नारसरिया ने राँची में नया फ्लैट लिया। कुछ ही महीनों बाद उन्हें बिजली का बिल मीटर रीडिंग के आधार पर भेजने के बजाय पाँच हजार से भी ज्यादा राशि का भेजा जाने लगा। उन्होंने शिकायत दर्ज करायी। इसके बावजूद अत्यधिक राशि का बिल आता रहा। अंततः उन्होंने रजिस्टर्ड डाक द्वारा सूचना आवेदन दिया। अगले ही महीने उनका बिल पूरी तरह सुधारकर भेज दिया। अक्तूबर 2006 को सिर्फ 302 रुपये का बिजली बिल आया। जबकि सितंबर 2006 में उन्हें 5588 रुपये का बिल आया था।

जमीन से अवैध कब्जा हटा

उत्तर प्रदेश के गोरखपुर निवासी राम गौड़ की जमीन पर एक दबंग व्यक्ति ने कब्जा कर लिया। पुलिस ने अत्याचार का साथ दिया। श्री गौड़ के पुत्र को मारपीट के झूठे मामले में फँसा दिया। अधिकारियों ने श्री गौड़ की कोई भी बात सुनने से इनकार कर दिया। राम गौड़ ने सूचनाधिकार का आवेदन बनाया। इसे जमा करने के कुछ ही दिनों के भीतर वरीय आरक्षी अधीक्षक ने उन्हें बुलाकर पूरे मामले की जानकारी ली। दारोगा निलंबित कर दिया गया। जमीन पर से अवैध कब्जा हटा। फरजी मुकदमा भी वापस हुआ।

शैक्षणिक ऋण मिला

बनारस के अमित कुमार ने एम.बी.ए. की प्रवेश परीक्षा पास कर ली। नामांकन के लिए पंजाब नेशनल बैंक से शैक्षणिक ऋण माँगा। सारी प्रक्रिया पूरी होने के बाद बैंक अधिकारियों ने फाइल लटका दी। कहा गया कि 12वीं कक्षा में 50 फीसदी से कम अंक होने के कारण ऋण नहीं मिलेगा। फिर कहा गया कि दो लाख रुपये की जमानत गारंटी देने पर ऋण मिल सकता है। अमित ने सूचना का आवेदन दे दिया। पहले तो बैंक अधिकारियों ने तेवर दिखाने की कोशिश की,

लेकिन जल्द ही रवैया नरम हो गया। 07.08.2006 को दो लाख का चेक मिल गया।

फाइलों के निरीक्षण से निकला सच

राँची के व्यवसायी संदीप आनंद ने 2001 में सी.सी.एल. के परेज एवं एनके एरिया में स्प्रींकलर सिस्टम लगाया था। सी.सी.एल. ने लगभग दस लाख का भुगतान रोक दिया। मामला आर्बिट्रेशन में गया। सी.सी.एल. अधिकारियों ने आर्बिट्रेटर को बताया कि स्प्रींकलर सिस्टम लगाने का काम अधूरा होने के कारण भुगतान रोका गया, जबकि श्री आनंद ने अपना काम पूरा कर दिया था। सूचना कानून लागू होने के बाद संदीप आनंद ने फाइलों का निरीक्षण करके महत्वपूर्ण दस्तावेज निकाल लिये। इनमें सी.सी.एल. ने वर्ल्ड बैंक और कोल इंडिया से कहा है कि स्प्रींकलर सिस्टम अच्छी तरह से काम कर रहा है। स्पष्ट हुआ कि आर्बिट्रेटर को गुमराह करने के लिए गलत तथ्य दिये गए। इस आधार पर आर्बिट्रेटर ने संदीप आनंद के पक्ष में फैसला सुनाते हुए लगभग नौ लाख रुपये का भुगतान अविलंब करने का निर्देश सी.सी.एल. को दिया।

फाइलों के निरीक्षण से श्री आनंद को एक और भयावह सच का पता चला। सी.सी.एल. अधिकारियों ने दिसंबर 2002 में श्री आनंद पर एक फाइल गायब करने संबंधी मनगढ़ंत आरोप लगाकर उन पर प्राथमिकी दर्ज करने तक की अनुमति ले रखी थी। यह जानने के बाद श्री आनंद ने मई 2006 में नोटिस भेजकर मानहानि का मामला चलाने की चुनौती दी। सी.सी.एल. ने छह महीनों बाद भी उस नोटिस का जवाब नहीं दिया।

मंदिर की बिक्री का हिसाब

बनारस का काशी विश्वनाथ मंदिर लाखों श्रद्धालुओं की आस्था का केंद्र है। इसमें हुई करोड़ों की हेराफेरी उजागर करने में सूचनाधिकार ने महत्वपूर्ण भूमिका निभायी। इससे सटा तारकेश्वर मंदिर वर्ष 1933-34 में ही विश्वनाथ मंदिर समिति को दान में मिल चुका था। लेकिन फरजी दस्तावेजों के माध्यम से जून 2002 में तारकेश्वर मंदिर को खरीदने के नाम पर 28 लाख रुपये का व्यय दिखाया गया। समाजवादी पार्टी के नेता शतरुद्र प्रकाश ने इस सौदे की जानकारी के लिए सूचना का आवेदन दिया। सूचना आयोग के हस्तक्षेप के बाद कुछ तथ्य उजागर हुए। इससे जुड़े कई पहलुओं में गंभीर अनियमितता सामने आई।

टूट रहा है नौकरशाही का मकड़जाल

नौकरशाही का मकड़जाल तेजी से टूट रहा है। आज हम सरकार के किसी भी विभाग से सूचनाएँ माँग सकते हैं। ऐसे आवेदनों के कारण सरकारी अधिकारी हर मामले के जल्द निपटारे के लिए विवश हो रहे हैं। लिहाजा, यह जरूरी है कि हर नागरिक सूचना कानून के प्रावधानों को पूरी तरह समझे। अगर अधिकारीगण आपको नियमों में उलझाने का प्रयास करें तो आप उनसे तर्कसंगत तरीके से बात करें।

इसके बावजूद अगर कोई नियम संबंधी जटिलता उत्पन्न हो तो आप किसी ऐसी संस्था से संपर्क करें जो सूचना का अधिकार आंदोलन को आगे बढ़ाने में जुटी हुई है। इस तरह जब आपको सूचना मिल जाये तो उसकी अपने स्तर से जाँच का प्रयास करें। आपको जिन पहलुओं पर संदेह हो, उनकी जानकारी मीडिया से जुड़े लोगों तथा सामाजिक, राजनीतिक संगठनों को दें। जिन मामलों में आप ज्यादा गड़बड़ी पाते हों, उनसे संबंधित सवाल नये सिरे से तैयार करके उन पर और खुलासे तथा कार्रवाई की भी माँग कर सकते हैं। अन्य कानूनी प्रक्रिया का भी सहारा आप ले सकते हैं। एक बार जो अनियमितता सामने आ जायेगी, उसे चाहकर भी ढँकना संभव नहीं हो पायेगा। इस तरह की कोशिशों में अगर महज सौ-डेढ़ सौ गंभीर नागरिक सक्रिय हो जायें तो राज और समाज की सूरत बदली जा सकती है।

इन कुछ उदाहरणों से यह स्पष्ट है कि नागरिकों के लिए सूचनाधिकार एक कारगर हथियार साबित हुआ है। यही कारण है कि आज सूचनाधिकार के हथियार से लैस आम नागरिक देश के विभिन्न हिस्सों में अचानक अपने अधिकारों के प्रति सचेत होकर आवाज उठा रहा है। जो लोग कल तक नौकरशाही के मकड़जाल के आगे असहाय महसूस करते थे, उनमें गजब की स्फूर्ति आई है। देश को सुशासन की ओर ले जाना तथा त्वरित विकास की व्यापक आकांक्षाओं को साकार करना नागरिकों का भी कर्तव्य है। इसके लिए सिर्फ शासन-प्रशासन की तथ्यहीन तथा भावुकतापूर्ण आलोचना करने से कोई नतीजा हासिल नहीं होगा। बेहतर होगा कि सूचनाधिकार का कारगर उपयोग करते हुए शासन-प्रशासन की दशा-दिशा और कार्यप्रणाली पर गंभीर चिंतन व चर्चा का सकारात्मक माहौल बनाया जाये। वास्तविक बदलाव तभी संभव है, जब देश की जनता सरकार और जनसेवकों को उत्तरदायी बनाये, उन्हें गरीब जनता के सवालों का जवाब देने के लिए बाध्य करे। अगर ऐसा हुआ तो कोई भी राजनेता और नौकरशाह किसी भ्रष्ट आचरण की हिम्मत नहीं करेगा, न ही अक्षम और संवेदनहीन रह पायेगा।

हम इन प्रश्नों पर विचार करें कि

- हमारे बजट की राशि का बड़ा हिस्सा उपयोग क्यों नहीं हो पाता?
- सांसद और विधायक फंड का उपयोग किन कामों में हो रहा है तथा उसका हिसाब-किताब क्या है?
- नागरिक सुविधाओं का इतना अभाव क्यों है?
- हमारी गलियों और मुहल्लों में इतनी गंदगी क्यों है? सड़कों-नालियों की हालत इतनी दयनीय क्यों है?
- सरकारी स्कूलों और अस्पतालों की व्यवस्था इतनी लचर क्यों है?
- देश के कई हिस्सों में लोग भूख से क्यों मर रहे हैं? इतने खर्च के बावजूद करोड़ों लोग गरीबी रेखा से नीचे क्यों हैं?

ऐसे सवालों पर विचार-विमर्श हो और सूचनाधिकार के तहत ठोस तथ्य हासिल करके उनकी समुचित जाँच की जाये, तो नये लोकतंत्र के निर्माण की दिशा में नागरिक वाकई अपनी ऐतिहासिक भूमिका निभा सकते हैं। लोकतंत्र में जिन लोगों को शासन-प्रशासन के संचालन का दायित्व सौंपा गया है, वे जनता के मालिक नहीं, बल्कि जनता के सेवक हैं। लोकतंत्र का मूलमंत्र ही *'जनता का जनता के लिए जनता द्वारा शासन'* है। लिहाजा, ऐसा सच्चा लोकतंत्र तभी संभव हो सकता है, जब शासन-प्रशासन को देश और राज्य की जनता के प्रति अधिकाधिक जवाबदेह बनाया जा सके। लेकिन अगर हमारे पास सरकार के निर्णयों एवं कार्यप्रणाली की बुनियादी जानकारी न हो, तो हम सरकार को उत्तरदायी बनाने का काम शुरू तक नहीं कर सकते। सूचना कानून से हम ऐसी जानकारियाँ हासिल कर सकते हैं। इससे हमें अपनी सरकार से सवाल पूछने का हक मिलता है और उन तमाम चीजों पर सूचना हासिल कर सकते हैं, जिनका हमारी जिंदगी से सीधा संबंध है। हम अगर इन सूचनाओं का कारगर इस्तेमाल कर सकें, तो अपनी सरकार को जवाबदेह बना सकते हैं। यह हमारा दायित्व है और यह हमारा हक भी है। हम सारे लोग टैक्स देते हैं। यहाँ तक कि सड़क का एक भिखारी भी जब कोई साबुन या माचिस खरीदता है, तो उत्पाद कर, विक्रय कर इत्यादि के रूप में टैक्स देता है। यह संपत्ति हमारी है। इसका हिसाब हम क्यों न लें?

यही है प्रत्यक्ष लोकतंत्र के नये प्रयोग का मूलमंत्र!

घूस को घूँसा

सूचनाधिकार ने भारतीय नागरिकों की भाषा बदल दी है। अब वह किसी भी सरकारी विभाग में वर्षों से लंबित अपने जायज कामों के संबंध में सीधे सवाल पूछ रहे हैं। अधिकारियों से हिसाब माँग रहे हैं कि उनका काम क्यों नहीं हुआ। किस अधिकारी

की लापरवाही से मेरा नुकसान हुआ, उस अधिकारी को क्या सजा मिलेगी?

यह कमाल हुआ सूचनाधिकार के जरिये आम नागरिकों की व्यक्तिगत समस्याओं से जुड़े सवाल पूछने के अभियान से। पहले सूचना के अधिकार को महज बौद्धिक चर्चा का विषय माना जाता था। लेकिन इन प्रयोगों ने सूचना के अधिकार को बिल्कुल नया आयाम दिया है। इस प्रयोग को व्यापक आयाम देते हुए पंद्रह राज्यों के 48 शहरों में एक से पंद्रह जुलाई 2006 तक घूस को घूँसा अभियान चलाया गया। इसमें नागरिकों को सूचनाधिकार की जानकारी दी गई। उनकी व्यक्तिगत समस्याओं के आवेदन तैयार किये गए। इस अभियान ने देश में सुशासन की नयी संभावनाओं को जन्म दिया है। उम्मीद की जानी चाहिए कि इस अभियान से उत्पन्न सवालों की उपेक्षा नहीं की जायेगी, उनका समुचित जवाब मिलेगा। इस अभियान ने नागरिकों की परेशानियों एवं शासन-प्रशासन की असलियत को उजागर किया है। कुछ उदाहरण प्रस्तुत हैं–

डेढ़ साल बाद मिला मनीऑर्डर

कर्वी (चित्रकूट) निवासी टी.पी. सिंह ने अपनी बेटी के लिए दो हजार रुपये का मनीऑर्डर दिल्ली भेजा। लेकिन डेढ़ साल तक यह रकम उनकी बेटी को नहीं मिली। बार-बार पोस्ट ऑफिस के चक्कर लगाते रहे। अधिकारियों ने जरा भी गंभीरता नहीं दिखायी। जुलाई 2006 में घूस को घूँसा अभियान चला। श्री सिंह ने आवेदन बनाकर अपने मनीऑर्डर के बारे में सूचना माँग ली। चौथे ही दिन पोस्ट ऑफिस के एक अधिकारी ने स्वयं उनके घर आकर खेद जताया और उनके दो हजार रुपये वापस लौटा दिये।

स्ट्रीट लाइट ठीक हुई

बनारस के ओमनगर क्षेत्र की स्ट्रीट लाइटें बरसों से खराब थीं। घूस को घूँसा अभियान के दौरान 27 जुलाई 2006 को एक नागरिक डी.के. उपाध्याय ने सूचना का आवेदन देकर स्ट्रीट लाइट की स्थिति, उन पर हो रहे खर्च तथा इस संबंध में नागरिकों की शिकायतों की जानकारी माँगी। इस आवेदन के पंद्रह दिनों के अंदर बिजली विभाग के कर्मचारी आए और ओमनगर क्षेत्र की स्ट्रीट लाइटें ठीक कर दी गईं।

पाँच दिन में मिली चिकित्सा राशि

गोरखपुर निवासी गुल मोहम्मद सात महीनों से चिकित्सा राशि के लिए परेशान

थे। दिसंबर 2005 में उनकी माँ के इलाज पर लगभग बीस हजार रुपये खर्च हुए थे। सरकारी कर्मी होने के नाते गुल मोहम्मद को यह चिकित्सा राशि मिल जानी चाहिए थी। लेकिन घूस के चक्कर में उन्हें दौड़ाया जा रहा था। घूस को घूँसा अभियान चला तो गुल मोहम्मद ने छह जुलाई को सूचना का आवदेन दे दिया। पाँच दिनों के बाद संबंधित अधिकारियों ने उन्हें फोन करके बुलाया और मेडिकल क्लेम का बीस हजार रुपयों का चेक बनाकर दे दिया।

ट्रांसपोर्टर को मिली बकाया राशि

राँची के एक छोटे ट्रांसपोर्टर दुर्गाकांत झा ने 2004 में झारखंड शिक्षा परियोजना के तहत किताबों की ढुलाई का काम किया। लेकिन नौ लाख के बिल में एक पैसे का भी भुगतान नहीं मिला। अब सूचना के एक आवेदन से उन्हें लगभग आठ लाख का भुगतान मिल गया।

खंड : 2

नागरिक मार्गदर्शिका

सूचनाधिकार की प्रक्रिया

हमारे देश के 'सूचना का अधिकार अधिनियम, 2005' को विश्व के सर्वाधिक अच्छे सूचना कानून की श्रेणी में देखा जा रहा है। इसके प्रावधान बेहद सरल हैं। इन्हें नागरिकों की सुविधाओं को ध्यान में रखकर बनाया गया है। इसमें कुछ कमियाँ हो सकती हैं, लेकिन उन कमियों की तुलना में खूबियाँ ज्यादा हैं। इसलिए, इस कानून का भरपूर लाभ उठाने के लिए इसके प्रमुख प्रावधानों को जानना बेहद जरूरी है। इन्हें समझना बेहद आसान भी है। जिस किसी ने स्कूली शिक्षा के दौरान अध्यापक के पास छुट्टी का आवेदन लिखा होगा, वह सूचना का आवेदन भी लिख सकता है। जरूरत सिर्फ एक बार पूरी प्रक्रिया को समझने की है।

सूचनाधिकार के छह ककार

इसके लिए, सबसे पहले सूचनाधिकार के छह ककार को समझें–यानी क्या, क्यों, किसके द्वारा, कहाँ, कब, कैसे। इन बिंदुओं को संक्षेप में इस प्रकार समझा जा सकता है–

1. क्या (What)—हमें क्या सूचना चाहिए? कोई भी सूचना आवेदन लिखते समय यह स्पष्ट होना चाहिए कि हम क्या जानना चाहते हैं। अगर यह स्पष्टता नहीं होगी तो सही आवेदन नहीं बनेगा। तब सही सूचना भी नहीं मिलेगी। सूचना उतनी ही माँगें जितनी जरूरी हो। ऐसा न हो कि संजीवनी बूटी के बदले पूरा पहाड़ माँग लें। अगर हमें किसी एक वर्ष की किसी एक योजना के संबंध में जानकारी चाहिए, तो हमें अपने आवेदन में इसे स्पष्ट लिख देना चाहिए ताकि अनावश्यक चीजों में उलझना नहीं पड़े। यह भी याद रखना होगा कि आपको सूचना के बदले हर पेज का दो रुपये की दर से भुगतान भी करना है। अतएव आपके लिए जो सूचना जरूरी हो, वही माँगें। दूसरी ओर, यह भी ध्यान रखें कि किसी जरूरी सूचना का उल्लेख करना छूट न जाये, क्योंकि नये सिरे से पुनः आवेदन देने में भी परेशानी होगी।

2. क्यों (Why)—वह सूचना हमें क्यों चाहिए? आवेदन लिखते समय यह भी स्पष्ट होना चाहिए कि हमें वह सूचना क्यों चाहिए। यह बात आपको आवेदन में लिखनी नहीं है। आपसे कोई अधिकारी यह पूछ भी नहीं सकता कि आपको सूचना क्यों चाहिए। लेकिन आपके दिमाग में यह बात स्पष्ट होनी चाहिए। आप वह सूचना किसी अटके

हुए काम को पूरा कराने के उद्देश्य से माँग रहे हैं या किसी अनियमितता को उजागर करने के लिए, या फिर किन्हीं नियमों या तथ्यों की जानकारी के लिए। अपने उद्देश्य के बारे में आप जितना स्पष्ट होंगे, उतना ही सटीक आवेदन बना पायेंगे।

3. किसके द्वारा (Whom)—वह सूचना हमें कौन देगा? हम जो सूचना हासिल करना चाहते हैं, वह हमें किसके द्वारा दी जायेगी। यह जानना जरूरी होगा कि संबंधित सूचना राज्य सरकार से मिलेगी या केंद्र सरकार से। किस विभाग से मिलेगी? किस स्तर के विभाग से? अगर किसी स्वयंसेवी संस्था या निजी कंपनी या व्यक्ति से संबंधित कोई सूचना की जरूरत हो तो वैसी सूचना उपलब्ध कराने का दायित्व किसका है?

4. कहाँ (Where)—वह सूचना हमें कहाँ मिलेगी? इसके लिए आवेदन किस कार्यालय में जमा करना होगा? क्या इसे सहायक जनसूचना अधिकारी के पास जमा करना उचित होगा, या जनसूचना अधिकारी के पास। केंद्र सरकार से जुड़े आवेदनों को सीधे केंद्रीय कार्यालयों में भेजा जाये, अथवा आंचलिक कार्यालयों में, या फिर जी.पी.ओ. में नियुक्त केंद्रीय सहायक जनसूचना अधिकारी के माध्यम से? राज्य सरकार से संबंधित मामलों में भी यह विचारणीय होगा कि कोई आवेदन अनुमंडल स्तर पर दिया जाये, जिला अथवा मुख्यालय स्तर पर।

5. कब (When)—वह सूचना हमें कब मिलेगी? अगर निश्चित अवधि में सूचना नहीं मिली तो कब, किसके पास अपील करनी होगी। प्रथम अपीलीय अधिकारी के पास कब अपील करनी है तथा सूचना आयोग में कब अपील करनी है। इसी तरह, अगर अधूरी या भ्रामक सूचना मिलती है, या सूचना से इंकार किया जाता है, तब प्रथम अथवा द्वितीय अपील कब करनी है, इन चीजों की समझ जरूरी है। अगर हमने दस्तावेजों के निरीक्षण या कार्यस्थल के निरीक्षण या नमूना-संग्रह के लिए आवेदन दिया है तो इसकी अवधि क्या होगी? कब हम निरीक्षण करेंगे या नमूना संग्रह करेंगे?

6. कैसे (How)—वह सूचना हमें कैसे मिलेगी? जो सूचनाएँ हमें चाहिए, उनकी फोटोकॉपी माँगना उचित होगा या सीडी/फ्लॉपी? या फिर हम इन्हें माँगें ही नहीं, क्योंकि संभव है कि हमें जो सूचना चाहिए, वह धारा चार (बी) के तहत स्वयं-घोषणा में मिल जाये। बहुत-सी सूचनाएँ धारा चार (बी) के तहत स्वयं-घोषणा की श्रेणी में आती हैं। अगर आपको ऐसी सूचनाएँ चाहिए तो पहले यह देखने का प्रयास करें कि विभाग ने इंटरनेट तथा अन्य माध्यमों से स्वयं-सूचना दी है या नहीं। इसी तरह, कुछ मामलों में दस्तावेजों की फोटोकॉपी माँगने से ज्यादा बेहतर है दस्तावेजों का निरीक्षण करना, ताकि यह पता चल सके कि हमारी जरूरत की सूचना किस दस्तावेज में है। कुछ सूचना हमें दस्तावेजों से नहीं, बल्कि कार्यस्थल के निरीक्षण से या कि नमूनों के संकलन से मिलेगी। अतः यह समझना जरूरी है कि वांछित सूचना हमें कैसे मिलेगी।

हम क्या माँग सकते हैं?

सूचनाधिकार ने हमें सरकार से सूचनाएँ हासिल करने का अधिकार दिया है। इसके जरिये हम भ्रष्टाचार एवं कर्तव्यहीनता का भंडाफोड़ कर पायेंगे तथा अपनी समस्याओं का हल ढूँढ़ सकेंगे। हम ऐसे तमाम सवाल संबंधित विभागों व अधिकारियों से पूछ सकते हैं, जिनका जवाब अब तक हमें बमुश्किल मिल पाता था। अब हम हर योजना व कार्य के सारे दस्तावेज माँग सकते हैं। विकास कार्यों में हुई अनियमितताओं की जाँच कर सकते हैं। सरकार हर इलाके के विकास के नाम पर काफी बड़ी राशि खर्च करती है। हम अपने क्षेत्र के संबंधित अधिकारियों से इन तमाम कार्यों का विवरण माँग सकते हैं। कितनी राशि खर्च की गई है? किस मद पर राशि खर्च की गई? अगर हर काम का भौतिक निरीक्षण करेंगे तो संभव है कि कुछ ऐसे भी मामले नजर आए, जहाँ ज्यादा काम सिर्फ कागज पर ही हुआ हो।

- किसी भी सरकारी निर्णय, आदेश, समझौते, व्यय, निविदा, भुगतान, प्राक्कलन, इंजीनियरिंग कार्यों की माप इत्यादि की फोटो कॉपी हासिल कर सकते हैं।
- आप किसी भी ऐसे सार्वजनिक विकास कार्य का निरीक्षण कर सकते हैं। आप किसी निर्माणाधीन काम का निरीक्षण कर सकते हैं। आप उस कार्य का भी निरीक्षण कर सकते हैं, जो पूरा हो चुका है।
- किसी सड़क, नाली, भवन या अन्य किसी भी निर्माण में प्रयुक्त सामग्री का नमूना आप हासिल कर सकते हैं।
- किसी सरकारी योजना के तहत वितरित सामग्री, मसलन राशन का नमूना आप हासिल कर सकते हैं। पेयजल विभाग द्वारा आपूर्ति किये गए पानी का नमूना भी आप ले सकते हैं।
- सरकारी दस्तावेजों, निर्माण संबंधी ड्राइंग, रिकॉर्ड, खाते, रजिस्टर इत्यादि के निरीक्षण की माँग कर सकते हैं।
- अपने किसी आवेदन या अपनी शिकायत के संबंध में अद्यतन स्थिति की जानकारी माँग सकते हैं।
- किसी सरकारी विभाग में अटके पड़े अपने किसी काम के संबंध में जानकारी माँग सकते हैं। यह पूछ सकते हैं कि उस काम को पूरा करने का दायित्व किस अधिकारी का है।
- आप किसी भी प्रकार के नियम या आदेश की प्रतिलिपि माँग सकते हैं। अगर कोई काम नियम के विरुद्ध हुआ हो, तो आप पूछ सकते हैं कि उस काम में नियमों का पालन क्यों नहीं हुआ।

कहाँ दें आवेदन, कैसे माँगें सूचना

सूचनाधिकार लागू होने के साथ ही देश और राज्य के सभी लोक प्राधिकरणों में जनसूचना अधिकारी की नियुक्ति संवैधानिक बाध्यता है। ऐसे अधिकारियों की सूची अखबारों के माध्यम से सार्वजनिक की जा रही है, कार्यालयों के सूचनापट्टों पर भी लगायी जा रही है। इसके बावजूद आपको किसी विभाग के जनसूचना अधिकारी के सबंध में पूरी जानकारी न मिल पाये, तब भी आप विभाग का नाम तथा 'जनसूचना अधिकारी' लिखकर संबंधित विभाग में जमा कर सकते हैं।

इस तरह आप सरकार के किसी भी विभाग से सूचना हासिल कर सकते हैं। इसके अलावा, आप सरकारी वित्तीय सहायता से चलनेवाली स्वयंसेवी एवं अन्य किस्म की संस्थाओं से भी सूचना माँग सकते हैं। नियमतः हर सरकारी विभाग में इसके लिए खास तौर पर अधिकारियों की नियुक्ति की गई है।

कोई भी सूचना पाने के लिए एक आवेदन देना होगा। इसके लिए कोई खास आवेदन प्रारूप या फॉर्म नहीं है। आप किसी भी सादे कागज पर लिखकर आवेदन जमा कर सकते हैं। कुछ विभागों ने अपनी ओर से फॉर्म जारी किये हैं। ऐसे फॉर्म पूर्णतया निःशुल्क मिलेंगे। अगर आपको फॉर्म मिल जायें तो उसे भरकर सूचना माँग लें अथवा सादे कागज पर लिखे गए या टाइप किये गए या कंप्यूटर से निकाले गए आवेदन को लेने से कोई भी विभाग इंकार नहीं कर सकता। आप अपने आवेदन की दो प्रतियाँ लेकर जायें, ताकि दूसरी प्रति पर पावती दर्ज करा सकें।

आवेदन के साथ दस रुपये आवेदन शुल्क का भुगतान करना होगा। कोई सूचना प्राप्त करने के लिए ए-फोर या ए-थ्री आकार के प्रति पृष्ठ के लिए दो रुपये देने होंगे। इससे बड़े आकार के कागज पर दिये गए दस्तावेजों की वास्तविक कीमत देनी होगी। इसी तरह, नमूने या मॉडल की वास्तविक कीमत या लागत का भुगतान करना होगा। सी.डी. में डाटा लेने के लिए पचास रुपये का भुगतान करना होगा। किसी दस्तावेज के निरीक्षण का शुल्क भी जमा करना होता है। यह शुल्क केंद्र तथा राज्य सरकारों ने अलग-अलग निर्धारित कर रखा है।

सूचना हेतु आवेदन में सिर्फ यह जानकारी देना पर्याप्त है कि आपको क्या सूचना चाहिए। साथ में अपना पूरा पता लिखना जरूरी है। अगर आपके पास दूरभाष की सुविधा हो तो उसका उल्लेख कर देना भी उचित होगा। लेकिन आपको आवेदन में यह बताने की जरूरत नहीं कि आप सूचना क्यों पाना चाहते हैं। न ही कोई अधिकारी आपसे इस बाबत सवाल कर सकता है कि आप सूचना क्यों माँग रहे हैं। इसी तरह, सूचना माँगने के लिए आपको किसी विशेष परिचय की आवश्यकता नहीं है। इस बात से कोई फर्क नहीं पड़ेगा कि आप किसी बड़े जनसंगठन के बड़े नेता हैं अथवा कोई आम नागरिक। अगर आप नियमानुसार आवेदन जमा करेंगे तो अधिकारी आपको सूचना देने को बाध्य होंगे। इसलिए अगर

आप किसी संगठन या प्रेस या दल से जुड़े हों, तब भी सिर्फ एक आम नागरिक की हैसियत से आवेदन करें, ताकि अधिकारियों के भीतर यह एहसास गहरा किया जा सके कि वे हरेक नागरिक के प्रति जवाबदेह हैं।

यह आवेदन दस रुपये के साथ जनसूचना अधिकारी के पास जमा करना होगा। हर आवेदन के साथ दस रुपये की राशि का जमा होना नितांत आवश्यक है, वरना आवेदन को वैध नहीं माना जायेगा। आवेदन शुल्क की प्राप्ति रसीद लेना आवश्यक है। आवेदन ग्रहण करते समय अधिकारी यह जानकारी देगा कि किस दिन तथा किस समय सूचना उपलब्ध करायी जायेगी। अगर अधिकारी किसी वजह से आवेदन लेने से मना कर दे तो दस रुपये के ड्राफ्ट के साथ रजिस्टर्ड डाक से भेज सकते हैं। गरीबी रेखा से नीचे के लोगों (बी.पी.एल.) से कोई शुल्क नहीं लिया जायेगा।

अगर आप गरीबी रेखा के नीचे हों

अगर कोई आवेदक गरीबी रेखा के नीचे अर्थात बी.पी.एल. श्रेणी में हो तो उसे आवेदन के साथ दस रुपये जमा करने की आवश्यकता नहीं। वह इसके बदले आवेदन में यह लिखे–*मैं बी.पी.एल. श्रेणी में आता हूँ। मेरा बी.पी.एल. क्रमांक...है, कृपया मुझे सूचना निःशुल्क उपलब्ध करायें।*

अगर सूचना नहीं मिले

कोई भी सूचना एक माह के भीतर उपलब्ध करायी जायेगी। अगर आपको तीस दिन के भीतर सूचना नहीं दी जाती या आपको जो सूचना मिली, उससे संतुष्ट नहीं, तो आप विभाग के प्रथम अपीलीय अधिकारी के पास अपील कर सकते हैं। वहाँ भी आप संतुष्ट न हों तो सूचना आयोग में अपील कर सकते हैं। अगर आपकी शिकायत किसी राज्य सरकार से संबंधित हो, तो राज्य सूचना आयोग में अपील करें। अगर आपकी शिकायत केंद्र सरकार के किसी विभाग से संबंधित हो, तो आप केंद्रीय सूचना आयोग में अपील करें।

आवेदनों का प्रारूप

सूचनाधिकार के लिए आवेदन देने का कोई निर्धारित प्रपत्र या प्रारूप नहीं है। किसी भी सामान्य आवेदन की तरह आप इसे भी तैयार कर सकते हैं। सूचनाधिकार का उपयोग करके आप कोई जानकारी चाहते हों या अपना कोई लंबित काम कराना चाहते हों या किसी गलत काम का परदाफाश करना चाहते हों, तो आवेदन देना होगा। आपका आवेदन जितना सटीक, स्पष्ट और पूर्ण होगा, उतनी ही ज्यादा सफलता मिलेगी।

यहाँ कुछ आवेदनों का प्रारूप प्रस्तुत है, जिसकी मदद से आप ऐसी किसी भी जानकारी के लिए आवेदन आसानी से बना सकते हैं।

पानी/बिजली/टेलीफोन कनेक्शन नहीं मिला

क्या किसी विभाग में आपका कोई काम लंबित पड़ा है या रिश्वत के चक्कर में काम लटका पड़ा है? क्या आपने किसी सरकारी विभाग में कोई शिकायत दर्ज करायी है लेकिन उस पर ध्यान नहीं दिया गया? आपने साल भर पहले पानी / बिजली / टेलीफोन के लिए आवेदन जमा किया था, अब तक कनेक्शन नहीं मिला? किसी भी सरकारी विभाग में रुके हुए काम के लिए सूचना का आवेदन दिया जा सकता है। पासपोर्ट बनवाने, वृद्धावस्था पेंशन लेने, पेंशन या पी.एफ. की राशि निकालने, नया अथवा डुप्लिकेट राशन कार्ड बनवाने, परीक्षा का अंकपत्र सुधारने, मकान या दुकान का नक्शा पास कराने, जाति / आय / आवासीय या जन्म प्रमाणपत्र बनवाने, बिजली या टेलीफोन का बिल सुधारने इत्यादि सभी कामों में ऐसे आवेदन थोड़े फेरबदल के साथ दिये जा सकते हैं।

ऐसे मामलों में आप इस प्रकार सूचना का आवेदन तैयार करें–

प्रति,

जनसूचना पदाधिकारी,

(...विभाग का नाम), (...पता)

विषय : सूचनाधिकार अधिनियम 2005 के तहत आवेदन

महोदय,

मैंने पानी/बिजली/टेलीफोन के कनेक्शन के लिए तारीख......को आवेदन दिया था, लेकिन मुझे अब तक कनेक्शन नहीं मिल पाया है। मेरे आवेदन की प्रतिलिपि संलग्न है। मुझे निम्नलिखित सूचनाएँ दें--

1. मेरे आवेदन पर आज तक की प्रतिदिन की प्रगति-रिपोर्ट क्या है?
2. उन अधिकारियों के नाम एवं पद बताएँ, जिनके पास इस अवधि में मेरा आवेदन लंबित रहा है। कृपया बतायें कि किस-किस अधिकारी के पास मेरा आवेदन कब से कब तक पड़ा रहा? उन अधिकारियों ने उस पर क्या कार्रवाई की?
3. नियमानुसार कितने दिनों के भीतर यह काम हो जाना चाहिए था? कृपया नियमावली उपलब्ध करायें।
4. उक्त अधिकारियों ने नियमावली में दी गई समय अवधि का अनुपालन नहीं किया है। क्या ये अधिकारी नियमावली के उल्लंघन के दोषी हैं? कृपया हमें कंडक्ट रूल की भी एक प्रति दें तथा बतायें कि इन अधिकारियों ने इसका उल्लंघन किया है अथवा नहीं?
5. इन अधिकारियों ने मुझे इतने दिनों तक दौड़ाकर मानसिक यातना दी। क्या ये अधिकारी जनता को मानसिक तौर पर प्रताड़ित करने के दोषी नहीं?
6. इन अधिकारियों पर नियमों के उल्लंघन के मामले में क्या कार्रवाई की जायेगी? कब तक? मेरा काम कब तक पूरा हो जायेगा?

आवेदन के साथ दस रुपए नगद जमा कर रहा हूँ। कृपया पावती दें।

आवेदक का नाम एवं हस्ताक्षर
पता, दूरभाष संख्या

पानी की आपूर्ति कम/खराब होती है

सेवा में, जन सूचना अधिकारी,
(विभाग, कार्यालय, स्थान इत्यादि)
कृपया मुझे ये सूचना उपलब्ध कराएँ--

1. आपके रिकॉर्ड के अनुसार...क्षेत्र की जनसंख्या क्या है?
2. इस इलाके के लिए प्रतिदिन पीने के पानी की सैद्धांतिक तौर पर जरूरत कितनी है?
3. इस क्षेत्र में पानी पहुँचानेवाले विभिन्न स्रोत कौन से हैं? प्रत्येक स्रोत से प्रतिदिन कितना पानी मिल रहा है?

4. आपके विभाग के अनुसार कितनी मात्रा में पानी की कमी है?
5. वर्ष 2000 से पानी की कमी किस तरह बढ़ी है? कृपया पानी की कमी का प्रतिवर्ष का आँकड़ा दें।
6. पानी की कमी के क्या कारण हैं? वर्ष 2000 से जल विभाग द्वारा इस समस्या का पता लगाने के लिए क्या कदम उठाये गए हैं? तुरंत या दीर्घ अवधि के लिए इस समस्या का समाधान क्या है? समस्या के समाधान के लिए क्या कदम उठाये गए हैं?
7. मैं आपके विभाग द्वारा विभिन्न स्रोतों से आपूर्ति की गई पानी की मात्रा की जाँच करना चाहता हूँ। कृपया मुझे तिथि, समय व स्थान बतायें जब मैं आकर इसकी जाँच कर सकूँ।
8. हमारे इलाके का पानी बहुत गन्दा है। सूचना का अधिकार कानून, 2005 की धारा 2(जे)(3) के तहत इस इलाके में जल विभाग द्वारा आपूर्ति किये जा रहे पानी का नमूना मेरी उपस्थिति में लिया जाए तथा उसकी जाँच की जाए। यह नमूना मेरे घर से लिया जाए। कृपया उस समय तथा तिथि के बारे में मुझे सूचित करें, जब मेरे घर से पानी का नमूना लिया जायेगा। मैं आवेदन फीस के रूप में 10 रुपये नगद जमा कर रहा हूँ।

आवेदक का नाम एवं हस्ताक्षर
पता, दूरभाष संख्या

सफाई की जानकारी लें

क्या आपके इलाके में गंदगी रहती है? क्या सफाई कर्मचारी कभी-कभी ही दर्शन देते हैं? अगर हाँ, तो आप सफाई कर्मचारी की उपस्थिति पुस्तिका की माँग करें। पता लगायें कि आपके इलाके की सफाई के लिए कितने कर्मचारी नियुक्त किये गए हैं या कितने दैनिक वेतनभोगियों को आपके इलाके की सफाई के नाम पर वेतन दिया जा रहा है? इनमें से कितने लोग वास्तव में काम पर आते हैं और कितने लोग आपके इलाके में सफाई करते हैं? आपके क्षेत्र में ऐसी ही समस्या हो तो सूचना के अधिकार विधेयक के तहत इस प्रकार आवेदन करें–

कृपया...(क्षेत्र का नाम) क्षेत्र की स्वच्छता के लिए अपने विभाग की कार्ययोजना के संबंध में निम्नलिखित जानकारियाँ दें–

1. उन अधिकारियों एवं कर्मचारियों के नाम, पते एवं फोन नंबर, जो इस इलाके की सफाई के लिए जिम्मेवार हैं।
2. मुझे इस इलाके की विगत तीन माह की उपस्थिति पुस्तिका की फोटोकॉपी दें।
3. कृपया मुझे इस इलाके की विगत तीन माह के मस्टर रोल की फोटोकॉपी दें।

4. प्रत्येक सफाईकर्मी को किस इलाके में, क्या काम सौंपा गया है, इसकी जानकारी दें।
5. इन सफाई कार्यों का निरीक्षण किन अधिकारियों ने कब-कब किया तथा उन्होंने क्या रिपोर्ट दी, इसका विवरण दें।

एक बार इस किस्म की सूचनाएँ मिल जायें तो इनकी जाँच करना बेहद आसान है। स्थानीय नागरिकों को यह जानकारी मिल जायेगी कि उनके इलाके की सफाई के लिए किस कर्मचारी को जिम्मेवारी दी गई है। इसके साथ ही लोग इस बात पर नजर रख सकेंगे कि सफाईकर्मी रोज आता है या नहीं, सफाई करता है कि नहीं। इसके बाद जो सफाईकर्मी लापरवाही करते हों, उनके संबंध में अधिकारियो से शिकायत करें कि फलाँ इलाके में फलाँ तारीख को फलाँ कर्मचारी अपने काम पर नहीं आया।

विकास के नाम पर कितनी राशि खर्च हुई

हर राज्य के बजट में विकास के लिए पर्याप्त संसाधन होते हैं। तरह-तरह की योजनाएँ भी चलायी जा रही हैं तथा करोड़ों रुपये खर्च किये जा रहे हैं। इसका हिसाब लें। आवेदन देकर इन जानकारियों की माँग करें–

कृपया मुझे...विभाग की...शाखा द्वारा वित्तवर्ष...में कराये गए कार्यों के संबंध में निम्नलिखित सूचनाएँ दें–

1. कार्य का नाम।
2. कार्य आदेश संख्या।
3. संवेदक का नाम।
4. कार्य प्रारंभ होने की तिथि।
5. कार्य पूरा होने की तिथि।
6. किस दर पर कार्य दिया गया।
7. कितनी-राशि स्वीकृत हुई?
8. कितनी राशि का भुगतान हुआ?
9. किस-किस मद में?
10. कार्य की वर्तमान स्थिति।
11. इस कार्य को किस आधार पर किया जा रहा है?
12. हर कार्य के स्केच की प्रतिलिपि।

एक बार जब आपको ये जानकारियाँ मिल जायें तो इनमें से हर कार्य पर प्रारंभिक नजर दौड़ायें। फिर उन कार्यों की सूची तैयार करें जो आपकी नजर में ज्यादा बुरी हालत में हैं या जिन पर काम ही शुरू नहीं हुआ। एक अन्य आवेदन देकर हरेक काम के बारे में निम्नलिखित ब्यौरे की माँग करें–

1. प्राक्कलन का विवरण, 2. स्केच, 3. माप-पुस्तिका।

इन दस्तावेजों के आधार पर आप इनके कार्यों का विस्तृत निरीक्षण कर सकते हैं। इससे आपको हर गड़बड़ी की जानकारी मिल जायेगी। इन जानकारियों को विभिन्न रूपों में आप सार्वजनिक कर सकते हैं, विजिलेंस विभाग के पास शिकायत कर सकते हैं तथा आमसभा बुलाकर जनसुनवाई करके इन तथ्यों को उजागर कर सकते हैं। इन कार्यों को 'सोशल ऑडिट' भी कहा जा सकता है। आप ऐसी सूचनाएँ उन मीडियाकर्मियों को उपलब्ध करा सकते हैं, जो सूचना के अधिकार के प्रति गंभीर हों।

आपको जिन कामों में ज्यादा गड़बड़ी नजर आती हो, उनके निरीक्षण की माँग कर सकते हैं, भले ही वह काम पूरा हो चुका हो अथवा निर्माणाधीन हो। इस दौरान आप निर्माण कार्य में उपयोग की जा रही सामग्री का नमूना भी संकलित कर सकते हैं।

सरकारी कार्यों का निरीक्षण करें

अब तक सरकारी अधिकारी ही किसी चीज का निरीक्षण करते थे। लेकिन अब आम आदमी किसी सरकारी दफ्तर में जाकर सरकारी कार्यों का निरीक्षण कर सकता है। सूचना कानून की धारा 2 (जे)(1) के तहत यह संभव है। यह निरीक्षण किसी पूरे हो चुके अथवा निर्माणाधीन कार्य का हो सकता है। धारा 2 (जे)(3) के तहत आप किसी सामग्री का नमूना ले सकते हैं।

निरीक्षण के लिए इस प्रकार आवेदन तैयार करें–

प्रति,

जनसूचना पदाधिकारी,
(विभाग, कार्यालय, स्थान इत्यादि)

विषय–सूचनाधिकार अधिनियम, 2005 के तहत आवेदन

महोदय,

1. सूचना का अधिकार अधिनियम की धारा-2(जे)(1) के तहत मैं निम्नलिखित कार्य का निरीक्षण करना चाहता हूँ। मुझे तिथि, समय व स्थान बतायें, जब मैं आकर इस कार्य की जाँच कर सकूँ।

(...कार्य का विवरण)

2. मैं इस कार्य से संबंधित दस्तावेजों का भी निरीक्षण करना चाहूँगा, इसलिए निरीक्षण के समय ये दस्तावेज मुझे उपलब्ध कराएँ :

(क) मेजरमेंट बुक, (ख) खर्चों का विवरण, (ग) रेखाचित्र, (घ) अन्य...

3. निरीक्षण के बाद मुझे जिस दस्तावेज की आवश्यकता होगी, उसकी प्रतिलिपि निर्धारित फीस लेकर उपलब्ध कराएँ।

4. धारा-2(जे)(3) के तहत मैं इस कार्य में प्रयुक्त सामग्री का विभाग द्वारा प्रमाणित नमूना लेना चाहता हूँ। नमूना मेरे द्वारा तय स्थान से, मेरी उपस्थिति में विभाग द्वारा एकत्र किया जाये और यह सीलबंद हो तथा विभाग द्वारा यह प्रमाणित किया जाये कि सीलबंद नमूना कार्य की सामग्री का असली नमूना है। कृपया मुझे स्थान, समय तथा तिथि सूचित करें, जब मैं निरीक्षण के लिए आ सकूँ।

मैं आवेदन फीस के रूप में 10 रुपये नगद जमा कर रहा हूँ।

आवेदक के हस्ताक्षर, नाम एवं पता

सांसद-विधायक फंड का हिसाब लें

हर सांसद/विधायक को अपने विधानसभा क्षेत्र के विकास के लिए हर साल दो करोड़ रुपये का कोष मिलता है। कई बार उन कार्यों पर भी खर्च होता है, जिनकी जनता को कोई जरूरत ही नहीं। दूसरी ओर जब कोई नागरिक किसी जनप्रतिनिधि के पास किसी काम के संबंध में आवेदन लेकर जाता है तो उसे यह कहकर लौटा दिया जाता है कि फंड में पैसे ही नहीं हैं। लेकिन अब आप सूचना कानून के तहत सांसद, विधायक कोष के तहत राशि के व्यय एवं उपयोग की जानकारी हासिल कर सकते हैं। यह पता लगा सकते हैं कि आपके इलाके में कौन से काम कराये गए, कराये जा रहे हैं, उनकी क्या स्थिति है तथा वे कार्य आपके क्षेत्र की जनता के लिए कितने जरूरी एवं उपयोगी हैं।

इसके लिए सूचना का आवेदन इस प्रकार दें–

कृपया मुझे वित्तवर्ष...के तहत...विधानसभा क्षेत्र/संसदीय क्षेत्र के विधायक/सांसद की निधि से कराये गए समस्त कार्यों के संबंध में ये सूचनाएँ प्रदान करें–

1. कार्य का नाम।
2.. कार्य का विवरण।
3. स्वीकृत राशि।
4. स्वीकृति की तिथि।
5. कार्य की स्थिति।
6. एजेंसी का नाम।
7. कार्य प्रारंभ होने की तिथि।
8. कार्य-समाप्ति की तिथि।
9. किस दर पर काम दिया गया?
10. कितनी राशि का भुगतान हुआ?
11. इस निधि के तहत इस वर्ष कितनी राशि का आवंटन हुआ?
12. कार्यों के एवज में कितनी राशि का भुगतान हुआ है?

13. कितनी राशि के कितने कामों को स्वीकृति देना शेष है?

14. विधायक निधि के तहत कितनी राशि शेष बची है?

एक बार इस प्रकार की सूचना हासिल करने के बाद देखें कि इनमें कौन से काम में जरूरत से ज्यादा खर्च हुआ। वैसे कामों के दस्तावेज आप नये सूचना आवेदन के जरिये माँगकर उनकी जाँच कर सकते हैं। अगर कोई अनावश्यक काम कराया गया हो, तो उसकी भी सूचना माँग सकते हैं। यदि काम कुछ खास लोगों को दिये गए हों तो इसे उजागर कर सकते हैं।

भ्रष्टाचार पर लगाएँ रोक

सूचनाधिकार का उपयोग देश में बढ़ते भ्रष्टाचार पर लगाम लगाने के लिए बखूबी किया जा सकता है। सरकारी अधिकारियों के किसी भ्रष्ट आचरण के संबंध में कोई नागरिक शिकायत करे तो सामान्य तौर पर कोई कार्रवाई नहीं होती। इस मामले में सरकारी तंत्र पर कई प्रकार के अंदरूनी दबाव काम करते हैं। लेकिन अगर जनता चाहे तो इन सवालों के जवाब पूछकर सरकारी तंत्र को इस बात के लिए बाध्य कर सकती है कि भ्रष्ट अधिकारियों पर कार्रवाई हो।

इसके लिए आप इस तरह का आवेदन तैयार करें–

1. दिनांक......से दिनांक ......के बीच किन-किन अधिकारियों के खिलाफ भ्रष्टाचार, अनियमितता या नियम विरुद्ध कार्य के संबंध में शिकायतें दर्ज करायी गईं? हरेक के खिलाफ लगे आरोपों की जानकारी देते हुए उन शिकायतों की प्रतिलिपि उपलब्ध करायें।
2. इनमें से किन शिकायतों को बगैर कोई जाँच किये खत्म मान लिया गया? क्यों?
3. इनमें से किन शिकायतों को जाँच के बाद खत्म कर दिया गया? उन जाँच रिपोर्टों की प्रतिलिपि उपलब्ध करायें, जिनके आधार पर मामला खत्म कर दिया गया।
4. किस मामले में किस प्रकार की कार्रवाई हुई?
5. किन मामलों में आपराधिक मुकदमा दर्ज किया गया? उन मुकदमों की अद्यतन स्थिति क्या है?
6. कौन-से मामले लंबित हैं? उनमें जाँच कब तक पूरी होगी?

एक बार शिकायतों, आरोपों की जानकारी मिलने पर आप यह तय कर सकते हैं कि उनमें कौन-से मामले ज्यादा गंभीर हैं तथा किन अधिकारियों के विरुद्ध समुचित कार्रवाई नहीं हुई। ऐसे मामलों पर नये आवेदन देकर आप पूरी सूचना माँग सकते हैं।

सड़क की मरम्मत का विवरण

कृपया इन सड़कों से संबंधित सूचनाएँ प्रदान करें–
(सड़कों की सूची... ।)

1. विगत पाँच वर्ष में इनमें से किन-किन सड़कों की मरम्मत (थोड़ी-बहुत या बड़े पैमाने पर) कब-कब की गई?
2. प्रत्येक कार्य से संबंधित एजेंसी/अभिकर्त्ता का नाम, चयन की प्रक्रिया, मरम्मत कार्य की प्रकृति एवं उसका क्षेत्रफल, भुगतान की गई राशि तथा शेष देय राशि का विवरण प्रदान करें।
3. कार्य के संबंध में निम्न सूचनाएँ उपलब्ध कराएँ–
   (क) इस कार्य से संबंधित स्टॉक रजिस्टर की प्रति।
   (ख) कार्य से संबंधित लेबर रजिस्टर की प्रति।
   (ग) उन जगहों की वास्तविक स्थिति, जहाँ कार्य किया गया।
   (घ) कार्य कब हुआ ?
   (ड) मरम्मत का तरीका क्या था ?
   (च) कार्य में प्रयुक्त सामग्री का मिश्रण क्या था?
   (छ) मेज़रमेंट बुक, स्केच, प्राक्कलन की प्रति।
4. उन सहायक तथा कार्यपालक अभियंताओं के नाम बताएँ, जिन्होंने इन प्रत्येक कार्यों का निरीक्षण किया और भुगतान की स्वीकृति दी। इनके द्वारा कार्य के किस भाग का निरीक्षण किया गया?
5. इन दिनों उपर्युक्त सभी/कुछ सड़कें जर्जर हैं। इन सड़कों की हालत इतनी ख़राब क्यों है ? प्रत्येक सड़क के लिए अलग-अलग सूचना उपलब्ध कराएँ।
6. यदि इनमें से कोई सड़क जल-जमाव के कारण टूटी हो, तो बताएँ कि क्या यह जल-जमाव सड़क के ढलाव के कारण है अथवा नाली से निकलने वाले जल के कारण है?
7. यदि जल-जमाव सड़क के गलत ढलाव के कारण है तो कार्य का भुगतान कैसे स्वीकृत हुआ? इसका निरीक्षण करके स्वीकृति देनेवाले अभियंता के ख़िलाफ क्या कार्रवाई की जाएगी?

जब आपकी शिकायतें न सुनी जाएँ

ये सूचनाएँ माँगकर अधिकारियों को जवाबदेह बनाएँ–

1. दिनांक......से दिनांक.....के बीच जनता द्वारा दर्ज करायी गई शिकायतों की सूची एवं उनकी प्रतिलिपि प्रदान करें।

2. उनमें से हरेक पर की गई कार्रवाई का विवरण दें।
3. नियमानुसार उन मामलों का निपटारा कब तक हो जाना चाहिए?
4. अगर अधिकारियों ने समयानुसार उन मामलों पर कार्रवाई नहीं की हो तो उन पर क्या दंड लगाया गया?
5. हर मामले में विलंब के कारण बतायें।
6. विलंब के दोषी अधिकारियों के खिलाफ क्या कार्रवाई होगी?

अधिकारी/कर्मचारी का नहीं आना या देर से आना

स्कूल/अस्पताल/कार्यालय......के संबंध में ये सूचनाएँ दें–

1. उस संस्थान में कुल कितने अधिकारी/कर्मचारी हैं। सबकी सूची, नाम, पद, ज़िम्मेदारी का विवरण दें। बतायें कि वे इस कार्यालय में कब से कार्यरत हैं। उनका ड्यूटी पर आने व जाने का समय क्या है?
2. उपरोक्त सभी लोगों के उपस्थिति रजिस्टर की पिछले छह महीने की प्रति मुझे उपलब्ध कराएँ।
3. अगर कोई अधिकारी/कर्मचारी निर्धारित समय पर कार्यालय नहीं पहुँचता है या बिना सूचित किए अनुपस्थित रहता है तो उसके खिलाफ क्या कार्रवाई की व्यवस्था है। कृपया नियमों की प्रति दें।
4, पिछले छह महीने में उपरोक्त में से कितने लोगों के खिलाफ देर से आने या अनुपस्थित रहने के मामले में उपरोक्त नियमों के तहत क्या कार्रवाई हुई है, इसका पूरा विवरण व उस संबंध में पारित किये गए आदेशों/निर्देशों की प्रति भी उपलब्ध कराएँ।
5. कृपया उपरोक्त लोगों द्वारा विगत छह माह में लिए गए कुल अवकाशों (साप्ताहिक अवकाश व अन्य कार्यालय अवकाश दिवसों को छोड़कर) का विवरण उपलब्ध कराएँ।

सरकारी खरीद/कार्यों में घोटाले की जानकारी

मुझे निम्नलिखित सूचना प्रदान करें–

1. स्वास्थ्य विभाग में अनियमितताओं के संबंध में अब तक किस प्रकार की शिकायतें आई हैं तथा उन पर अब तक किस प्रकार की जाँच की गई है? सभी जाँच रिपोर्टों की प्रतिलिपि उपलब्ध करायें।
2. स्वास्थ्य विभाग द्वारा वर्ष....में मच्छरदानी, वाहनों, दवाओं, फर्नीचर, की खरीद संबंधी विवरण उपलब्ध करायें।
3. स्वास्थ्य विभाग द्वारा खरीदे गए समस्त एंबुलेंस का विवरण, जिन संस्थाओं

को एंबुलेंस प्रदान किये गए, उनकी सूची तथा उनकी उपयोगिता रिपोर्ट उपलब्ध करायें।

4. स्वास्थ्य विभाग के कंप्यूटराइजेशन हेतु दिये गए कार्यादेश की प्रतिलिपि, भुगतान की गई राशि का विवरण तथा तत्संबंधी कार्यप्रगति की जानकारी उपलब्ध करायें।
5. चिकित्सकों के प्रशिक्षण हेतु प्रदत्त राशि तथा उसकी उपयोगिता संबंधी विवरण उपलब्ध करायें।

आवेदन के साथ मैं दस रुपये जमा कर रहा हूँ। कृपया पावती दें।

गलियों/सड़कों संबंधी कार्यों की जानकारी

1. दिनांक.....से अब तक क्षेत्र......की गलियों और सड़कों में कराये गए समस्त निर्माण, मरम्मत एवं सुधार संबंधी कार्यों की सूची दें।
2. इस सूची के साथ कार्य का नाम, कार्यादेश संख्या, ठेकेदार एवं उसकी कंपनी का नाम एवं पता, उसके चयन की प्रक्रिया, कार्य प्रारंभ होने की वास्तविक तिथि, कार्य-समाप्ति की वास्तविक तिथि, अब तक भुगतान की गई राशि का विवरण, शेष देय राशि का विवरण, कार्य की वर्तमान स्थिति एवं कार्य के प्रकार का विवरण दें।
3. मैं इन कार्यों की सभी माप-पुस्तिकाओं तथा कार्यादेश रजिस्टरों का निरीक्षण करना चाहता हूँ। कृपया इसके लिए मुझे तिथि, समय व स्थान बतायें ताकि मैं निरीक्षण कर सकूँ।

अधिकारियों का तबादला

1. जनवरी 2003 से अब तक राज्य में कब-कब किन-किन प्रखंड विकास पदाधिकारियों का किस स्थान से किस स्थान पर स्थानांतरण किया गया?
2. जनवरी 2003 से अब तक राज्य में कब-कब किन-किन प्रखंड विकास पदाधिकारियों की सेवा किस अन्य विभाग को सौंपी गई तथा किन-किन अधिकारियों को अन्य विभाग से लाकर प्रखंड विकास पदाधिकारी बनाया गया। उनके वर्तमान पदस्थापन की भी जानकारी दें।
3. मार्च 2006 से अब तक राज्य में प्रखंड विकास पदाधिकारियों के तबादले से संबंधित सभी फाइलों की फोटोकॉपी उपलब्ध करायें।
4. जनवरी 2003 से अब तक राज्य में कब-कब किन-किन प्रखंड विकास पदाधिकारियों के विरुद्ध किसी शिकायत की जाँच की गई, इसका ब्यौरा देते हुए जाँच रिपोर्ट की फोटोकॉपी तथा कृत कार्रवाई की जानकारी प्रदान करें।

अधिनियम के अनुपालन के लिए

1. सूचनाधिकार अधिनियम 2005 की धारा पाँच (एक) के अंतर्गत राज्य में नियुक्त समस्त पदाधिकारियों की सूची, नाम एवं पदनाम, पत्र-व्यवहार का पता तथा टेलीफोन नंबर सहित उपलब्ध करायें।
2. अधिनियम की धारा पाँच (दो) के अंतर्गत प्रत्येक राज्य में नियुक्त समस्त राज्य सहायक सूचना पदाधिकारियों की सूची, नाम एवं पदनाम, पत्र-व्यवहार का पता तथा टेलीफोन नंबर सहित उपलब्ध करायें।
3. आपके जिन कार्यालयों एवं विभागों में उक्त दोनों अथवा किसी एक कोटि के पदाधिकारियों की अब तक नियुक्ति नहीं की गई हो, उनकी सूची उपलब्ध करायें तथा यह जानकारी देने का कष्ट करें कि उनकी नियुक्ति कब तक हो जायेगी।
4. ऐसे सभी विभागों में अधिनियम, 2005 की धारा 'चार' के अंतर्गत 17 बिंदुओं पर सूचनाओं की जानकारी देने का कष्ट करें।
5. अधिनियम, 2005 की धारा 'चार (2) बी' के अंतर्गत 17 बिंदुओं पर सूचनाओं की जानकारी स्वप्रेरणा से नागरिकों को देनी है। कृपया बतायें कि इस पर कौन-से कदम उठाये गए?

ऐसे ही आवेदन विभिन्न सूचनाओं के लिए तैयार किये जा सकते हैं। एक बार सूचना मिलने के बाद उनका अध्ययन करें तथा उससे कुछ नये सवाल बनते हों तो दुबारा आवेदन दें। मिली हुई सूचना की जाँच करें। गड़बड़ी मिलने पर मीडिया एवं जनसंगठनों के माध्यम से उसे सार्वजनिक करें।

कैसे करें अपील

आपने सूचना का कोई आवेदन दिया है तो नियमानुसार तीस दिनों के भीतर आपको सूचना मिलनी चाहिए। अगर आपने सहायक जनसूचना अधिकारी के पास आवेदन जमा किया हो तो पाँच दिन अतिरिक्त लगेंगे। यानी अधिकतम 35 दिन। इसी तरह, आपने जो सूचना माँगी है, वह किसी अन्य विभाग में हो, तो आपके आवेदन को उस विभाग के पास भेजा जायेगा। इसके लिए भी पाँच दिन का अतिरिक्त समय देना होगा।

अगर आपको इन 30 या 35 दिनों में सूचना नहीं मिलती तो उसी विभाग के प्रथम अपीलीय अधिकारी के पास अपील करें। इसे प्रथम अपील कहा जाता है। दूसरी अपील वह है, जो सूचना आयोग के पास की जाये। हर विभाग में जनसूचना अधिकारी से ऊपर के स्तर के अधिकारी को प्रथम अपीलीय अधिकारी बनाया गया है। अगर किसी विभाग के प्रथम अपीलीय अधिकारी के नाम, पते की जानकारी नहीं मिल पाये, तब भी ज्यादा परेशान होने की जरूरत नहीं। आप सहायक जनसूचना अधिकारी या जनसूचना अधिकारी के माध्यम से प्रथम अपीलीय अधिकारी के नाम संबोधित आवेदन जमा कर सकते हैं। इसके अलावा, संबंधित विभाग के वरिष्ठ अधिकारी के माध्यम से या रजिस्टर्ड डाक द्वारा भी आप अपनी प्रथम अपील जमा कर सकते हैं। प्रथम अपील तथा द्वितीय अपील करने के लिए कोई शुल्क नहीं देना है।

अगर आपने सूचना आवेदन किसी राज्य सरकार के किसी विभाग या निकाय के पास जमा किया है तो आप राज्य सूचना आयोग में द्वितीय अपील जमा करें। अगर आपका मामला केंद्र सरकार के किसी विभाग या निकाय से जुड़ा है, तो आपको केंद्रीय सूचना आयोग में द्वितीय अपील करनी होगी।

प्रथम अपील में यह बताना है कि आपने सूचना का अपना आवेदन किस तारीख को, किस जनसूचना अधिकारी के पास जमा किया था। आपने आवेदन शुल्क दस रुपये किस तरह जमा किया, इसकी जानकारी भी देनी होगी। प्रथम अपील के साथ अपने आवेदन की प्रतिलिपि भी आप संलग्न कर दें। इसमें आप यह बतायें कि मुझे सूचना अब तक नहीं मिली है, इसलिए मुझे सूचना उपलब्ध करायी जाये। कानून के अनुसार, अगर एक माह (या 35 दिन) के भीतर आपको सूचना नहीं

मिलती तो इसके बाद आपसे कोई शुल्क नहीं लिया जायेगा। अतः आप प्रथम अपील में यह लिखना न भूलें कि मुझे सूचना निःशुल्क प्रदान की जाये।

कोई सूचना नहीं मिलने पर प्रथम अपील

मान लीजिए कि आपने स्वास्थ्य विभाग में सूचना का आवेदन दिया। तीस दिन में सूचना नहीं मिलने पर आप उसी विभाग के प्रथम अपीलीय अधिकारी के पास यह अपील जमा करायें–

प्रति,

प्रथम अपीलीय अधिकारी, स्वास्थ्य विभाग,......(स्थान, पता)

विषय–सूचना का अधिकार अधिनियम 2005 के तहत प्रथम अपील

1. मैंने......तारीख को जनसूचना अधिकारी, स्वास्थ्य विभाग के पास सूचना का आवेदन जमा किया था। प्रतिलिपि संलग्न है। मैंने इसके साथ आवेदन शुल्क दस रुपये नगद/बैंक ड्राफ्ट नं.....जमा किया था।
2. लेकिन मुझे अब तक सूचना नहीं मिली है।
3. अतः मैं यह प्रथम अपील जमा कर रहा हूँ।
4. कृपया मुझे वांछित सूचना प्रदान करें।
5. निर्धारित अवधि के भीतर सूचना नहीं दिये जाने के कारण अब मुझे समस्त सूचना निःशुल्क प्रदान करें।

हस्ताक्षर, नाम, पता

प्रथम अपील के कुछ अन्य पहलू

अगर आपको जनसूचना अधिकारी ने सूचना दे दी, लेकिन वह अधूरी या गलत या भ्रामक है, तब भी आप प्रथम अपीलीय अधिकारी के पास अपील कर सकते हैं। उसमें आपको यह बताना होगा कि आपने क्या सूचना माँगी थी तथा आपको मिली हुई सूचना किस तरह अधूरी या गलत या भ्रामक है।

अगर आपने सूचना का आवेदन दिया और जनसूचना अधिकारी ने कोई भी कारण बताते हुए उसे वापस लौटा दिया या सूचना देने से इंकार कर दिया तो आप प्रथम अपील कर सकते हैं।

अगर आपको कोई जवाब नहीं मिलता, तो प्रथम अपील के लिए आपको 30 या 35 दिन का इंतजार करना पड़ेगा। लेकिन अगर जनसूचना अधिकारी ने आपको किसी भी तरह का कोई जवाब भेज दिया हो, चाहे उसमें अधूरी सूचना हो या फिर सूचना नहीं देने की बात कही गई हो, वैसी स्थिति में आपको 30 या 35 दिन इंतजार करने की जरूरत नहीं। तब आप उसी दिन प्रथम अपील कर सकते

हैं। मान लें कि आपने पहली तारीख को आवेदन दिया। पाँच तारीख को आपको जनसूचना अधिकारी ने अधूरा या गलत जवाब भेज दिया, अथवा सूचना देने से इंकार कर दिया। आप पाँच तारीख को ही प्रथम अपील कर सकते हैं। लेकिन अगर आपको कोई जवाब नहीं मिला तो पूरे एक महीने इंतजार करना होगा।

सूचना आयोग में द्वितीय अपील

प्रथम अपील के बाद भी सूचना नहीं मिलती या आप किसी वजह से संतुष्ट नहीं, तो सूचना आयोग में अपील करें। इसे द्वितीय अपील कहा जाता है। प्रथम अपील के 30 दिन बाद द्वितीय अपील की जा सकती है। द्वितीय अपील के लिए 90 दिनें का समय मिलता है। यानी जिस दिन प्रथम अपील की है, उसके 30 दिन के बाद से अगले तीन माह तक आप द्वितीय अपील कर सकते हैं।

अगर प्रथम अपीलीय अधिकारी आपकी अपील पर किसी तरह का फैसला सुनाता है और आप उससे संतुष्ट नहीं, तो आपको तीस दिन इंतजार करने की जरूरत नहीं। तब आप फौरन सूचना आयोग में द्वितीय अपील कर सकते हैं। इस तरह, आपको यह ध्यान रखना होगा कि सही समय पर आप प्रथम अपील और द्वितीय अपील कर दें, ताकि आपको पूरा न्याय मिल सके। इसके लिए निर्धारित अवधि को इस तरह देखा जा सकता है–

1. सूचना आवेदन के 31वें दिन से अगले 30 दिन के अंदर प्रथम अपील।
2. प्रथम अपील के 31 वें दिन से अगले 90 दिन के अंदर द्वितीय अपील।
3. सूचना आवेदन का कोई जवाब मिलने पर उसी दिन से अगले 30 दिन के अंदर प्रथम अपील।
4. प्रथम अपील निष्पादित होने पर अगले 90 दिन के अंदर द्वितीय अपील।

द्वितीय अपील कैसे करें

द्वितीय अपील करते समय उस सूचना आयोग में अपील संबंधी नियमावली का ध्यान रखें। राज्य सूचना आयोगों के लिए हर राज्य ने अपनी नियमावली बनायी है। केंद्र सरकार ने केंद्रीय सूचना आयोग में अपील की नियमावली बनायी है। केंद्रीय नियमावली के मुख्य बिंदु इस प्रकार हैं–

अपील में निम्नलिखित जानकारी देना आवश्यक है–

1. अपीलकर्त्ता का नाम एवं पता।
2. उस केंद्रीय जनसूचना अधिकारी का नाम एवं पता, जिसके खिलाफ अपील की गई हो।

3. जनसूचना अधिकारी द्वारा अगर कोई आदेश/पत्र भेजा गया हो, तो उसका पत्रांक एवं दिनांक।
4. अपील के संक्षिप्त बिंदु।
5. अगर सूचना के आवेदन पर कोई जवाब नहीं मिला हो तो उस आवेदन को जमा करने संबंधी विवरण, किस तारीख को किस केंद्रीय जनसूचना अधिकारी के पास जमा किया गया, उसका पता, आवेदन का क्रमांक, आवेदन में माँगी गई सूचना का विवरण।
6. आयोग से आप क्या चाहते हैं?
7. उसका आधार क्या है?
8. अपीलकर्त्ता द्वारा सत्यापन, कि उसके द्वारा प्रस्तुत सारी बातें एवं दस्तावेज सत्य हैं।
9. कोई अन्य जानकारी, जो आयोग के लिए उपयोगी हो।

अपील के साथ निम्नलिखित दस्तावेज भेजें–

अपना सूचना आवेदन एवं प्रथम अपील। साथ ही, जनसूचना अधिकारी और प्रथम अपीलीय ने आपके पास कोई पत्र/दस्तावेज भेजा हो तो उसकी प्रतिलिपि। सारे दस्तावेजों पर अपने हस्ताक्षर करके उन पर स्वयं-प्रमाणित लिख दें।

द्वितीय अपील की सुनवाई

द्वितीय अपील की सुनवाई के दौरान सूचना आयोग संबंधित पक्षों से मौखिक या लिखित रूप से सबूत या शपथपत्र ले सकता है, किन्हीं दस्तावेजों की जाँच या निरीक्षण कर सकता है तथा अधिकृत प्राधिकार से अन्य विस्तृत जानकारियाँ एवं तथ्य की जाँच कर सकता है। इस दौरान आयोग सहायक एवं जनसूचना अधिकारियों, प्रथम अपीलीय अधिकारी एवं अन्य किसी वरीय अधिकारी, जिसके खिलाफ कोई शिकायत हो, का पक्ष सुन सकता है। आयोग किसी मामले में तृतीय पक्ष को भी सुन सकता है।

द्वितीय अपील की सुनवाई के सप्ताह भर पहले अपीलकर्ता को इसकी जानकारी दे दी जायेगी। सुनवाई के दौरान अपीलकर्ता चाहे तो स्वयं उपस्थित रह सकता है, या अनुपस्थित रह सकता है या फिर अपने किसी प्रतिनिधि को भेज सकता है। अगर सूचना आयोग को ऐसा लगे कि अपीलकर्ता किसी वाजिब कारण से किसी सुनवाई के दौरान उपस्थित नहीं हो सका, तो अंतिम निर्णय से पहले उसे अपना पक्ष रखने का एक अवसर दिया जायेगा। सुनवाई के दौरान अपीलकर्ता किसी अन्य व्यक्ति से सहयोग भी ले सकता है। वह व्यक्ति कोई सामान्य नागरिक हो सकता है या फिर कोई अधिवक्ता।

विभिन्न राज्यों ने अपील संबंधी नियमावली बनायी है। अगर राज्य सूचना आयोग में अपील संबंधी नियमावली आपको नहीं मिल पाये तो आप केंद्रीय नियमावली के अनुसार ही अपील कर सकते हैं।

केंद्रीय सूचना आयोग में अपील का प्रारूप

मान लीजिए कि आपने दूरसंचार विभाग, दिल्ली में सूचना का आवेदन दिया। तीस दिन में सूचना नहीं मिलने पर आपने उसी विभाग के प्रथम अपीलीय अधिकारी के पास यह अपील की। वहाँ से भी जवाब नहीं मिलने पर 30 दिन के बाद केंद्रीय सूचना आयोग में इस प्रकार अपील करें–

प्रति, केंद्रीय सूचना आयोग

1. अपीलकर्त्ता का नाम एवं पता।
2. ...विभाग के जनसूचना अधिकारी का नाम एवं पता।
3. जनसूचना अधिकारी द्वारा अगर कोई आदेश/पत्र भेजा गया हो, तो उसका पत्रांक एवं दिनांक।
4. अपील के संक्षिप्त बिंदु–मैंने दिनांक.....को......विभाग के जनसूचना अधिकारी के पास सूचना का एक आवेदन रजिस्टर्ड डाक द्वारा भेजा था। साथ में दस रुपये का पोस्टल ऑर्डर भी भेजा जिसका क्रमांक...था। एक माह तक सूचना नहीं मिलने पर मैंने प्रथम अपीलीय अधिकारी के पास दिनांक......को रजिस्टर्ड डाक से अपील भेजी, इसके बावजूद मुझे सूचना नहीं मिली।
5. इस तरह, मुझे सूचना से वंचित किया गया। मेरा अनुरोध है कि
   (क) मुझे वांछित सूचना उपलब्ध करायी जाये।
   (ख) समय सीमा के भीतर सूचना उपलब्ध नहीं कराने के कारण धारा 7(6) के अंतर्गत मुझे सूचना निशुल्क दी जाये।
   (ग) मुझे सूचना से वंचित करने के लिए जिम्मेवार अधिकारियों को धारा 20(1) के तहत दंडित किया जाये।
   (घ) किसी युक्तियुक्त कारण के बिना मुझे सूचना से वंचित करने के लिए जिम्मेवार अधिकारियों के खिलाफ धारा 20(2) के अंतर्गत अधीन अनुशासनिक कार्रवाई की अनुशंसा की जाये।
   (च) सूचना के लिए दौड़-धूप करने हेतु बाध्य होने के कारण मुझे अत्यधिक मानसिक परेशानी एवं आर्थिक बोझ का शिकार होना पड़ा है। अतएव मुझे धारा 19(8)(ख) के तहत इस हानि को प्रतिपूरित करने हेतु समुचित आदेश देने की कृपा करें।
6. मैं शपथपूर्वक घोषणा करता हूँ कि मेरे द्वारा प्रस्तुत सारी बातें एवं दस्तावेज

मेरी जानकारी और विश्वास के आधार पर सत्य हैं।

अपील के साथ निम्नलिखित दस्तावेज संलग्न हैं–

(क) मेरे द्वारा भेजा गया सूचना आवेदन।

(ख) पोस्टल ऑर्डर तथा रजिस्ट्री की रसीद की छायाप्रति।

(ग) प्रथम अपील तथा रजिस्ट्री की रसीद की छायाप्रति।

(सारे दस्तावेजों पर हस्ताक्षर करके उन पर स्वयं-प्रमाणित लिख दें।)

कोई परेशानी हो तो करें शिकायत

अगर किसी विभाग का जनसूचना अधिकारी सूचना का आवेदन लेने में परेशानी खड़ी करता है, तो फौरन इसकी शिकायत संबंधित सूचना आयोग में करें। आयोग ऐसे हर प्रकार के मामले पर सुनवाई कर सकता है।

आवेदकों को मुख्यतः इस तरह परेशान किया जाता है–

1. जनसूचना अधिकारी अपने कार्यालय से गायब रहता है।
2. जनसूचना अधिकारी आवेदकों से मिलने में आनाकानी करता है, व्यस्तता का बहाना बनाता है, बाद में आने की बात कहता है।
3. जनसूचना अधिकारी अपने कार्यालय में मौजूद रहता है, लेकिन उसके बारे में दूसरे कर्मचारी बताते नहीं।
4. किसी विभाग में कह दिया जाता है कि हमारे यहाँ यह कानून लागू नहीं है या जनसूचना अधिकारी की नियुक्ति नहीं हुई है।
5. कुछ जगहों पर आवेदन या उसका शुल्क जमा करने में यह कहकर आनाकानी की जाती है कि रसीद नहीं है। इसकी शिकायत करें।
6. आवेदन शुल्क नकद लेने में आनाकानी करता है, ड्राफ्ट या चालान माँगता है, जबकि नागरिकों से चालान का तो कोई नियम ही नहीं है। केंद्र तथा राज्य सरकारों की नियमावली में स्पष्ट लिखा गया है कि कोई आवेदक दस रुपये नगद जमा कर सकता है।
7. जनसूचना अधिकारी किसी नागरिक के सूचना आवेदन को पढ़कर उसे किन्हीं वजहों से गलत बताता है तथा कहता है कि ऐसी सूचना नहीं दी जा सकती। लेकिन उसे ऐसा करने का अधिकार नहीं है। उसका काम है, सूचना का आवेदन जमा करना। उसे आवेदन पढ़ने या टीका-टिप्पणी का अधिकार नहीं है। अगर सूचना नहीं दी जा सकती, तो यह बात उसे बाद में लिखित तौर पर जवाब में कहनी होगी, ताकि आवेदक चाहे तो अपील कर सके।
8. जनसूचना अधिकारी किसी सूचना आवेदन को पढ़कर कहता है कि इससे संबंधित सूचना हमारे विभाग में नहीं बल्कि फलाँ विभाग में मिलेगी। इस

तरह आवेदकों को टालने की कोशिश की जाती है, जबकि अगर पूरे आवेदन या उसके किसी अंश का संबंध किसी अन्य विभाग से है, तो जनसूचना अधिकारी उसे पाँच दिन के भीतर उस विभाग में भेज देगा। साथ ही, इस बात की जानकारी आवेदक को देगा। ऐसी व्यवस्था अधिनियम की धारा 6(3) में की गई है।

9. कुछ जगहों पर जनसूचना अधिकारी किसी आवेदन को यह कहते हुए लौटाते हैं कि इसे निर्धारित प्रपत्र में भरकर दें, जबकि इसके लिए कोई निर्धारित प्रपत्र नहीं है। किसी भी सादे कागज में आवेदन दिया जा सकता है। किसी विभाग ने अगर अपनी सुविधा के लिए कोई प्रपत्र जारी भी किया हो, तो वह ऐच्छिक ही होगा, अनिवार्य नहीं।
10. रजिस्टर्ड डाक से भेजे गए सूचना आवेदन अथवा प्रथम अपील को यह लिखकर लौटा दिया जाता है कि *'पता अधूरा है', 'इस नाम का कोई अधिकारी नहीं', 'लेने से मना किया'* इत्यादि। ऐसी स्थिति में उस लिफाफे के दोनों तरफ की फोटोकॉपी कराकर अपने सूचना आवेदन के साथ सूचना आयोग में शिकायत करें।
11. कानून के अनुसार, अगर किसी नागरिक को आवेदन बनाने या लिखने में कोई असुविधा हो या वह शारीरिक रूप से या किसी अन्य कारण से अशक्त हो, तो इस कार्य में जनसूचना अधिकारी उसकी मदद करेगा। अगर कोई अधिकारी इसमें आनाकानी करे तो इसकी शिकायत भी सूचना आयोग में की जा सकती है।
12. अगर किसी भी प्रकार से अनुचित शुल्क की माँग की जाती हो तो इसकी शिकायत पहले प्रथम अपीलीय अधिकारी तथा फिर सूचना आयोग के पास की जा सकती है।

इस तरह, किसी भी प्रकार से परेशान किये जाने पर नागरिकों को तत्काल इसकी शिकायत संबंधित सूचना आयोग में करनी चाहिए। इस शिकायत में बताना चाहिए कि मैं फलाँ तारीख को फलाँ स्थान पर फलाँ जनसूचना अधिकारी के पास सूचना का आवेदन जमा करने गया तो मेरे साथ ऐसा व्यवहार हुआ। इसके कारण मैं अपना आवेदन जमा नहीं कर पाया। अतः मुझे सूचना दिलायी जाये तथा अधिकारी के विरुद्ध कार्रवाई की जाये। गवाही के लिए आप यह लिख सकते हैं कि घटना के समय मेरे साथ फलाँ नागरिक भी मौजूद था, जिसने मेरे साथ ऐसा व्यवहार होते हुए देखा। इस शिकायत के साथ आप अपना सूचना आवेदन भी भेज दें। इसके साथ आपको कोई राशि भेजने की जरूरत नहीं।

देश में सूचना का कानून नया बना है। अधिकारियों को इस बात का भय है कि आम नागरिक इसका उपयोग शुरू कर देंगे तो उनकी मनमानी बंद हो जायेगी। इसलिए, सूचना के आवेदकों को तरह-तरह से परेशान करने के हथकंडे

अपनाये जा रहे हैं। लेकिन इसी कानून ने सूचना आयोगों को पूरी तरह सक्षम बनाया है। अगर नागरिक दबाव बनायें और सूचना आयोग अपने कर्त्तव्य का पालन करे तो अधिकारियों को इस कानून का पूरी तरह पालन करने को विवश होना पड़ेगा।

कुछ सवाल और जवाब

सवाल : *कौन माँग सकता है सूचना? सूचना के लिए आवेदक को क्या-क्या विवरण देना होगा?*

जवाब : किसी भी नागरिक को सूचना माँगने के लिए किसी संगठन या पद की जरूरत नहीं और न ही यह बताना है कि आपको सूचना क्यों चाहिए। सूचना के लिए विषय के अतिरिक्त कोई अन्य विवरण, जैसे सूचना माँगने का कारण, व्यक्तिगत जानकारी आदि देने की जरूरत नहीं है। आवेदक को पत्र-व्यवहार का अपना पता देना होगा।

सवाल : *निर्धारित अवधि में सूचना प्राप्त नहीं होने पर क्या करना चाहिए?*

जवाब : यदि आवेदक को निर्धारित समय अवधि में सूचना नहीं प्राप्त होती है तो यह समझा जाएगा कि उसका आवेदन निरस्त कर दिया गया है और इसके लिए प्रथम अपीलीय अधिकारी के पास अपील करनी होगी।

सवाल : *आवेदन निरस्त होने की जानकारी आवेदक को कैसे मिलेगी?*

जवाब : यदि आवेदन निरस्त हो जाता है तो इसकी जानकारी सूचना पदाधिकारी द्वारा दी जाएगी। आवेदन निरस्त होने का कारण बताया जाएगा।

सवाल : *हमें सूचना कौन देगा? कहाँ जमा करें आवेदन?*

जवाब : सूचना का अधिकार अधिनियम 2005 की धारा 5(1) के तहत प्रत्येक सरकारी विभाग में एक या अधिक वर्तमान अधिकारियों को जनसूचना अधिकारी के बतौर नामित किया गया है। आपको अपना आवेदन इन्हें ही देना है। यह उनका कर्तव्य है कि आपके द्वारा माँगी गई सूचना सम्बन्धित विभाग की विभिन्न शाखाओं से लेकर आपको उपलब्ध कराएँ। इसके अलावा, अधिनियम की धारा 5(2) के तहत कुछ विभागों में सहायक जनसूचना पदाधिकारी (ए.पी.आई.ओ.) भी नियुक्त किए गए हैं। इनका काम केवल आवेदनों को जनता से लेकर सही जन सूचनाधिकारी, प्रथम अपीलीय अधिकारी या सूचना आयोग के पास अग्रसारित कर देना है। अगर आप सहायक जनसूचना अधिकारी के

पास कोई आवेदन जमा करते हैं तो जवाब देने की निर्धारित अवधि में और पाँच दिन जोड़ दिए जाएँगे। अर्थात् आपको पैंतीस दिनों के भीतर सूचना मिलेगी।

सवाल : *जिस कार्यालय से सूचना लेनी हो, उसके जनसूचना अधिकारी के नाम, पते की जानकारी कैसे मिलेगी?*

जवाब : आपको जिस विभाग से सूचना चाहिए, उसी विभाग से सूचनाधिकारी के नाम एवं पते की जानकारी मिल जाएगी। अगर आप उक्त विभाग में नहीं जा सकते या वहाँ जाने पर आपको विस्तृत विवरण नहीं मिले तो आप अपना आवेदन रजिस्टर्ड डाक से उस कार्यालय में इस तरह लिखकर भेज सकते हैं–

जनसूचना पदाधिकारी
द्वारा–........विभाग के प्रधान पदाधिकारी
(सम्बन्धित विभाग का पता)

अगर आप इस तरह अपना आवेदन भेज देंगे तो उस विभाग के प्रधान अधिकारी का यह कर्तव्य होगा कि वह उसे सम्बन्धित जनसूचना अधिकारी को अग्रसारित करे। विभिन्न सरकारी विभागों से आप सूचना अधिकारियों की सूची प्राप्त कर सकते हैं। कई वेबसाइटों पर ऐसी सूचनाएँ उपलब्ध हैं।

सवाल : *अधिकारी अगर आवेदन लेने से मना कर दें तो क्या करें?*

जवाब : ऐसी शिकायतें केन्द्र एवं राज्य सरकार, दोनों के विभागों से आ रही हैं। कुछ जगहों पर सूचना अधिकारी नदारद होते हैं। सूचना अधिकारी के नाम का पता तक नहीं चलता। कुछ जगहों पर किसी बहाने से आवेदन नहीं लिये जाते। अगर आवेदन जमा करने या शुल्क लेने से आनाकानी की जाए, तो इसकी शिकायत सूचना आयोग में करें। राज्य सरकार के विभागों की शिकायत राज्य सूचना आयोग में तथा केन्द्र सरकार के विभागों की शिकायत केन्द्रीय सूचना आयोग में जमा करें। आप अपनी शिकायत में बताएँ कि किस दिन, किस कार्यालय में, किस अधिकारी ने किस तरह आवेदन लेने या शुल्क लेने से इंकार किया। आप यह शिकायत भी कर सकते हैं कि मैं फलाँ समय में सूचना आवेदन जमा करने गया, लेकिन जनसूचना अधिकारी अनुपस्थित या छुट्टी पर थे तथा उसके बदले किसी अन्य को जिम्मेवारी नहीं दी गई थी।

सवाल : *सूचना के लिए आवेदन एवं सूचना का शुल्क क्या है?*

जवाब : सूचना के लिए आवेदन करते समय आपको आवेदन शुल्क जमा करना होगा। इसके बाद आपको जो सूचना मिलेगी, उसका भी शुल्क देना

होगा। गरीबी रेखा से नीचे के लोगों से कोई शुल्क नहीं लिया जाएगा। आवेदन तथा सूचना का शुल्क केन्द्र तथा राज्यों ने अपना अलग-अलग तय किया है। सम्बन्धित राज्य के नियम देखें।

सवाल : *शुल्क जमा करने का तरीका क्या होगा?*

जवाब : हर राज्य में आवेदन शुल्क जमा करने का तरीका भिन्न-भिन्न है। सामान्यतः आप नकद या डिमांड ड्राफ्ट के द्वारा इसे जमा कर सकते हैं। केन्द्र सरकार के विभागों में पोस्टल ऑर्डर भी मान्य है। कुछ राज्यों में कोर्ट फी के स्टैम्प अपने आवेदन पर चिपकाकर भी शुल्क जमा कर सकते हैं। कुछ राज्यों में मनीऑर्डर भी स्वीकार्य है।

सवाल : *अगर आवेदन शुल्क का बैंक ड्राफ्ट या चालान माँगा जाए तो क्या करें?*

जवाब : कुछ जगहों पर दस रुपए का चालान देने या बैंक ड्राफ्ट देने की माँग की जाती है, जबकि कोई भी आवेदन दस रुपए नकद के साथ जमा किया जा सकता है। केन्द्र एवं राज्य सरकार, दोनों की ही नियमावली में नकद एवं बैंक ड्राफ्ट की बात कही गई है। यह आवेदक की मरजी पर है कि वह नकद दे या बैंक ड्राफ्ट। इसलिए नकद राशि लेने से मना करना गैरकानूनी है। कुछ विभागों में दस रुपए का चालान माँगा जा रहा है। जबकि नियमावली में चालान का उल्लेख तक नहीं है। इसके अलावा, केन्द्र सरकार के विभागों में पोस्टल ऑर्डर भी लेने का नियम है। अगर कोई अधिकारी इन नियमों की अनदेखी करे तो आप सूचना आयोग में शिकायत कर सकते हैं।

सवाल : *क्या कोई सूचनाधिकारी यह कहते हुए मेरा आवेदन अस्वीकृत कर सकता है कि वह आवेदन और उसका कोई भाग उक्त अधिकारी से सम्बन्धित नहीं है?*

जवाब : नहीं, वह ऐसा नहीं कर सकता। धारा 6(ब) के अनुसार अगर आपके आवेदन के सम्पूर्ण या कुछ हिस्सों का सम्बन्ध किसी अन्य सूचनाधिकारी से है, तो आवेदन प्राप्ति के पाँच दिनों के भीतर वह उसे सम्बान्धित सूचनाधिकारी को अग्रसारित करने को बाध्य है। उस आवेदन को अग्रसारित करने की सूचना आवेदक को भी देनी होगी।

सवाल : *यदि किसी विभाग ने सूचनाधिकारी की नियुक्ति नहीं की है, तब?*

जवाब : जहाँ भी सरकारी धन लगा हो, ऐसा सभी विभागों, निकायों व संगठनों के लिए सूचनाधिकारी नियुक्त करना कानूनी बाध्यता है। अगर किसी जगह यह नियुक्ति नहीं की गई हो तो आप अपना आवेदन डाक से जनसूचना अधिकारी, द्वारा विभागीय प्रधान के नाम से सम्बन्धित लोक प्राधिकार को आवश्यक आवेदन शुल्क के साथ भेज दें। यह उस

विभाग के मुखिया का दायित्व है कि वह क्या करे। इसके साथ ही, आप ऐसे मामले की शिकायत केन्द्रीय या राज्य सूचना आयोग में भी (धारा 18 के अन्तर्गत) दर्ज कराएँ। सम्बन्धित अधिकारी यदि आवेदन स्वीकार करने से मना करे तो सूचना आयोग को उस पर 25 हजार रुपए का अर्थदंड लगाने का अधिकार है। सूचना आयोग को भेजी गई शिकायत एक साधारण-सी चिट्ठी है, जिसमें सिर्फ यह कहना होगा कि विभाग ने कोई जनसूचना अधिकारी नियुक्त नहीं किया है, उन पर अर्थदंड लगाया जाना चाहिए। अगर किसी विभाग में कोई नागरिक इस वजह से आवेदन जमा नहीं कर पाता कि वहाँ सूचनाधिकारी की नियुक्ति नहीं हुई है, तो यह सूचना देने से इंकार करने के समान है। इसकी सुनवाई सूचना आयोग करेगा।

सवाल : *क्या जनसूचना अधिकारी कोई सूचना देने से इंकार कर सकते हैं?*

जवाब : अधिनियम में सूचीबद्ध 11 विषयों में सूचना देने से वह इंकार कर सकता है। ये विषय हैं—विदेश की सरकारों से प्राप्त गोपनीय समाचार, जो इस विश्वास के साथ हमें बताए गए हैं कि इन्हें सार्वजनिक नहीं किया जाएगा, देश की सुरक्षा, कूटनीति, वैज्ञानिक और आर्थिक महत्त्ववाले समाचार, विधायकों द्वारा विशेषाधिकार का उल्लंघन आदि। इस सूचना के द्वितीय उपबन्ध में 18 एजेंसियों की सूची है जिन पर सूचनाधिकार की धारा लागू नहीं होती। जो हो, यदि मामला भ्रष्टाचार या मानवाधिकार के उल्लंघन का हो, तब उन्हें सूचना देनी होगी।

सवाल : *सूचना का आवेदन जमा करने का तरीका क्या होगा?*

जवाब : आप व्यक्तिगत रूप से जाकर या अपने किसी व्यक्ति को जनसूचनाधिकारी अथवा सहायक जनसूचनाधिकारी के कार्यालय में भेजकर सूचना का आवेदन जमा करा सकते हैं। सूचनाधिकारी अथवा सहायक सूचनाधिकारी के पते पर डाक से भी जमा कर सकते हैं। केन्द्र सरकार के सभी विभागों के लिए 6219 डाकघरों में एक-एक अधिकारी को केन्द्रीय सहायक सूचना अधिकारी के रूप में नामित किया गया है। जी.पी.ओ. में ऐसे अधिकारी के पास आप अपना आवेदन तथा शुल्क जमा कर सकते हैं। वे आपको एक रसीद और पावती-पत्र देंगे और उस डाकघर का यह दायित्व है कि सही जनसूचनाधिकारी को आवेदन भिजवा दें।

सवाल : *यदि जनसूचना अधिकारी या सम्बन्धित विभाग आवेदन को स्वीकार न करे, तब क्या करना चाहिए?*

जवाब : ऐसे में आपके पास कई रास्ते हैं। पहला तो यह कि आप इसे डाक से भेज सकते हैं। इसके अलावा, आप सम्बन्धित सूचना आयुक्त के

पास सूचनाधिकार कानून की धारा 18 के अन्तर्गत शिकायत भी दर्ज करा दें। सूचना आयुक्त को उस अधिकारी पर 25,000 रुपए का अर्थदंड लगाने का अधिकार है।

सवाल : *सूचनाधिकार पहले किन नौ राज्यों में लागू हुआ?*

जवाब : वर्ष 2005 में केन्द्रीय कानून लागू होने से पहले नौ राज्य सरकारें कानून बना चुकी थीं। ये राज्य हैं—तमिलनाडु, गोवा, असम, जम्मू एवं कश्मीर, दिल्ली, राजस्थान, मध्य प्रदेश, महाराष्ट्र, कर्नाटक। इनमें से कुछ राज्यों के कानून गत पाँच वर्षों से अस्तित्व में हैं और अच्छी तरह से काम कर रहे हैं।

सवाल : *केन्द्रीय कानून के दायरे में कौन आता है?*

जवाब : केन्द्रीय कानून, जम्मू एवं कश्मीर को छोड़कर, पूरे देश में लागू है। सारी संस्थाएँ जिनका संगठन संविधान के तहत या किसी भी कानून के अनुसार या सरकारी अधिसूचना के द्वारा हुआ है या गैर-सरकारी संगठनों (एन.जी.ओ.) सहित सारे उपक्रम जो सरकारी हैं, सरकार के अधीन हैं या पर्याप्त सरकारी वित्तीय सहायता पाते हैं, इस कानून की परिधि में आते हैं।

सवाल : *क्या निजी संस्थाएँ इसके दायरे में आएँगी?*

जवाब : ऐसी सभी निजी संस्थाएँ, जो सरकार द्वारा पोषित, संचालित हैं या पर्याप्त वित्तीय सहायता पाती हैं, प्रत्यक्षतः इस कानून के दायरे में आती हैं। अन्य संस्थाएँ परोक्ष रूप से इसके दायरे में आती हैं। अगर आपको किसी निजी संस्था से कोई सूचना चाहिए, तो आप सीधे उससे माँगने के बजाय सरकारी एजेंसी से उसकी सूचना माँगें। कोई सरकारी एजेंसी किसी भी निजी संस्था से किसी भी कानून के जरिए जिस प्रकार की सूचना माँग सकती है, वैसी सूचना आपको सरकारी एजेंसी के माध्यम से मिल सकती है।

सवाल : *क्या शासकीय गोपनीयता कानून कोई रुकावट नहीं पैदा करता?*

जवाब : नहीं, सूचना कानून की धारा 2/2 में स्पष्ट उल्लेख है कि यह कानून शासकीय गोपनीयता कानून सहित ऐसे सारे वर्तमान कानूनों के ऊपर होगा।

सवाल : *क्या यह कानून आंशिक स्पष्टीकरण की सुविधा देता है?*

जवाब : हाँ, सूचनाधिकार कानून की धारा 10 के अन्तर्गत दस्तावेज के उस भाग की जानकारी दी जा सकती है, जिसमें ऐसी सूचना नहीं है जो इस कानून के अनुसार सार्वजनिक किए जाने से मुक्त है।

सवाल : *क्या फाइल-नोटिंग भी मिलेगी?*

जवाब : हाँ, फाइल पर की गई टिप्पणियाँ सरकारी फाइल का अविभाज्य

हिस्सा हैं और इस कानून के अन्तर्गत उन्हें सार्वजनिक किया जा सकता है। 31 जनवरी, 2006 के अपने आदेश में केन्द्रीय सूचना आयोग ने इसे स्पष्ट किया है।

सवाल : *क्या सूचना कानून का दुरुपयोग हो सकता है?*

जवाब : यह बात उन लोगों के द्वारा फैलाई जा रही है, जो सूचना कानून को सीमित करना चाहते हैं। इस कानून के द्वारा हम सिर्फ सच को सामने ला सकते हैं। यह कोई सूचना तैयार नहीं करता। यह सिर्फ पर्दा हटा देता है और सच्चाई जनता के सामने आ जाती है। क्या यह बुरा या गलत है? इसका दुरुपयोग कब हो सकता है? सिर्फ तब जब किसी अधिकारी ने गलत काम किया है और वह सार्वजनिक हो गया है। क्या यह बुरा है कि सरकार के भीतर के गलत काम सार्वजनिक हो जाएँ और इन्हें ढँकने के बजाय सार्वजनिक होने दिया जाए? हाँ, यदि किसी के द्वारा ऐसी सूचना उपलब्ध कर ली जाती है तो वह जाकर सम्बन्धित अधिकारी का भयादोहन कर सकता है। किन्तु हम भ्रष्ट अधिकारियों को बचाना क्यों चाहते हैं? यदि किसी अधिकारी का भयादोहन किया जाता है तो उसके पास भारतीय दंड संहिता के अनुसार विकल्प है कि वह भयादोहन करनेवाले व्यक्ति के खिलाफ एफ.आई.आर. दर्ज कराए। इस अधिकारी को ऐसा करने दीजिए।

सवाल : *क्या सूचना कानून से सरकारी कार्यालयों पर काम का बोझ बढ़ नहीं जाएगा?*

जवाब : ऐसी आशंका का कोई आधार नहीं। दुनिया के 65 से अधिक देशों में ऐसा कानून है। भारत के नौ राज्यों में कई साल से ऐसा कानून है। इनमें से कोई भी सरकार आवेदनों के बोझ से परेशान नहीं है। बल्कि इससे सुशासन की संभावना ही बढ़ी है तथा कार्यालयों में फाइलों पर पड़ी धूल हटी है। दिल्ली का उदाहरण देखें। वहाँ पाँच साल में 120 विभागों में 14,000 आवेदन दिए गए। इसका अर्थ हुआ प्रति विभाग हर महीने केवल दो आवेदन से भी कम। क्या इससे सरकार पर बोझ बढ़ गया? दूसरी ओर, अमेरिका में 2002 से 2004 के बीच सूचना के बीस लाख आवेदन आए। जबकि वहाँ अधिकांश सरकारी जानकारी इंटरनेट पर उपलब्ध है और वहाँ लोगों को आवेदन करने की अत्यन्त कम जरूरत है। लेकिन वहाँ की सरकार इन आवेदनों से परेशान नहीं, बल्कि वह इसे लागू करने के लिए अधिकाधिक संसाधन उपलब्ध करा रही है।

सवाल : *फाइल-नोटिंग को सार्वजनिक करने से क्या अफसरों को ईमानदार परामर्श देने में दिक्कत आएगी?*

जवाब : नहीं। हर अधिकारी अब यह जानता है कि फाइल पर वह जो भी लिखेगा उस पर जनता की तीखी नजर होगी। इस कारण अधिकारी ऐसी ही टिप्पणियाँ देने को बाध्य होंगे, जो जनता के सर्वोत्तम हित में हों। कुछ ईमानदार अफसर मानते हैं कि सूचना कानून ने उन्हें राजनीतिक और अन्य अनुचित दबावों से बचने में बड़ी मदद की है। अब अधिकारी सिर्फ यह कहते हैं कि यदि वे गलत काम करेंगे तो नंगे हो जाएँगे, क्योंकि कोई न कोई उस काम की सूचना माँग लेगा। इसलिए अफसरों ने जोर देकर कहना शुरू कर दिया है कि वरीय अधिकारी उन्हें लिखित आदेश दें।

सवाल : *सरकारी दस्तावेजों का रखरखाव ठीक नहीं है। यह कानून कैसे लागू होगा?*

जवाब : आवेदनों के दबाव में व्यवस्था सुधरेगी और दस्तावेजों को दुरुस्त रखने की प्रक्रिया शुरू होगी। अन्यथा अधिकारियों को कानून के तहत दंड भोगना होगा।

सवाल : *अत्यधिक सूचना के आवेदनों को क्यों नहीं अस्वीकृत कर दिया जाना चाहिए?*

जवाब : जिन लोगों को जितनी सूचना की जरूरत होगी, उतनी वे लेंगे। इस पर रोक-टोक से जटिलता बढ़ेगी। अगर किसी को ज्यादा सूचना की जरूरत होगी तो वह अलग-अलग कई आवेदन देगा। इससे सबको परेशानी होगी।

सवाल : *सूचना कितने दिनों में मिलेगी?*

जवाब : आवेदन के 30 दिनों के भीतर आपको सूचना मिल जानी चाहिए। यदि आपने सहायक सूचनाधिकारी के पास आवेदन जमा किया है, तब 35 दिनों के भीतर सूचना मिलेगी। यदि सम्बन्धित सूचना किसी व्यक्ति के जीवन और स्वतन्त्रता को प्रभावित करती है तो ऐसी सूचना 48 घंटे के भीतर उपलब्ध करा दी जानी चाहिए।

सवाल : *क्या यह बताना होगा कि मुझे सूचना क्यों चाहिए?*

जवाब : बिलकुल नहीं। आपको कोई कारण बताने या अतिरिक्त जानकारी देने की जरूरत नहीं है। सिर्फ अपना पूरा पता लिखना काफी है।

सवाल : *देश में कई अच्छे कानून बने हैं किन्तु कोई सफल नहीं हुआ। क्या यह कानून भी विफल हो जाएगा?*

जवाब : नहीं। यह कानून कारगर सिद्ध होने लगा है। स्वतन्त्र भारत के इतिहास में पहली बार ऐसा एक कानून है जो लापरवाही के लिए अधिकारी को जिम्मेवार ठहराता है। यदि सम्बन्धित अधिकारी समय के भीतर सूचना उपलब्ध नहीं कराता है तो उस पर विलम्ब के प्रतिदिन

के लिए 250 रुपए का अर्थदंड सूचना आयुक्त लगा सकते हैं। यदि उपलब्ध कराई गई सूचना गलत है तो अधिकतम 25,000 रुपए का अर्थदंड लगाया जा सकता है। अधूरी सूचना देने या बदनीयती से आपके आवेदन को अस्वीकृत कर देने पर भी अर्थदंड दिया जा सकता है। दंड की यह राशि अधिकारी के व्यक्तिगत वेतन से काट ली जाती है।

सवाल : *क्या किसी अधिकारी को सजा मिली है?*

जवाब : हाँ, केन्द्र एवं राज्य के सूचना आयुक्तों ने कई अधिकारियों को सजा दी है। अगर आप समुचित ढंग से अपने मामले को सूचना आयोग में ले जाएँगे, तो यह संभव है कि अधिकारियों को सजा मिले।

सवाल : *जनसूचना अधिकारी पर जुर्माने की राशि किसे मिलेगी?*

जवाब : यह राशि सरकारी कोषागार (ट्रेजरी) में जमा करा दी जाती है।

सवाल : *क्या सूचना से वंचित होने या गलत सूचना मिलने पर हुए नुकसान की भरपाई होगी?*

जवाब : हाँ, ऐसा संभव है। कानून की धारा 19 के अन्तर्गत आवेदक क्षतिपूर्ति का दावा कर सकता है।

सवाल : *सूचना नहीं मिले तो क्या करें?*

जवाब : यदि सूचना न मिले या प्राप्त सूचना से आप सन्तुष्ट नहीं हैं तो प्रथम अपीलीय अधिकारी के पास अपील दायर कर सकते हैं। यह जनसूचना अधिकारी व वरीय अधिकारी होता है।

सवाल : *क्या प्रथम अपील का कोई फॉर्म है?*

जवाब : नहीं, केन्द्रीय कानून में प्रथम अपील का कोई फॉर्म (प्रपत्र) नहीं है। हालाँकि कुछ राज्य सरकारों ने एक प्रपत्र निर्धारित किया है। केन्द्रीय कानून के तहत आप सादे पन्ने पर अपील तैयार करें और उसे प्रथम अपीलीय अधिकारी को सम्बोधित करें। अपने मूल आवेदन की एक प्रति और जनसूचनाधिकारी से किसी भी रूप में प्राप्त उत्तर (यदि प्राप्त हुआ हो) की छायाप्रति अपनी अपील के साथ संलग्न करना न भूलें। पहली अपील के लिए आपको कोई शुल्क नहीं देना है। हालाँकि कुछ राज्यों ने शुल्क निर्धारित किया है।

सवाल : *पहली अपील कितने दिनों में दायर करनी होगी?*

जवाब : सूचना पाने के 30 दिनों के भीतर आप पहली अपील दायर कर सकते हैं। और यदि कोई सूचना नहीं मिली है तो आवेदन देने के 60 दिनों के अन्दर आप अपील दायर कर सकते हैं?

सवाल : *प्रथम अपील के बाद भी सन्तोषप्रद सूचना न मिले तो क्या करें?*

जवाब : पहली अपील के बाद भी आपको सूचना नहीं मिलती, तब आप दूसरी

अपील के स्तर पर मामले को आगे ले जा सकते हैं।

सवाल : *दूसरी अपील क्या है?*

जवाब : सूचना पाने का आखिरी उपाय है दूसरी अपील। यह सूचना आयोग में दायर होगी। केन्द्र सरकार के कार्यालयों के खिलाफ अपील के लिए केन्द्रीय सूचना आयोग है। हर राज्य के लिए एक राज्य सूचना आयोग है।

सवाल : *दूसरी अपील के लिए कोई फॉर्म (प्रपत्र) है?*

जवाब : नहीं, दूसरी अपील दायर करने के लिए कोई विहित प्रपत्र नहीं है। हालाँकि कुछ राज्य सरकारों ने दूसरी अपील के लिए भी प्रपत्र बनाए हैं। आप अपने आवेदन का प्रारूप एक सादे कागज पर तैयार करें और उसे, जैसी स्थिति हो, केन्द्र अथवा राज्य सूचना आयोग के पते पर भेजें। दूसरी अपील का प्रारूप तैयार करने के पहले अपील के नियमों को सावधानीपूर्वक पढ़ लें। यदि अपील नियमानुकूल नहीं हुई तो आपकी दूसरी अपील अस्वीकृत की जा सकती है। राज्य सूचना आयोग में अपील दायर करने के लिए सम्बन्धित राज्य के नियम पढ़ें। दूसरी अपील के लिए आपको कोई शुल्क नहीं देना है। हालाँकि कुछ राज्यों में शुल्क निर्धारित किए गए हैं।

सवाल : *कितने दिनों में दूसरी अपील दायर की जा सकती है?*

जवाब : पहली अपील के निबटाए जाने या उस तिथि से जब पहली अपील का निबटारा होना था, 90 दिनों के भीतर आप अपनी दूसरी अपील दायर कर सकते हैं।

खंड : 3

परिशिष्ट

सूचना का अधिकार अधिनियम, 2005

(2005 का अधिनियम संख्यांक 22)

[15 जून, 2005]

प्रत्येक लोक प्राधिकारी के कार्यकरण में पारदर्शिता और उत्तरदायित्व के संवर्धन के लिए, लोक प्राधिकारियों के नियंत्रणाधीन सूचना तक पहुँच सुनिश्चित करने के लिए नागरिकों के सूचना के अधिकार की व्यावहारिक शासन पद्धति स्थापित करने, एक केंद्रीय सूचना आयोग तथा राज्य सूचना आयोग का गठन करने और उनसे संबंधित या उनसे आनुषंगिक विषयों का उपबंध करने के लिए अधिनियम;

भारत के संविधान ने लोकतंत्रात्मक गणराज्य की स्थापना की है;

और लोकतंत्र शिक्षित नागरिक वर्ग तथा ऐसी सूचना की पारदर्शिता की अपेक्षा करता है, जो उसके कार्यकरण तथा भ्रष्टाचार को रोकने के लिए भी और सरकारों तथा उनके परिकरणों को शासन के प्रति उत्तरदायी बनाने के लिए अनिवार्य है;

और वास्तविक व्यवहार में सूचना के प्रकटन से संभवतः अन्य लोकहितों, जिनके अंतर्गत सरकारों के दक्ष प्रचालन, सीमित राज्य वित्तीय संसाधनों के अधिकतम उपयोग और संवेदनशील सूचना की गोपनीयता को बना!ए रखना भी है, के साथ विरोध हो सकता है;

और लोकतंत्रात्मक आदर्श की प्रभुता को बनाए रखते हुए इन विरोधी हितों के बीच सामंजस्य बनाना आवश्यक है; अतः अब यह समीचीन है कि ऐसे नागरिकों को कतिपय सूचना देने के लिए, जो उसे पाने के इच्छुक हैं, उपबंध किया जाए; भारत गणराज्य के छप्पनवें वर्ष में संसद द्वारा निम्नलिखित रूप में यह अधिनियमित हो–

अध्याय 1 : प्रारंभिक

1. संक्षिप्त नाम, विस्तार और प्रारम्भ

(1) इस अधिनियम का संक्षिप्त नाम सूचना का अधिकार अधिनियम, 2005 है।

(2) इसका विस्तार जम्मू-कश्मीर राज्य के सिवाय सम्पूर्ण भारत पर है।

(3) धारा चार की उपधारा (1), धारा पाँच की उपधारा (1) और उपधारा (2), धारा 12, धारा 13, धारा 15, धारा 16, धारा 24, धारा 27 और धारा 28 के उपबंध तुरन्त प्रभावी होंगे और इस अधिनियम के शेष उपबंध इसके अधिनियमन के एक सौ बीसवें दिन को प्रवृत्त होंगे।

2. *परिभाषाएँ*

इस अधिनियम में, जब तक कि संदर्भ से अन्यथा अपेक्षित न हो–

(क) 'समुचित सरकार' से किसी ऐसे लोक प्राधिकरण के संबंध में जो–

(i) केंद्र सरकार या संघ राज्य क्षेत्र द्वारा स्थापित, गठित, उसके स्वामित्वाधीन, नियंत्रणाधीन या उसके द्वारा प्रत्यक्ष रूप से या अप्रत्यक्ष रूप से उपलब्ध कराई गई निधियों द्वारा पूर्णतया वित्तपोषित किया जाता है, केंद्र सरकार अभिप्रेत है;

(ii) राज्य सरकार द्वारा स्थापित, गठित उसके स्वामित्वाधीन, नियंत्रणाधीन या उसके द्वारा प्रत्यक्ष रूप से या अप्रत्यक्ष रूप से उपलब्ध कराई गई निधियों द्वारा पूर्णतया वित्त-पोषित किया जाता है, राज्य सरकार अभिप्रेत है;

(ख) 'केंद्रीय सूचना आयोग' से धारा 12 की उपधारा (1) के अधीन गठित केंद्रीय सूचना आयोग अभिप्रेत है;

(ग) 'केंद्रीय लोक सूचना अधिकारी' के उपधारा (1) के अधीन पदाभिहित केंद्रीय लोक सूचना अधिकारी अभिप्रेत है और इसके अंतर्गत धारा 5 की उपधारा (2) के अधीन इस प्रकार पदाभिहित कोई केंद्रीय सहायक लोक सूचना अधिकारी भी है;

(घ) 'मुख्य सूचना आयुक्त' और 'सूचना आयुक्त' से धारा 12 की उपधारा (3) के अधीन नियुक्त मुख्य सूचना आयुक्त और सूचना आयुक्त अभिप्रेत है;

(ङ) 'सक्षम अधिकारी' से अभिप्रेत है–

(i) लोकसभा या किसी राज्य की विधानसभा की या किसी ऐसे संघ राज्यक्षेत्र की, जिसमें ऐसी सभा है, दशा में अध्यक्ष और राज्यसभा या किसी राज्य की विधान परिषद् की दशा में सभापति;

(ii) उच्चतम न्यायालय की दशा में भारत का मुख्य न्यायमूर्ति;

(iii) किसी उच्च न्यायालय की दशा में उच्च न्यायालय का मुख्य न्यायमूर्ति;

(iv) संविधान द्वारा या उसके अधीन स्थापित या गठित अन्य प्राधिकरणों

की दशा में, यथास्थिति, राष्ट्रपति या राज्यपाल;

(v) संविधान के अनुच्छेद 239 के अधीन नियुक्त प्रशासक;

(च) 'सूचना' से किसी इलेक्ट्रॉनिक रूप में धारित अभिलेख, दस्तावेज, ज्ञापन, ई-मेल, मत, सलाह, प्रेस विज्ञप्ति, परिपत्र, आदेश, लॉगबुक, संविदा, रिपोर्ट, कागजपत्र, नमूने, मॉडल, आँकड़ों संबंधी सामग्री और किसी प्राइवेट निकाय से संबंधित ऐसी सूचना सहित, जिस तक तत्समय प्रवृत्त किसी अन्य विधि के अधीन किसी लोक प्राधिकारी की पहुँच हो सकती है, किसी रूप में कोई सामग्री अभिप्रेत है;

(छ) 'विहित' से, यथास्थिति, समुचित सरकार या सक्षम प्राधिकारी द्वारा अधिनियम के अधीन बनाए गए नियमों द्वारा विहित अभिप्रेत है;

(ज) 'लोक प्राधिकारी' से–

(क) संविधान द्वारा या उसके अधीन;

(ख) संसद द्वारा बनाई गई किसी अन्य विधि द्वारा;

(ग) राज्य विधान मण्डल द्वारा बनाई गई किसी अन्य विधि द्वारा;

(घ) समुचित सरकार द्वारा जारी की गई अधिसूचना या किए गए आदेश द्वारा, स्थापित या गठित कोई प्राधिकारी या निकाय या स्वायत्त सरकारी संस्था अभिप्रेत है, और इसके अंतर्गत–

(i) कोई ऐसा निकाय है जो केंद्रीय सरकार के स्वामित्वाधीन, नियंत्रणाधीन या उसके द्वारा प्रत्यक्ष या अप्रत्यक्ष रूप से उपलब्ध कराई गई विधियों द्वारा वित्तपोषित है;

(ii) कोई ऐसा गैर-सरकारी संगठन है जो समुचित सरकार द्वारा प्रत्यक्ष या अप्रत्यक्ष रूप से उपलब्ध कराई गई विधियों द्वारा वित्तपोषित है;

(झ) 'अभिलेख' में निम्नलिखित सम्मिलित हैं–

(क) कोई दस्तावेज, पाण्डुलिपि और फाइल;

(ख) किसी दस्तावेज की कोई माइक्रोफिल्म, माइक्रोफिशे या प्रतिकृति प्रति;

(ग) ऐसी माइक्रोफिल्म में सन्निविष्ट प्रतिबिंब या प्रतिबिंबों का पुनरुत्पादन, (चाहे वर्धित रूप में हो या न हो); और

(घ) किसी कंप्यूटर या किसी अन्य युक्ति द्वारा उत्पादित कोई अन्य सामग्री;

(ञ) 'सूचना का अधिकार' से इस अधिनियम के अधीन पहुँच योग्य सूचना का, जो किसी लोक प्राधिकारी द्वारा या उसके नियंत्रणाधीन धारित है, अधिकार अभिप्रेत है और जिसमें निम्नलिखित का अधिकार सम्मिलित है–

(i) कृति, दस्तावेजों, अभिलेखों का निरीक्षण;

(ii) दस्तावेजों या अभिलेखों के टिप्पण, उद्धरण या प्रमाणित प्रतिलिपि लेना;

(iii) सामग्री के प्रमाणित नमूने लेना;

(iv) डिस्केट, फ्लॉपी, टेप, विडियो कैसेट के रूप में या किसी अन्य इलेक्ट्रॉनिक रीति में या प्रिंटआउट के माध्यम से सूचना को, जहाँ ऐसी सूचना किसी कंप्यूटर या किसी अन्य युक्ति में भंडारित है, अभिप्राप्त करना;

(ट) 'राज्य सूचना आयोग' से धारा 15 की उपधारा (1) के अधीन गठित राज्य सूचना आयोग अभिप्रेत है;

(ठ) 'राज्य मुख्य सूचना आयुक्त' व 'राज्य सूचना आयुक्त' से धारा 15 की उपधारा (3) के अधीन नियुक्त राज्य मुख्य सूचना आयुक्त और राज्य सूचना आयुक्त अभिप्रेत है;

(ड) 'राज्य लोक सूचना अधिकारी' से उपधारा (1) के अधीन पदाभिहित राज्य लोक सूचना अधिकारी अभिप्रेत है। इसके अंतर्गत धारा 5 की उपधारा (2) के अधीन उस रूप में पदाभिहित राज्य सहायक लोक सूचना अधिकारी भी है;

(ढ़) 'पर व्यक्ति' से सूचना के लिए अनुरोध करनेवाले नागरिक से भिन्न कोई व्यक्ति से अभिप्रेत है, और इसके अंतर्गत कोई लोक प्राधिकारी भी है।

अध्याय : 2

सूचना का अधिकार और लोक प्राधिकारियों की बाध्यताएँ

3. सूचना का अधिकार

इस अधिनिमय के उपबन्धों के अधीन रहते हुए, सभी नागरिकों को सूचना का अधिकार होगा।

4. लोक प्राधिकारियों की बाध्यताएँ

(1) प्रत्येक लोक प्राधिकारी–

(क) अपने सभी अभिलेखों को सम्यक् रूप से सूचीपत्रित और अनुक्रमणिकाबद्ध ऐसी रीति और रूप में रखेगा, जो इस अधिनियम के अधीन सूचना के

अधिकार को सुकर बनाता है और सुनिश्चित करेगा कि ऐसे सभी अभिलेख, जो कंप्यूटरीकृत किए जाने के लिए समुचित हैं, युक्तियुक्त समय के भीतर और संसाधनों की उपलभ्यता के अधीन रहते हुए, कंप्यूटरीकृत और विभिन्न प्रणालियों पर सम्पूर्ण देश में नेटवर्क के माध्यम से संबद्ध हैं जिससे कि ऐसे अभिलेखों तक पहुँच को सुकर बनाया जा सके;

(ख) इस अधिनियम के अधिनियमन से एक सौ बीस दिन के भीतर–

(i) अपने संगठन की विशिष्टियाँ, कृत्य और कर्त्तव्य;

(ii) अपने अधिकारियों और कर्मचारियों की शक्तियाँ और कर्त्तव्य;

(iii) विनिश्चय करने की प्रक्रिया में पालन की जाने वाली प्रक्रिया जिसमें पर्यवेक्षण और उत्तरदायित्व के माध्यम सम्मिलित हैं;

(iv) अपने कृत्यों के निर्वहन के लिए स्वयं द्वारा स्थापित मापमान;

(v) अपने द्वारा या अपने नियंत्रणाधीन धारित या अपने कर्मचारियों द्वारा अपने कृत्यों के निर्वहन के लिए प्रयोग किए गए नियम, विनियम, अनुदेश, निर्देशिका और अभिलेख;

(vi) ऐसे दस्तावेजों के, जो उसके द्वारा धारित या उसके नियंत्रणाधीन हैं, प्रवर्गों का विवरण;

(vii) किसी व्यवस्था की विशिष्टियाँ, जो उसकी नीति की संरचना या उसके कार्यान्वयन के संबंध में जनता के सदस्यों से परामर्श के लिए या उनके द्वारा अभ्यावेदन के लिए विद्यमान हैं;

(viii) ऐसे बोर्डों, परिषदों, समितियों और अन्य निकायों के, जिनमें दो या अधिक व्यक्ति हैं, जिनका उसके भागरूप में या इस बारे में सलाह देने के प्रयोजन के लिए गठन किया गया है और इस बारे में कि क्या उन बोर्डों, परिषदों, समितियों और अन्य निकायों की बैठकें जनता के लिए खुली होंगी या ऐसी बैठकों के कार्यवृत तक जनता की पहुँच होगी;

(ix) अपने अधिकारियों और कर्मचारियों की निर्देशिका;

(x) अपने प्रत्येक अधिकारी और कर्मचारी द्वारा प्राप्त मासिक पारिश्रमिक, जिसके अंतर्गत प्रतिकर की प्रणाली भी है जो उसके विनियमों में यथा उपबंधित हो;

(xi) सभी योजनाओं, प्रस्तावित व्ययों और किए गए संवितरणों पर रिपोर्टों की विशिष्टियाँ उपदर्शित करते हुए अपने प्रत्येक अभिकरण को आवंटित बजट;

(xii) सहायिकी कार्यक्रमों के निष्पादन की रीति जिसमें आवंटित राशि और ऐसे कार्यक्रमों के फायदाग्राहियों के ब्यौरे सम्मिलित हैं;

(xiii) अपने द्वारा अनुदत्त रियायतों, अनुज्ञापत्रों या प्राधिकारों के प्राप्तकर्ताओं की विशिष्टियाँ;

(xiv) किसी इलेक्ट्रॉनिक रूप में सूचना के सबंध में ब्यौरे, जो उसे उपलब्ध हों या उसके द्वारा धारित हों;

(xv) सूचना अभिप्राप्त करने के लिए नागरिकों को उपलब्ध सुविधाओं की विशिष्टियाँ, जिसमें किसी पुस्तकालय या वाचन कक्ष के, यदि लोक उपयोग के लिए अनुरक्षित है तो, कार्यकरण घंटे सम्मिलित हैं;

(xvi) लोक सूचना अधिकारियों के नाम, पदनाम और अन्य विशिष्टियाँ;

(xvii) ऐसी अन्य सूचना, जो विहित की जाए, प्रकाशित करेगा और तत्पश्चात् इन प्रकाशनों को प्रत्येक वर्ष में अद्यतन करेगा;

(ग) महत्वपूर्ण नीतियों की विरचना करते समय या ऐसे विनिश्चयों की घोषणा करते समय; जो जनता को प्रभावित करते हों, सभी सुसंगत तथ्यों को प्रकाशित करेगा;

(घ) प्रभावित व्यक्तियों को अपने प्रशासनिक या न्यायिककल्प विनिश्चयों के लिए कारण उपलब्ध कराएगा;

(2) प्रत्येक लोक अधिकारी का निरंतर यह प्रयास होगा कि वह उपधारा (1) के खण्ड (ख) की अपेक्षाओं के अनुसार स्वप्रेरणा से, जनता को नियमित अंतरालों पर संसूचना के विभिन्न साधनों के माध्यम से जिसमें इंटरनेट भी है, इतनी अधिक सूचना उपलब्ध कराने के लिए उपाय करे, जिससे कि जनता को सूचना प्राप्त करने के लिए इस अधिनियम का कम से कम अवलंब लेना पड़े।

(3) उपधारा (1) के प्रयोजन के लिए, प्रत्येक सूचना को विस्तृत रूप से और ऐसे प्ररूप और रीति में प्रसारित किया जाएगा, जो जनता के लिए सहज रूप से पहुँच योग्य हो।

(4) सभी सामग्री को, लागत प्रभावशीलता, स्थानीय भाषा और उस क्षेत्र में संसूचना की अत्यंत प्रभावी पद्धति को ध्यान में रखते हुए, प्रसारित किया जाएगा तथा सूचना, यथास्थिति, केंद्रीय लोक सूचना अधिकारी या राज्य सूचना अधिकारी के पास इलेक्ट्रॉनिक रूप में संभव सीमा तक निःशुल्क या माध्यम की ऐसी लागत पर या ऐसी मुद्रण लागत कीमत पर, जो विहित की जाए, सहज रूप से पहुँच होनी चाहिए।

स्पष्टीकरण–उपधारा (3) या उपधारा (4) के प्रयोजनों के लिए, 'प्रसारित' से सूचनापट्टों, समाचारपत्रों, लोक उद्घोषणाओं, मीडिया प्रसारणों, इंटरनेट या किसी अन्य माध्यम से, जिसमें किसी लोक प्राधिकारी के कार्यालयों का निरीक्षण सम्मिलित है, जनता को सूचना की जानकारी देना या संसूचित कराना अभिप्रेत है।

5. लोक सूचना अधिकारियों को पदनामित करना

(1) प्रत्येक लोक प्राधिकारी, इस अधिनियम के अधिनियमन के सौ दिन के भीतर सभी प्रशासनिक एककों या उनके अधीन कार्यालयों में, यथास्थिति, केंद्रीय लोक सूचना अधिकारियों या राज्य सूचना अधिकारियों के रूप में उतने अधिकारियों को अभिहित करेगा, जितने इस अधिनियम के अधीन सूचना के लिए अनुरोध करनेवाले व्यक्तियों को सूचना प्रदान करने के लिए आवश्यक हों।

(2) उपधारा (1) के उपबंधों पर प्रतिकूल प्रभाव डाले बिना, प्रत्येक लोक प्राधिकारी, इस अधिनियम के अधिनियमन के सौ दिन के भीतर किसी अधिकारी को प्रत्येक उपमंडल स्तर या अन्य उपजिला स्तर पर, यथास्थिति, केंद्रीय सहायक लोकसूचना अधिकारी या किसी राज्य सहायक सूचना अधिकारी के रूप में इस अधिनियम के अधीन सूचना के लिए आवेदन या अपील प्राप्त करने और उसे तत्काल, यथास्थिति, केंद्रीय लोक सूचना अधिकारी या राज्य लोक सूचना अधिकारी या धारा 19 की उपधारा(1) के अधीन विनिर्दिष्ट वरिष्ठ अधिकारी का केंद्रीय सूचना आयोग अथवा राज्य सूचना आयोग को भेजने के लिए, पदाभिहित करेगा :

परंतु यह जहाँ सूचना या अपील के लिए कोई आवेदन यथास्थिति, किसी केंद्रीय सहायक लोक सूचना अधिकारी या किसी राज्य सहायक लोक सूचना अधिकारी को दिया जाता है, वहाँ धारा 7 की उपधारा (1) के अधीन विनिर्दिष्ट उत्तर के लिए अवधि की संगणना करने में पाँच दिन की अवधि जोड़ दी जाएगी।

(3) यथास्थिति, प्रत्येक, केंद्रीय लोक सूचना अधिकारी या राज्य लोक सूचना अधिकारी, सूचना की माँग करनेवाले व्यक्तियों के अनुरोधों पर कार्रवाई करेगा और ऐसी सूचना की माँग करनेवाले व्यक्तियों को युक्तियुक्त सहायता प्रदान करेगा।

(4) यथास्थिति, केंद्रीय लोक सूचना अधिकारी, ऐसे किसी अन्य अधिकारी की सहायता की माँग कर सकेगा, जिसे वह अपने कृत्यों के समुचित निर्वहन के लिए आवश्यक समझे।

(5) कोई अधिकारी, जिसकी उपधारा (4) के अधीन सहायता चाही गई है, उसकी सहायता चाहनेवाले यथास्थिति, केंद्रीय लोक सूचना अधिकारी या राज्य लोक सूचना अधिकारी को सभी सहायता प्रदान करेगा और इस अधिनियम के उपबंधों के किसी उल्लंघन के प्रयोजनों के लिए ऐसे अन्य अधिकारी को यथास्थिति, केंद्रीय लोक सूचना अधिकारी या राज्य लोक सूचना अधिकारी समझा जायेगा।

6. सूचना प्राप्त करने के लिए अनुरोध

(1) कोई व्यक्ति, जो इस अधिनियम के अधीन कोई सूचना अभिप्राप्त करना चाहता है, लिखित में या इलेक्ट्रॉनिक युक्ति के माध्यम से अंग्रेजी या हिंदी में या उस क्षेत्र की जिसमें आवेदन किया जा रहा है, राजभाषा में ऐसी फीस के साथ, जो विहित की जाए–

(क) संबंधित लोक प्राधिकरण के यथास्थिति, केंद्रीय लोक सूचना अधिकारी या राज्य लोक सूचना अधिकारी;

(ख) यथास्थिति, केंद्रीय सहायक लोक सूचना अधिकारी या राज्य सहायक लोक सूचना अधिकारी, को उसके द्वारा माँगी गई सूचना की विशिष्टियाँ विनिर्दिष्ट करते हुए अनुरोध करेगा :

परंतु जहाँ ऐसा अनुरोध लिखित में नहीं किया जा सकता है, वहाँ, यथास्थिति, केंद्रीय लोक सूचना अधिकारी या राज्य लोक सूचना अधिकारी अनुरोध करनेवाले व्यक्ति को सभी युक्तियुक्त सहायता मौखिक रूप से देगा, जिससे कि उसे लेखबद्ध किया जा सके।

(2) सूचना के लिए अनुरोध करनेवाले आवेदक से सूचना का अनुरोध करने के लिए किसी कारण को या किसी अन्य व्यक्तिगत ब्यौरे को, सिवाय उसके जो उससे संपर्क करने के लिए आवश्यक हो, देने की अपेक्षा नहीं की जाएगी।

(3) जहाँ, कोई आवेदन किसी लोक प्राधिकारी को किसी ऐसी सूचना के लिए अनुरोध करते हुए किया जाता है–

(i) जो किसी अन्य लोक प्राधिकारी द्वारा धारित है; या

(ii) जिसकी विषयवस्तु किसी अन्य लोक प्राधिकारी के कृत्यों के अधिक निकट रूप से संबंधित है, वहाँ वह लोक प्राधिकारी, जिसको ऐसा आवेदन किया जाता है, ऐसे आवेदन या उसके ऐसे भाग को, जो समुचित हो, उस अन्य लोक प्राधिकारी को अंतरित करेगा और ऐसे अंतरण के बारे में आवेदक को तुरंत सूचना देगा :

परंतु यह कि इस उपधारा के अनुसरण में किसी आवेदन का अंतरण यथासाध्य शीघ्रता से किया जाएगा, किंतु किसी भी दशा में आवेदन की प्राप्ति की तारीख से पाँच दिनों के पश्चात् नहीं किया जाएगा।

7. अनुरोधों का निपटारा

(1) धारा 5 की उपधारा (2) के परंतुक या धारा 6 की उपधारा (3) के परंतुक के अधीन रहते हुए, धारा 6 के अधीन अनुरोध के प्राप्त होने पर, यथास्थिति, केंद्रीय लोक सूचना अधिकारी या राज्य लोक सूचना अधिकारी यथासंभव शीघ्रता से, और किसी भी दशा में अनुरोध की प्राप्ति के तीस दिन के भीतर, ऐसी फीस के संदाय पर, जो विहित की जाए या तो सूचना उपलब्ध कराएगा या धारा 8 और 9 में विनिर्दिष्ट कारणों में से किसी कारण से अनुरोध को अस्वीकार करेगा :

परंतु जहाँ माँगी गई जानकारी का संबंध किसी व्यक्ति के जीवन या स्वतंत्रता से है, वहाँ वह अनुरोध प्राप्त होने के अड़तालीस घंटे के भीतर उपलब्ध कराई जाएगी।

(2) यदि यथास्थिति, केंद्रीय लोक सूचना अधिकारी या राज्य लोक सूचना अधिकारी उपधारा (1) के अधीन विनिर्दिष्ट अवधि के भीतर सूचना के लिए अनुरोध पर विनिश्चय करने में असफल रहता है तो, यथास्थिति केंद्रीय लोक सूचना अधिकारी या राज्य लोक सूचना अधिकारी के बारे में यह समझा जाएगा कि उसने अनुरोध को नामंजूर कर दिया।

(3) जहाँ, सूचना उपलब्ध कराने की लागत के रूप में किसी और फीस के संदाय पर सूचना उपलब्ध कराने का विनिश्चय किया जाता है, वहाँ यथास्थिति, केन्द्रीय लोक सूचना अधिकारी या राज्य लोक सूचना अधिकारी अनुरोध करने वाले व्यक्ति को,–

(क) उसके द्वारा यथा अवधारित सूचना उपलब्ध कराने की लागत के रूप में और फीस के ब्यौरे, जिनके साथ उपधारा (1) के अधीन विहित फीस के अनुसार रकम निकालने के लिए की गई संगणनाएँ होंगी, देते हुए उससे उस फीस को जमा करने का अनुरोध करते हुए कोई संसूचना भेजेगा और उक्त संसूचना के प्रेषण और फीस के संदाय के बीच मध्यवर्ती अवधि को उस धारा में निर्दिष्ट 30 दिन की अवधि की संगणना करने के प्रयोजन के लिए अपवर्जित किया जाएगा।

(ख) प्रभारित फीस की रकम या उपलब्ध कराई गई पहुँच के प्ररूप के बारे में, जिसके अंतर्गत अपील प्राधिकारी की विशिष्टियाँ, समय-सीमा, प्रक्रिया और कोई अन्य प्ररूप भी है, विनिश्चय करने का पुनर्विलोकन करने के संबंध में उसके अधिकार से संबंधित सूचना देते हुए, कोई संसूचना भेजेगा।

(4) जहाँ, इस अधिनियम के अधीन अभिलेख या उसके किसी भाग तक पहुँच

अपेक्षित है, और ऐसा व्यक्ति, जिसको पहुँच उपलब्ध कराई जानी है, संवेदनात्मक रूप से निःशक्त है, वहाँ यथास्थिति, केंद्रीय लोक सूचना अधिकारी या राज्य लोक सूचन' अधिकारी सूचना तक पहुँच को समर्थ बनाने के लिए सहायता उपलब्ध कराएगा जिसमें निरीक्षण के लिए ऐसी सहायता भी सम्मिलित है, जो समुचित हो।

(5) जहाँ, सूचना तक पहुँच मुद्रित या किसी इलेक्ट्रॉनिक रूपविधान में उपलब्ध कराई जानी है, वहाँ आवेदक, उपधारा (6) के अधीन रहते हुए, ऐसी फीस का संदाय करेगा, जो विहित की जाए :

परंतु धारा 6 की उपधारा (1) और धारा 7 की उपधारा (1) और उपधारा (5) के अधीन विहित फीस युक्तियुक्त होगी और ऐसे व्यक्तियों से, जो गरीबी की रेखा के नीचे हैं, जैसा समुचित सरकार द्वारा अवधारित किया जाए, कोई फीस प्रभारित नहीं की जाएगी।

(6) उपधारा (5) में किसी बात के होते हुए भी, जहाँ कोई लोक प्राधिकारी उपधारा (1) में विनिर्दिष्ट समय-सीमा का अनुपालन करने में असफल रहता है, वहाँ सूचना के लिए अनुरोध करनेवाले व्यक्ति को प्रभार के बिना सूचना उपलब्ध कराई जाएगी।

(7) उपधारा (1) के अधीन कोई विनिश्चय करने से पूर्व, यथास्थिति, केंद्रीय लोक सूचना अधिकारी या राज्य लोक सूचना अधिकारी धारा 11 के अधीन पर व्यक्ति द्वारा किए गए अभ्यावेदन को ध्यान में रखेगा।

(8) जहाँ, किसी अनुरोध को उपधारा (1) के अधीन अस्वीकृत किया गया है, वहाँ यथास्थिति केंद्रीय लोक सूचना अधिकारी या राज्य लोक सूचना अधिकारी अनुरोध करनेवाले व्यक्ति को–

(i) ऐसी अस्वीकृति के कारण;

(ii) वह अवधि, जिसके भीतर ऐसी अस्वीकृति के विरुद्ध कोई अपील की जा सकेगी; और

(iii) अपील प्राधिकारी की विशिष्टियाँ, संसूचित करेगा।

(9) किसी सूचना को साधारणतया उसी प्ररूप में उपलब्ध कराया जाएगा, जिसमें उसे माँगा गया है, जब तक कि वह लोक प्राधिकारी के स्रोतों को अननुपाती रूप से विचलित न करता हो या प्रश्नगत अभिलेख की सुरक्षा या संरक्षण के प्रतिकूल न हो।

8. सूचना के प्रकट किए जाने से छूट

(1) इस अधिनियम में अंतर्विष्ट किसी बात के होते हुए भी, व्यक्ति को निम्नलिखित सूचना देने की बाध्यता नहीं होगी–

(क) सूचना जिसके प्रकटन से, भारत की प्रभुता और अखंडता, राज्य की सुरक्षा, रणनीति, वैज्ञानिक या आर्थिक हित, विदेश से संबंध पर प्रतिकूल प्रभाव पड़ता हो; या किसी अपराध को करने का उद्दीपन होता हो;

(ख) सूचना, जिसके प्रकाशन को किसी न्यायालय या अधिकरण द्वारा अभिव्यक्त रूप में निषिद्ध किया गया है या जिसके प्रकटन से न्यायालय का अवमान होता है;

(ग) सूचना, जिसके प्रकटन से संसद या किसी राज्य के विधान-मंडल के विशेषाधिकार का भंग कारित होगा;

(घ) सूचना, जिसमें वाणिज्यिक विश्वास, व्यापार गोपनीयता या बौद्धिक सम्पदा, सम्मिलित है, जिसके प्रकटन से किसी पर व्यक्ति की प्रतियोगी स्थिति को नुकसान होता है, जब तक कि सक्षम प्राधिकारी का यह समाधान नहीं हो जाता है कि ऐसी सूचना के प्रकटन से विस्तृत लोकहित का समर्थन होता है;

(ङ) किसी व्यक्ति को उसकी वैश्वासिक नातेदारी में उपलब्ध सूचना, जब तक कि सक्षम प्राधिकारी का यह समाधन नहीं हो जाता है कि ऐसी सूचना के प्रकटन से विस्तृत लोकहित का समर्थन होता है;

(च) किसी विदेशी सरकार से विश्वास में प्राप्त सूचना;

(छ) सूचना, जिसे प्रकट करना किसी व्यक्ति के जीवन या शारीरिक सुरक्षा को खतरे में डालेगा या जो विधि प्रवर्तन या सुरक्षा प्रयोजनों के लिए विश्वास में दी गई किसी सूचना या सहायता के स्रोत की पहचान करेगा;

(ज) सूचना, जिससे अपराधियों के अन्वेषण, पकड़े जाने या अभियोजन की क्रिया में अड़चन पड़ेगी;

(झ) मंत्रिमंडल के कागजपत्र, जिनमें मंत्रिपरिषद्, सचिवों और अन्य अधिकारियों के विचार-विमर्श के अभिलेख सम्मिलित हैं :

परंतु यह कि मंत्रिपरिषद् के विनिश्चय, उनके कारण तथा वह सामग्री जिसके आधार पर विनिश्चय किए गए थे, विनिश्चय किए जाने और विषय के पूरा या समाप्त होने के पश्चात् जनता को उपलब्ध कराए जाएँगे :

परंतु यह और कि वे विषय जो इस धारा में विनिर्दिष्ट छूटों के अंतर्गत आते हैं, प्रकट नहीं किए जाएँगे;

(ञ) सूचना जो व्यक्तिगत सूचना से संबंधित है, जिसका प्रकटन किसी लोक क्रियाकलाप या हित से संबंध नहीं रखता है या जिससे व्यक्ति

की एकांतता पर अनावश्यक अतिक्रमण होगा, जब तक कि यथास्थिति, केंद्रीय लोक सूचना अधिकारी या राज्य लोक सूचना अधिकारी या अपील प्राधिकारी का यह समाधान नहीं हो जाता है कि ऐसी सूचना का प्रकटन विस्तृत लोकहित में न्यायोचित है :

परंतु ऐसी सूचना के लिए, जिसको, यथास्थिति, संसद या किसी विधान-मंडल को देने से इंकार नहीं किया जा सकता, किसी व्यक्ति को इंकार नहीं किया जाएगा।

(2) शासकीय गुप्त बात अधिनियम, 1923 में, उपधारा (1) के अनुसार अनुज्ञेय किसी छूट में किसी बात के होते हुए भी, किसी लोक प्राधिकारी को सूचना तक पहुँच अनुज्ञात की जा सकेगी, यदि सूचना के प्रकटन में लोकहित, संरक्षित हितों के नुकसान से अधिक है।

(3) उपधारा (1) के खंड (क), खंड (ग) और खंड (झ) के उपबंधों के अधीन रहते हुए, किसी ऐसी घटना, वृत्तांत या विषय से संबंधित कोई सूचना जो उस तारीख से, जिसको धारा 6 के अधीन कोई अनुरोध किया जाता है, बीस वर्ष पूर्व हुई थी या हुआ था, उस धारा के अधीन अनुरोध करनेवाले व्यक्ति को उपलब्ध कराई जाएगी :

परंतु यह कि जहाँ उस तारीख के बारे में, जिससे बीस वर्ष की उक्त अवधि को संगणित किया जाता है, कोई प्रश्न उद्‌भूत होता है, वहाँ इस अधिनियम में उसके लिए उपबंधित प्रायिक अपीलों के अधीन रहते हुए केंद्रीय सरकार का विनिश्चय अंतिम होगा।

9. सूचना के प्रकट किए जाने से छूट

धारा 8 के उपबंधों पर प्रतिकूल प्रभाव डाले बिना, यथास्थिति, कोई केंद्रीय लोक सूचना अधिकारी या कोई राज्य लोक सूचना अधिकारी, सूचना के किसी अनुरोध को वहाँ अस्वीकार कर सकेगा जहाँ पहुँच उपलब्ध कराने के लिए ऐसा अनुरोध राज्य से भिन्न किसी व्यक्ति के अस्तित्वयुक्त प्रतिलिप्यधिकार का उल्लंघन अन्तर्वलित करेगा।

10. पृथक्करणीयता

(1) जहाँ सूचना तक पहुँच के अनुरोध को इस आधार पर अस्वीकार किया जाता है कि वह ऐसी सूचना के संबंध में है जो प्रकट किए जाने से छूट प्राप्त है वहाँ इस अधिनिमय में किसी बात के होते हुए भी, पहुँच अभिलेख के उस भाग तक उपलब्ध कराई जा सकेगी जिसमें कोई ऐसी

सूचना अन्तर्विष्ट नहीं है, जो इस अधिनियम के अधीन प्रकट किए जाने से छूट प्राप्त है और जो किसी ऐसे भाग से, जिसमें छूट प्राप्त सूचना अंतर्विष्ट है, युक्तियुक्त रूप से पृथक् की जा सकती है।

(2) जहाँ उपधारा (1) के अधीन अभिलेख के किसी भाग तक पहुँच अनुदत्त की जाती है, वहाँ यथास्थिति केन्द्रीय लोक सूचना अधिकारी या राज्य सूचना अधिकारी, निम्नलिखित सूचना देते हुए, आवेदक को एक सूचना देगा कि—

(क) अनुरोध किए गए अभिलेख का केवल एक भाग ही, उस अभिलेख से उस सूचना को जो प्रकटन से छूट प्राप्त है, पृथक् करने के पश्चात् उपलब्ध कराया जा रहा है;

(ख) विनिश्चय के लिए कारण, जिनके अंतर्गत तथ्य के किसी महत्वपूर्ण प्रश्न पर उस सामग्री के प्रति जिस पर वे निष्कर्ष आधारित थे, निर्देश करते हुए कोई निष्कर्ष भी है;

(ग) विनिश्चय करने वाले व्यक्ति का नाम और पदनाम;

(घ) उसके द्वारा संगणित फीस के ब्यौरे और फीस की वह रकम जिसकी आवेदक से निक्षेप करने की अपेक्षा है की जाती है; और

(ङ) सूचना के भाग को प्रकट न करने के संबंध में विनिश्चय के पुनर्विलोकन के बारे में उसके अधिकार, प्रभारित फीस की रकम या उपलब्ध कराया गया पहुँच का प्ररूप, जिसके अन्तर्गत, यथास्थिति, धारा 19 की उपधारा (1) के अधीन विनिर्दिष्ट वरिष्ठ अधिकारी या केंद्रीय लोक सूचना अधिकारी या राज्य लोक सूचना अधिकारी की विशिष्टियाँ, समय-सीमा, प्रक्रिया और कोई अन्य पहुँच का प्ररूप भी है।

11. पर व्यक्ति सूचना

(1) जहाँ, यथास्थिति, किसी केंद्रीय लोक सूचना अधिकारी या राज्य लोक सूचना अधिकारी का, इस अधिनियम के अधीन किए गए अनुरोध पर कोई ऐसी सूचना या अभिलेख या उसके किसी भाग को प्रकट करने का आशय है, जो किसी पर व्यक्ति से संबंधित है या उसके द्वारा इसका प्रदाय किया गया है और उस पर व्यक्ति द्वारा उसे गोपनीय माना गया है, वहाँ यथास्थिति, केंद्रीय लोक सूचना अधिकारी या राज्य लोक सूचना अधिकारी अनुरोध प्राप्त होने से पाँच दिन के भीतर ऐसे पर व्यक्ति को अनुरोध की और इस तथ्य की लिखित रूप में सूचना देगा कि, यथास्थिति, केंद्रीय लोक सूचना अधिकारी या राज्य लोक सूचना अधिकारी का उक्त सूचना या अभिलेख या उसके किसी भाग को प्रकट करने का आशय

है, और इस बारे में कि सूचना प्रकट की जानी चाहिए या नहीं, लिखित में या मौखिक रूप से निवेदन करने के लिए पर व्यक्ति को आमंत्रित करेगा तथा सूचना के प्रकटन के बारे में कोई विनिश्चय करते समय पर व्यक्ति के ऐसे निवेदन को ध्यान में रखा जाएगा :

परंतु विधि द्वारा संरक्षित व्यापार या वाणिज्यिक गुप्त बातों की दशा के सिवाय, यदि ऐसे प्रकटन में लोकहित, ऐसे 'पर व्यक्ति' के हितों की किसी संभावित अपहानि या क्षति से अधिक महत्वपूर्ण है तो प्रकटन अनुज्ञात किया जा सकेगा।

(2) जहाँ उपधारा (1) के अधीन, यथास्थिति, केंद्रीय लोक सूचना अधिकारी या राज्य लोक सूचना अधिकारी द्वारा पर व्यक्ति पर किसी सूचना या अभिलेख या उसके किसी भाग के बारे में किसी सूचना की तामील की जाती है, वहाँ ऐसे पर व्यक्ति को, ऐसी सूचना की प्राप्ति की तारीख से दस दिन के भीतर, प्रस्तावित प्रकटन के विरुद्ध अभ्यावेदन करने का अवसर दिया जाएगा।

(3) धारा सात में किसी बात के होते हुए भी, यथास्थिति, केंद्रीय लोक सूचना अधिकारी या राज्य लोक सूचना अधिकारी धारा 6 के अधीन अनुरोध प्राप्त होने के पश्चात् चालीस दिन के भीतर, यदि 'पर व्यक्ति' को उपधारा (2) के अधीन अभ्यावेदन करने का अवसर दे दिया गया है, तो इस बारे में विनिश्चय करेगा कि उक्त सूचना या अभिलेख या उसके भाग का प्रकटन किया जाए या नहीं और अपने विनिश्चय की सूचना लिखित में 'पर व्यक्ति' को देगा।

(4) उपधारा (3) के अधीन दी गई सूचना में यह कथन भी सम्मिलित होगा कि वह पर व्यक्ति, जिसे सूचना दी गई है, धारा 19 के अधीन उक्त विनिश्चय के विरुद्ध अपील करने का हकदार है।

अध्याय : 3

केंद्रीय सूचना आयोग

12. केंद्रीय सूचना आयोग का गठन

(1) केंद्रीय सरकार, राजपत्र में अधिसूचना द्वारा, केंद्रीय सूचना आयोग के नाम से ज्ञात एक निकाय का गठन करेगी, जो ऐसी शक्तियों का प्रयोग और ऐसे कृत्यों का पालन करेगा, जो उसे इस अधिनियम के अधीन सौंपे जाएँ।

(2) केंद्रीय सूचना आयोग निम्नलिखित से मिलकर बनेगा–

(क) केंद्रीय सूचना आयुक्त; और (ख) दस से अनधिक उतनी संख्या में केंद्रीय सूचना आयुक्त, जितने आवश्यक समझे जाएँ।

(3) मुख्य सूचना आयुक्त और सूचना आयुक्तों की नियुक्ति, राष्ट्रपति द्वारा निम्नलिखित से मिलकर बनी समिति की सिफारिश पर की जाएगी–

(i) प्रधानमंत्री, जो समिति का अध्यक्ष होगा;

(ii) लोकसभा में विपक्ष का नेता; और

(iii) प्रधानमंत्री द्वारा नामनिर्दिष्ट संघ मंत्रिमंडल का एक मंत्री।

स्पष्टीकरण–शंकाओं के निवारण के लिए यह घोषित किया जाता है कि जहाँ लोकसभा में विपक्ष के नेता को उस रूप में मान्यता नहीं दी गई है, वहाँ लोकसभा में सरकार के विपक्षी एकल सबसे बड़े समूह के नेता को विपक्ष का नेता समझा जाएगा।

(4) केंद्रीय सूचना आयोग के कार्यों का साधारण अधीक्षण, निदेशन और प्रबंधन, मुख्य सूचना आयुक्त में निहित होगा, जिसकी सहायता सूचना आयुक्तों द्वारा की जाएगी और वह ऐसी सभी शक्तियों का प्रयोग और ऐसे सभी कार्य और बातें कर सकेगा, जिनका केंद्रीय सूचना आयोग द्वारा स्वतंत्र रूप से इस अधिनियम के अधीन किसी अन्य प्राधिकारी के निदेशों के अधीन रहे बिना प्रयोग किया जा सकता है।

(5) मुख्य सूचना आयुक्त और सूचना आयुक्त विधि, विज्ञान और प्रौद्योगिकी, समाजसेवा, प्रबंध, पत्रकारिता, जनसंपर्क माध्यम या प्रशासन तथा शासन का व्यापक ज्ञान और अनुभव रखनेवाले जनजीवन में प्रख्यात व्यक्ति होंगे।

(6) मुख्य सूचना आयुक्त या कोई सूचना आयुक्त, यथास्थिति, संसद का सदस्य या किसी राज्य या संघ राज्यक्षेत्र के विधान-मंडल का सदस्य नहीं होगा या कोई अन्य लाभ का पद धारित नहीं करेगा या किसी राजनैतिक दल से संबद्ध नहीं होगा अथवा कोई कारोबार नहीं करेगा या कोई वृत्ति नहीं करेगा।

(7) केंद्रीय सूचना आयोग का मुख्यालय, दिल्ली में होगा और केंद्रीय सूचना आयोग, केंद्रीय सरकार के पूर्व अनुमोदन से, भारत में अन्य स्थानों पर कार्यालय स्थापित कर सकेगा।

13. पदावधि और सेवा शर्तें

(1) सूचना आयुक्त, उस तारीख से, जिसको वह अपना पद ग्रहण करता है, पाँच वर्ष की अवधि के लिए पद धारण करेगा और पुनर्नियुक्ति के

लिए पात्र नहीं होगा :

परंतु यह कि कोई मुख्य सूचना आयुक्त पैंसठ वर्ष की आयु प्राप्त करने के पश्चात् उस रूप में पद धारण नहीं करेगा।

(2) प्रत्येक सूचना आयुक्त, उस तारीख से, जिसको वह अपना पद ग्रहण करता है, पाँच वर्ष की अवधि के लिए या पैंसठ वर्ष की आयु प्राप्त करने तक, इसमें से जो भी पूर्वतर हो, पद धारण करेगा और ऐसे सूचना आयुक्त के रूप में पुनर्नियुक्ति के लिए पात्र नहीं होगा :

परंतु प्रत्येक सूचना आयुक्त, इस उपधारा के अधीन अपना पद रिक्त करने पर, धारा 12 की उपधारा (3) में निर्विदिष्ट रीति से मुख्य सूचना आयुक्त के रूप में नियुक्ति के लिए पात्र होगा :

परंतु यह और कि जहाँ सूचना आयुक्त को मुख्य सूचना आयुक्त के रूप में नियुक्त किया जाता है वहाँ उसकी पदावधि सूचना आयुक्त और मुख्य सूचना आयुक्त के रूप में कुल मिलाकर पाँच वर्ष से अधिक नहीं होगी।

(3) मुख्य सूचना आयुक्त या कोई सूचना आयुक्त, अपना पद ग्रहण करने से पूर्व राष्ट्रपति या उनके द्वारा इस निमित्त प्राधिकृत किसी अन्य व्यक्ति के समक्ष, पहली अनुसूची में इस प्रयोजन के लिए उपवर्णित प्ररूप के अनुसार एक शपथ या प्रतिज्ञान लेगा और उस पर हस्ताक्षर करेगा।

(4) मुख्य सूचना आयुक्त या कोई सूचना आयुक्त, किसी भी समय, राष्ट्रपति को संबोधित अपने हस्ताक्षर सहित लेख द्वारा अपना पद त्याग सकेगा।

(5) संदेय वेतन और भत्ते तथा सेवा के अन्य निबंधन और शर्तें–

(क) मुख्य सूचना आयुक्त की वही होंगी, जो मुख्य निर्वाचन आयुक्त की हैं;

(ख) सूचना आयुक्त की वही होंगी जो निर्वाचन आयुक्त की हैं :

परंतु यदि मुख्य सूचना आयुक्त या कोई सूचना आयुक्त, अपनी नियुक्ति के समय, भारत सरकार के अधीन या किसी राज्य सरकार के अधीन किसी पूर्व सेवा के संबंध में कोई पेंशन, अक्षमता या क्षति पेंशन से भिन्न प्राप्त कर रहा है तो मुख्य सूचना आयुक्त या सूचना आयुक्त के रूप में सेवा के संबंध में उसके वेतन में से, उस पेंशन की, जिसके अंतर्गत पेंशन का ऐसा कोई भाग, जिसे सारांशीकृत किया गया था और सेवानिवृत्ति उपदान के समतुल्य पेंशन को छोड़कर, सेवानिवृत्ति फायदों के अन्य रूपों के समतुल्य पेंशन भी है, रकम को कम कर दिया जाएगा :

परंतु यह और कि यदि मुख्य सूचना आयुक्त या कोई सूचना आयुक्त, अपनी नियुक्ति के समय, किसी केंद्रीय अधिनियम या

राज्य अधिनियम द्वारा या उसके अधीन स्थापित किसी निगम में या केंद्रीय सरकार या राज्य के सरकार के स्वामित्वाधीन या नियंत्रणाधीन किसी सरकारी कंपनी में की गई किसी पूर्व सेवा के संबंध में सेवानिवृत्त फायदे प्राप्त कर रहा है तो सूचना आयुक्त या सूचना आयुक्त के रूप में सेवा के संबंध में उसके वेतन में से, सेवानिवृत्ति फायदों के समतुल्य पेंशन की रकम कम कर दी जाएगी :

परंतु यह भी कि मुख्य सूचना आयुक्त या सूचना आयुक्त के वेतन, भत्तों और सेवा की अन्य शर्तों में जिसकी नियुक्ति के पश्चात् उसको अलाभकार रूप में कोई परिवर्तन नहीं किया जाएगा।

(6) केंद्रीय सरकार मुख्य सूचना आयुक्त या सूचना आयुक्तों को उतने अधिकारी और कर्मचारी उपलब्ध कराएगी, जितने इस अधिनियम के अधीन उनके कृत्यों के दक्ष पालन के लिए आवश्यक हों और इस अधिनियम के प्रयोजन के लिए नियुक्त किए गए अधिकारियों और अन्य कर्मचारियों को संदेय वेतन और भत्ते तथा सेवा के निबंधन और शर्तें ऐसी होंगी, जो विहित की जाएँ।

14. सूचना आयुक्त या मुख्य सूचना आयुक्त का हटाया जाना

(1) उपधारा (3) के उपबंधों के अधीन रहते हुए मुख्य सूचना आयुक्त या किसी सूचना आयुक्त को राष्ट्रपति के आदेश द्वारा साबित कदाचार या असमर्थता के आधार पर उसके पद से तभी हटाया जाएगा, जब उच्चतम न्यायालय ने, राष्ट्रपति द्वारा उसे किए गए किसी निर्देश पर जाँच के पश्चात् यह रिपोर्ट दी हो कि, यथास्थिति, मुख्य सूचना आयुक्त या सूचना आयुक्त को उस आधार पर हटा दिया जाना चाहिए।

(2) राष्ट्रपति, उस मुख्य सूचना आयुक्त या सूचना आयुक्त को, जिसके विरुद्ध उपधारा (1) के अधीन उच्चतम न्यायालय को निर्देश किया गया है, ऐसे निर्देश पर उच्चतम न्यायालय की रिपोर्ट प्राप्त होने पर राष्ट्रपति द्वारा आदेश पारित किए जाने तक पद से निलंबित कर सकेगा और यदि आवश्यक समझें तो, जाँच के दौरान कार्यालय में उपस्थित होने से भी प्रतिषिद्ध कर सकेगा।

(3) उपधारा (1) में अंतर्विष्ट किसी बात के होते हुए भी राष्ट्रपति, मुख्य सूचना आयुक्त या किसी सूचना आयुक्त को आदेश द्वारा पद से हटा सकेगा, यदि, यथास्थिति, मुख्य सूचना आयुक्त या सूचना आयुक्त–

(क) दिवालिया न्यायनिर्णीत किया गया है; या

(ख) वह ऐसे अपराध के लिए दोषसिद्ध ठहराया गया है, जिसमें राष्ट्रपति की राय में, नैतिक अधमता अन्तर्वलित है; या

(ग) अपनी पदावधि के दौरान, अपने पद के कर्त्तव्यों से परे किसी वैतनिक नियोजन में लगा हुआ है; या

(घ) राष्ट्रपति की राय में, मानसिक या शारीरिक अक्षमता के कारण वह पद पर बने रहने के अयोग्य है; या

(ङ) उसने ऐसे वितीय और अन्य हित अर्जित किए हैं, जिनसे मुख्य सूचना आयुक्त या किसी सूचना आयुक्त के रूप में उसके कृत्यों पर प्रतिकूल प्रभाव पड़ने की संभावना है।

(4) यदि मुख्य सूचना आयुक्त या कोई सूचना आयुक्त, किसी प्रकार भारत सरकार द्वारा या उसकी ओर से की गई किसी संविदा या करार से संबद्ध या उसमें हितबद्ध है या किसी निगमित कम्पनी के किसी सदस्य के किसी रूप में से अन्यथा और उसके अन्य सदस्यों के साथ सामान्यतः उसके लाभ में या उससे प्रोदभूत होनेवाले किसी फायदे या परिलब्धियों में हिस्सा लेता है तो वह, उपधारा (1) के प्रयोजनों के लिए, कदाचार का दोषी समझा जाएगा।

अध्याय : 4

राज्य सूचना आयोग

15. राज्य सूचना आयोग का गठन

(1) प्रत्येक राज्य सरकार राजपत्र में अधिसूचना द्वारा...(राज्य का नाम) सूचना आयोग के नाम से ज्ञात एक निकाय का गठन करेगी, जो ऐसी शक्तियों का प्रयोग व ऐसे कृत्यों का पालन करेगा, जो उसे इस अधिनियम के अधीन सौंपे जाएँ।

(2) राज्य सूचना आयोग निम्नलिखित से मिलकर बनेगा–

(क) राज्य मुख्य सूचना आयुक्त; और

(ख) दस से अनधिक उतनी संख्या में राज्य सूचना आयुक्त, जितने आवश्यक समझे जाएँ।

(3) राज्य मुख्य सूचना आयुक्त और राज्य सूचना आयुक्तों की नियुक्ति राज्यपाल द्वारा निम्नलिखित से मिलकर बनी किसी समिति की सिफारिश पर की जाएगी,–

(i) मुख्यमंत्री, जो समिति का अध्यक्ष होगा;
(ii) विधानसभा में विपक्ष का नेता; और
(iii) मुख्यमंत्री द्वारा नाम निर्दिष्ट किया जाने वाला मंत्रिमंडल का सदस्य।

स्पष्टीकरण–शंकाओं को दूर करने के प्रयोजनों के लिए यह घोषित किया जाता है कि जहाँ विधानसभा में विपक्षी दल के नेता को उस रूप में मान्यता नहीं दी गई है, वहाँ विधानसभा में सरकार के विपक्षी एकल सबसे बड़े समूह के नेता को विपक्षी दल का नेता समझा जाएगा।

(4) राज्य सूचना आयोग के कार्यों का साधारण अधीक्षण, निर्देशन और प्रबंध राज्य मुख्य सूचना आयुक्त में निहित होगा, जिसकी राज्य सूचना आयुक्तों द्वारा सहायता की जाएगी और वह सभी ऐसी शक्तियों का प्रयोग कर सकेगा, और सभी ऐसे कार्य और बातें कर सकेगा, जो राज्य सूचना आयोग द्वारा इस अधिनियम के अधीन किसी अन्य प्राधिकारी के निदेशों के अधीन रहे बिना स्वतंत्र रूप से प्रयोग की जा सकती हैं।

(5) राज्य मुख्य सूचना आयुक्त और राज्य सूचना आयुक्त विधि, विज्ञान और प्रौद्योगिकी, समाजसेवा, प्रबंध, पत्रकारिता जनसंपर्क माध्यम या प्रशासन और शासन में व्यापक ज्ञान और अनुभववाले समाज में प्रख्यात व्यक्ति होंगे।

(6) राज्य मुख्य सूचना आयुक्त या राज्य सूचना आयुक्त, यथास्थिति, संसद का सदस्य या किसी राज्य या संघ राज्यक्षेत्र के विधान-मंडल का सदस्य नहीं होगा या कोई अन्य लाभ का पद धारण नहीं करेगा या किसी राजनीतिक दल से संबद्ध नहीं होगा या कोई कारोबार नहीं करेगा या कोई वृत्ति नहीं करेगा।

(7) राज्य सूचना आयोग का मुख्यालय राज्य में ऐसे स्थान पर होगा, जिसे राज्य सरकार राजपत्र में अधिसूचना द्वारा विनिर्दिष्ट करे और राज्य सूचना आगोग, राज्य सरकार के पूर्व अनुमोदन से, राज्य में अन्य स्थानों पर अपने कार्यालय स्थापित कर सकेगा।

16. पदावधि और सेवा की शर्तें

(1) राज्य मुख्य सूचना आयुक्त उस तारीख से, जिसको वह अपना पद ग्रहण करता है, पाँच वर्ष की अवधि के लिए पद धारण करेगा और पुनर्नियुक्ति के लिए पात्र नहीं होगा :

परंतु कोई राज्य मुख्य सूचना आयुक्त पैंसठ वर्ष की आयु प्राप्त करने के पश्चात् उस रूप में पद धारण नहीं करेगा।

(2) प्रत्येक राज्य सूचना आयुक्त उस तारीख से, जिसको वह अपना पद ग्रहण करता है, पाँच वर्ष की अवधि के लिए या पैंसठ वर्ष की आयु प्राप्त करने तक, इनमें से जो भी पूर्वतर हो, पद धारण करेगा और राज्य सूचना आयुक्त के रूप में पुनर्नियुक्ति के लिए पात्र नहीं होगा :

परंतु प्रत्येक राज्य सूचना आयुक्त इस उपधारा के अधीन अपना पद रिक्त करने पर धारा 15 की उपधारा (3) में विनिर्दिष्ट रीति से राज्य मुख्य सूचना आयुक्त के रूप में नियुक्ति के लिए पात्र होगा :

परंतु यह और कि जहाँ राज्य सूचना आयुक्त की राज्य सूचना आयुक्त के रूप में नियुक्ति की जाती है, वहाँ उसकी पदावधि राज्य सूचना आयुक्त और राज्य मुख्य सूचना आयुक्त के रूप में कुल मिलाकर पाँच वर्ष से अधिक नहीं होगी।

(3) राज्य मुख्य सूचना आयुक्त या कोई राज्य सूचना आयुक्त अपना पद ग्रहण करने से पूर्व राज्यपाल या इस निमित्त उसके द्वारा नियुक्त किए गए किसी अन्य व्यक्ति के समक्ष पहली अनुसूची में इस प्रयोजन के लिए उपवर्णित प्ररूप के अनुसार शपथ या प्रतिज्ञान लेगा और उस पर अपने हस्ताक्षर करेगा।

(4) राज्य मुख्य सूचना आयुक्त या कोई राज्य सूचना आयुक्त, किसी भी समय, राज्यपाल को संबोधित अपने हस्ताक्षर सहित लेख द्वारा अपने पद का त्याग कर सकेगा :

परंतु राज्य मुख्य सूचना आयुक्त या किसी राज्य आयुक्त को धारा 17 में विनिर्दिष्ट रीति से हटाया जा सकेगा।

(5) संदेय वेतन और भत्ते तथा सेवा के अन्य निबंधन और शर्तें–

(क) राज्य मुख्य सूचना आयुक्त की वही होंगी, जो किसी निर्वाचन आयुक्त की हैं;

(ख) राज्य सूचना आयुक्त की वही होंगी जो राज्य सरकार के मुख्य सचिव की हैं :

परंतु यदि मुख्य सूचना आयुक्त या कोई राज्य सूचना आयुक्त, अपनी नियुक्ति के समय, भारत सरकार के अधीन या किसी राज्य सरकार के अधीन किसी पूर्व सेवा के संबंध में कोई पेंशन अक्षमता या क्षति पेंशन से भिन्न प्राप्त कर रहा है तो राज्य मुख्य सूचना आयुक्त या राज्य सूचना आयुक्त के रूप में सेवा के संबंध में उसके वेतन में से, उस पेंशन की रकम को, जिसके अंतर्गत पेंशन का ऐसा भाग जिसे सारांशीकृत किया गया था और सेवानिवृत्ति उपदान के समतुल्य पेंशन को छोड़कर, अन्य प्रकार के सेवानिवृत्ति फायदों के समतुल्य पेंशन भी है, रकम को कम कर

दिया जाएगा :

परंतु यह और कि जहाँ मुख्य सूचना आयुक्त या राज्य सूचना आयुक्त, अपनी नियुक्ति के समय, किसी केंद्रीय अधिनियम या राज्य अधिनियम द्वारा या उसके अधीन स्थापित किसी निगम या केंद्रीय सरकार या राज्य सरकार के स्वामित्वाधीन या नियंत्रणाधीन किसी सरकारी कंपनी में गई किसी पूर्व सेवा के संबंध में सेवानिवृत्त फायदे प्राप्त कर रहा है वहाँ राज्य मुख्य सूचना आयुक्त या राज्य सूचना आयुक्त के रूप में सेवा के संबंध में उसके वेतन में से, सेवानिवृत्ति फायदों के समतुल्य पेंशन की रकम कम कर दी जाएगी :

परंतु यह और कि राज्य मुख्य सूचना आयुक्त और राज्य सूचना आयुक्तों के वेतन, भत्तों और सेवा की अन्य शर्तों में उनकी नियुक्ति के पश्चात् उसको अलाभकारी रूप में परिवर्तित नहीं किया जाएगा।

(6) राज्य सरकार, राज्य मुख्य सूचना आयुक्त और राज्य सूचना आयुक्तों को उतने अधिकारी और कर्मचारी उपलब्ध कराएगी, जितने इस अधिनियम के अधीन उनके कृत्यों के दक्ष पालन के लिए आवश्यक हों, और इस अधिनियम के प्रयोजन के लिए नियुक्त किए गए अधिकारियों और अन्य कर्मचारियों को संदेय वेतन और भत्ते तथा सेवा के निबंधन और शर्तें ऐसी होंगी, जो विहित की जाएँ।

17. राज्य मुख्य सूचना आयुक्त/राज्य सूचना आयुक्त का हटाया जाना

(1) उपधारा (3) के उपबंधों के अधीन रहते हुए, राज्य मुख्य सूचना आयुक्त या किसी राज्य सूचना आयुक्त को राज्यपाल के आदेश द्वारा साबित कदाचार या असमर्थता के आधार पर उसके पद से तभी हटाया जाएगा, जब उच्चतम न्यायालय ने राज्यपाल द्वारा उसे किए गए किसी निर्देश पर जाँच के पश्चात् यह रिपोर्ट दी हो कि, यथास्थिति, राज्य मुख्य सूचना आयुक्त या राज्य सूचना आयुक्त को उस आधार पर हटा दिया जाना चाहिए।

(2) राज्यपाल, उस राज्य मुख्य सूचना आयुक्त या राज्य सूचना आयुक्त को, जिसके विरुद्ध उपधारा (1) के अधीन उच्चतम न्यायालय को निर्देश दिया गया है, ऐसे निर्देश पर उच्चतम न्यायालय की रिपोर्ट की प्राप्ति पर राज्यपाल द्वारा आदेश पारित किए जाने तक, पद से निलंबित कर सकेगा और यदि आवश्यक समझे तो ऐसी जाँच के दौरान कार्यालय में उपस्थित होने से प्रतिषिद्ध भी कर सकेगा।

(3) उपधारा (1) में अंतर्विष्ट किसी बात के होते हुए भी राज्यपाल, राज्य

मुख्य सूचना आयुक्त या किसी राज्य सूचना आयुक्त को आदेश द्वारा पद से हटा सकेगा, यदि, यथास्थिति, राज्य मुख्य सूचना आयुक्त या राज्य सूचना आयुक्त–

(क) दिवालिया न्यायनिर्णीत किया गया है; या

(ख) वह ऐसे किसी अपराध के लिए दोषसिद्ध ठहराया गया है, जिसमें राज्यपाल की राय में, नैतिक अधमता अंतर्वलित है; या

(ग) वह अपनी पदावधि के दौरान, अपने पद के कर्तव्यों से परे किसी वैतनिक नियोजन में लगा हुआ है; या

(घ) राज्यपाल की राय में, मानसिक या शारीरिक अक्षमता के कारण पद पर बने रहने के अयोग्य है; या

(ङ) उसने ऐसे वित्तीय या अन्य हित अर्जित किए हैं, जिनसे राज्य मुख्य सूचना आयुक्त या राज्य सूचना आयुक्त के रूप में उसके कृत्यों पर प्रतिकूल प्रभाव पड़ने की संभावना है।

(4) यदि राज्य मुख्य सूचना आयुक्त या कोई राज्य सूचना आयुक्त, किसी प्रकार राज्य सरकार द्वारा या उसकी ओर से की गई किसी संविदा या करार से संबद्ध या उसमें हितबद्ध है या किसी निगमित कंपनी के किसी सदस्य के किसी रूप में से अन्यथा और उसके अन्य सदस्यों के साथ सामान्यतः उसके लाभ में या उससे प्रोद्भूत होनेवाले किसी फायदे या परिलब्धियों में हिस्सा लेता है तो वह, उपधारा (1) के प्रयोजनों के लिए, कदाचार का दोषी समझा जाएगा।

अध्याय : 5

सूचना आयोगों की शक्तियाँ और कृत्य, अपील तथा शास्तियाँ

18. सूचना आयोगों की शक्तियाँ और कृत्य

(1) इस अधिनियम के उपबंधों के अधीन रहते हुए, यथास्थिति, केंद्रीय सूचना आयोग या राज्य आयोग का यह कर्त्तव्य होगा कि वह निम्नलिखित किसी ऐसे व्यक्ति से शिकायत प्राप्त करें और उसकी जाँच करें–

(क) जो यथास्थिति, किसी केंद्रीय लोक सूचना अधिकारी या राज्य लोक सूचना अधिकारी को, इस कारण से अनुरोध प्रस्तुत करने में असमर्थ रहा है कि इस अधिनियम के अधीन ऐसे अधिकारी की नियुक्ति नहीं की गई है या, यथास्थिति, केंद्रीय सहायक लोक सूचना अधिकारी या राज्य सहायक लोक सूचना अधिकारी ने इस अधिनियम

के अधीन सूचना या अपील के लिए धारा 19 की उपधारा (1) में विनिर्दिष्ट केंद्रीय लोक सूचना अधिकारी या राज्य लोक सूचना अधिकारी अथवा ज्येष्ठ अधिकारी या, यथास्थिति केंद्रीय सूचना आयोग या राज्य सूचना आयोग को उसके आवेदन को भेजने के लिए स्वीकार करने से इंकार कर दिया है;

(ख) जिसे इस अधिनियम के अधीन अनुरोध की गई किसी जानकारी तक पहुँच के लिए इंकार कर दिया गया है;

(ग) जिसे इस अधिनियम के अधीन विनिर्दिष्ट समय-सीमा के भीतर सूचना के लिए या सूचना तक पहुँच के लिए अनुरोध का उत्तर नहीं दिया गया है;

(घ) जिससे ऐसी फीस की रकम का संदाय करने की अपेक्षा की गई है, जिसे वह अनुचित समझता है;

(ङ) जो यह विश्वास करता है कि उसे इस अधिनियम के अधीन अपूर्ण, भ्रम में डालनेवाली या मिथ्या सूचना दी गई; और

(च) इस अधिनियम के अधीन अभिलेखों के लिए अनुरोध करने या उन तक पहुँच प्राप्त करने से संबंधित किसी अन्य विषय के संबंध में।

(2) जहाँ, यथास्थिति, केंद्रीय सूचना आयोग या राज्य सूचना आयोग का यह समाधान हो जाता है कि उस विषय में जाँच करने के लिए युक्तियुक्त आधार है, वहाँ वह उसके संबंध में जाँच आरंभ कर सकेगा।

(3) यथास्थिति, केंद्रीय सूचना आयोग या राज्य आयोग को, इस धारा के अधीन किसी मामले में जाँच करते समय वही शक्तियाँ प्राप्त होंगी, जो निम्नलिखित मामलों के संबंध में सिविल प्रक्रिया संहित, 1908 के अधीन किसी वाद का विचारण करते समय सिविल न्यायालय में निहित होती है, अर्थात्–

(क) किन्हीं व्यक्तियों को समन करना और उन्हें उपस्थित कराना तथा शपथ पर मौखिक या लिखित साक्ष्य देने के लिए और दस्तावेज या चीजें पेश करने के लिए उनको विवश करना;

(ख) दस्तावेजों के प्रकटीकरण और निरीक्षण की अपेक्षा करना;

(ग) शपथपत्र पर साक्ष्य को अभिग्रहण करना;

(घ) किसी न्यायालय या कार्यालय से किसी लोक अभिलेख या उसकी प्रतियाँ माँगना;

(ङ) साक्षियों या दस्तावेजों की परीक्षा के लिए समन जारी करना; और

(च) कोई अन्य विषय, जो विहित किया जाए।

(4) यथास्थिति, संसद या राज्य-विधानमंडल के किसी अन्य अधिनियम में अन्तर्विष्ट किसी असंगत बात के होते हुए भी, यथास्थिति, केंद्रीय सूचना

आयोग या राज्य सूचना आयोग इस अधिनियम के अधीन किसी शिकायत की जाँच करने के दौरान, ऐसे किसी अभिलेख की परीक्षा कर सकेगा, जिस पर यह अधिनियम लागू होता है और जो लोक प्राधिकारी के नियंत्रण में है, और उसके द्वारा ऐसे किसी अभिलेख को किन्हीं भी आधारों पर रोका नहीं जाएगा।

19. अपील

(1) ऐसा कोई व्यक्ति, जिसे धारा 7 की उपधारा (1) या उपधारा (3) के खंड (क) में विनिर्दिष्ट समय के भीतर कोई विनिश्चय प्राप्त नहीं हुआ है या जो, यथास्थिति, केंद्रीय लोक सूचना अधिकारी या राज्य लोक सूचना अधिकारी के किसी विनिश्चय से व्यथित है, उस अवधि की समाप्ति से या ऐसे किसी विनिश्चय की प्राप्ति से तीस दिन के भीतर ऐसे अधिकारी को अपील कर सकेगा, जो प्रत्येक लोक प्राधिकरण में, यथास्थिति, केंद्रीय लोक सूचना अधिकारी या लोक सूचना अधिकारी की पंक्ति से ज्येष्ठ पंक्ति का है :

परंतु ऐसा अधिकारी, तीस दिन की अवधि की समाप्ति के पश्चात् अपील को ग्रहण कर सकेगा, यदि उसका समाधान हो जाता है कि अपीलार्थी समय पर अपील फाइल करने में पर्याप्त कारण से निवारित किया गया था।

(2) जहाँ अपील धारा 11 के अधीन, यथास्थिति, किसी केंद्रीय लोक सूचना अधिकारी या किसी राज्य लोक सूचना अधिकारी द्वारा पर व्यक्ति की सूचना प्रकट करने के लिए किए गए किसी आदेश के विरुद्ध की जाती है, वहाँ संबंधित 'पर व्यक्ति' द्वारा अपील, उस आदेश की तारीख से 30 दिन के भीतर की जाएगी।

(3) उपधारा (1) के अधीन विनिश्चय के विरुद्ध दूसरी अपील उस तारीख से, जिसको विनिश्चय किया जाना चाहिए था या वास्तव में प्राप्त किया गया था, नब्बे दिन के भीतर केंद्रीय सूचना आयोग या राज्य सूचना आयोग को होगी :

परंतु यथास्थिति, केंद्रीय लोक सूचना आयोग या राज्य सूचना आयोग नब्बे दिन की अवधि की समाप्ति के पश्चात् अपील को ग्रहण कर सकेगा, यदि उसका यह समाधान हो जाता है कि अपीलार्थी समय पर अपील फाइल करने में पर्याप्त कारण से निवारित किया गया था।

(4) यदि यथास्थिति, केंद्रीय लोक सूचना अधिकारी या राज्य लोक सूचना अधिकारी का विनिश्चय, जिसके विरुद्ध अपील की गई है, पर व्यक्ति

की सूचना से संबंधित है तो यथास्थिति केंद्रीय सूचना आयोग या राज्य सूचना आयोग उस पर व्यक्ति को सुनवाई का युक्तियुक्त अवसर देगा।

(5) अपील संबंधी किन्हीं कार्यवाहियों में यह साबित करने का भार कि अनुरोध को अस्वीकार करना न्यायोचित था, यथास्थिति, केंद्रीय लोक सूचना अधिकारी या राज्य लोक सूचना अधिकारी पर जिसने अनुरोध को अस्वीकार किया था, होगा।

(6) उपधारा (1) या उपधारा (2) के अधीन किसी अपील का निपटारा, लेखबद्ध किए जानेवाले कारणों से अपील की प्राप्ति के तीस दिन के भीतर या ऐसी विस्तारित अवधि के भीतर जो उसके फाइल किए जाने की तारीख से कुल पैंतालीस दिन से अधिक न हो, किया जाएगा।

(7) यथास्थिति, केंद्रीय सूचना आयोग या राज्य सूचना आयोग का विनिश्चय आबद्धकर होगा।

(8) अपने विनिश्चय में, यथास्थिति, केंद्रीय लोक सूचना आयोग या राज्य सूचना आयोग की निम्नलिखित शक्तियाँ हैं–

(क) लोक प्राधिकरण से ऐसे उपाय करने की अपेक्षा करना, जो इस अधिनियम के उपबंधों का अनुपालन सुनिश्चित करने के लिए आवश्यक हों, जिनके अंतर्गत निम्नलिखित भी हैं–

(i) सूचना तक पहुँच उपलब्ध कराना, यदि विशिष्ट प्ररूप में ऐसा अनुरोध किया गया है;

(ii) यथास्थिति, केंद्रीय लोक सूचना अधिकारी या राज्य लोक सूचना अधिकारी को नियुक्त करना;

(iii) कतिपय सूचना या सूचना के प्रवर्गों को प्रकाशित करना;

(iv) अभिलेखों के अनुरक्षण, प्रबंध और विनाश से संबंधित अपनी पद्धतियों में आवश्यक परिवर्तन करना;

(v) अपने अधिकारियों के लिए सूचना के अधिकार के संबंध में प्रशिक्षण के उपबंध को बढ़ाना;

(vi) धारा चार की उपधारा (1) के खंड (ख) के अनुसरण में अपनी एक वार्षिक रिपोर्ट उपलब्ध करना;

(ख) लोक प्राधिकारी से शिकायतकर्ता को, उसके द्वारा सहन की गई किसी हानि या अन्य नुकसान के लिए प्रतिपूरित करने की अपेक्षा करना;

(ग) इस अधिनियम के अधीन उपबंधित शास्तियों में से कोई शास्ति अधिरोपित करना;

(घ) आवेदन को नामंजूर करना।

(9) यथास्थिति, केंद्रीय लोक सूचना आयोग या राज्य सूचना आयोग शिकायत्तंकर्ता और लोक प्राधिकारी को, अपने विनिश्चय की, जिसके अंतर्गत अपील का कोई अधिकार भी है, सूचना देगा।

(10) यथास्थिति, केंद्रीय सूचना आयोग या राज्य सूचना आयोग, अपील का विनिश्चय ऐसी प्रक्रिया के अनुसार करेगा, जो विहित की जाए।

20. शास्ति

(1) जहाँ किसी शिकायत या अपील का विनिश्चय करते समय, यथास्थिति, केंद्रीय सूचना आयोग या राज्य सूचना आयोग की यह राय है कि, यथास्थिति, केंद्रीय लोक सूचना अधिकारी या राज्य लोक सूचना अधिकारी ने, युक्तियुक्त कारण के बिना सूचना के लिए, कोई आवेदन प्राप्त करने से इंकार किया है या धारा 7 की उपधारा (1) के अधीन सूचना के लिए विनिर्दिष्ट समय के भीतर सूचना नहीं दी है या असद्भावपूर्वक सूचना के लिए अनुरोध से इंकार किया है या जानबूझकार गलत, अपूर्ण या भ्रामक सूचना दी है या वह सूचना नष्ट कर दी है जो अनुरोध का विषय थी या किसी रीति से सूचना देने में बाधा डाली है, तो वह ऐसे प्रत्येक दिन के लिए, जब तक आवेदन प्राप्त किया जाता है या सूचना दी जाती है, दो सौ पचास रुपये की शास्ति अधिरोपित करेगा, तथापि, ऐसी शास्ति की कुल रकम पच्चीस हजार रुपये से अधिक नहीं होगी :

परंतु, यथास्थिति, केंद्रीय लोक सूचना अधिकारी या राज्य लोक सूचना अधिकारी को, उस पर कोई शास्ति अधिरोपित किए जाने से पूर्व, सुनवाई का युक्तियुक्त अवसर दिया जाएगा :

परंतु यह और कि यह साबित कराने का भार कि उसने युक्तियुक्त रूप से और तत्परतापूर्वक कार्य किया है, यथास्थिति, केंद्रीय लोक सूचना अधिकारी या राज्य लोक सूचना अधिकारी पर होगा।

(2) जहाँ किसी शिकायत या अपील का विनिश्चय करते समय, यथास्थिति, केंद्रीय सूचना आयोग या राज्य सूचना आयोग की यह राय है कि, यथास्थिति, केंद्रीय लोक सूचना अधिकारी या राज्य लोक सूचना अधिकारी, किसी युक्तियुक्त कारण के बिना और लगातार सूचना के लिए कोई आवेदन प्राप्त करने में असफल रहा है या उसने धारा 7 की उपधारा (1) के अधीन विनिर्दिष्ट समय के भीतर सूचना नहीं दी है या असद्भावपूर्वक सूचना के लिए अनुरोध से इंकार किया है या जानबूझकर गलत, अपूर्ण या भ्रामक सूचना दी है या ऐसी सूचना को नष्ट कर दिया है, जो अनुरोध का विषय थी या किसी रीति से सूचना देने में बाधा डाली

है वहाँ वह, यथास्थिति, ऐसे केंद्रीय लोक सूचना अधिकारी या राज्य लोक सूचना अधिकारी के विरुद्ध उसे लागू सेवा नियमों के अधीन अनुशासनिक कार्रवाई के लिए सिफारिश करेगा।

अध्याय : 6

प्रकीर्ण

21. सद्भावपूर्वक की गई कार्रवाई के लिए संरक्षण

कोई वाद, अभियोजन या अन्य विधिक कार्यवाही किसी भी ऐसी बात के बारे में, जो इस अधिनियम या उसके अधीन बनाए गए किसी नियम के अधीन सद्भावपूर्वक की गई है या की जाने के लिए आशायित है, किसी व्यक्ति के विरुद्ध न होगी।

22. अधिनियम का अध्यारोही प्रभाव होना

इस अधिनियम के उपबंध, शासकीय गुप्त बात अधिनियम, 1923 और तत्समय प्रवृत्त किसी अन्य विधि में या इस अधिनियम से अन्यथा किसी विधि के आधार पर प्रभाव रखनेवाली किसी लिखित में उससे असंगत किसी बात के होते हुए भी, प्रभावी होंगे।

23. न्यायालयों की अधिकारिता का वर्जन

कोई न्यायालय, इस अधिनियम के अधीन किए गए किसी आदेश के संबंध में कोई वाद, आवेदन या अन्य कार्यवाही ग्रहण नहीं करेगा और ऐसे किसी आदेश को, इस अधिनियम के अधीन किसी अपील के रूप के सिवाय किसी रूप में प्रश्नगत नहीं किया जाएगा।

24. अधिनियम का कतिपय संगठनों पर लागू न होना

(1) इस अधिनियम में अंतर्विष्ट कोई बात, केंद्रीय सरकार द्वारा स्थापित आम सूचना और सुरक्षा संगठनों पर, जो दूसरी अनुसूची में विनिर्दिष्ट हैं या ऐसे संगठनों द्वारा उस सरकार को दी गई किसी सूचना पर लागू नहीं होगी :

परंतु भ्रष्टाचार और मानव अधिकारों के अतिक्रमण के अभिकथनों से

संबंधित सूचना इस उपधारा के अधीन अपवर्जित नहीं की जायेगी :

परंतु यह और कि यदि माँगी गई सूचना मानव अधिकारों के अतिक्रमण के अभिकथनों से संबंधित है तो सूचना केंद्रीय सूचना आयोग के अनुमोदन के पश्चात ही दी जायेगी और धारा 7 में किसी बात के होते हुए भी, ऐसी सूचना अनुरोध की प्राप्ति के पैंतालीस दिनों के भीतर दी जाएगी।

(2) केंद्रीय सरकार, राजपत्र में किसी अधिसूचना द्वारा, अनुसूची का, उस सरकार द्वारा स्थापित किसी अन्य आम सूचना या सुरक्षा संगठन को उसमें सम्मिलित करके या उसमें पहले से विनिर्दिष्ट किसी संगठन का, उससे लोप करके, संशोधन कर सकेगी और ऐसी अधिसूचना के प्रकाशन पर ऐसे संगठन को अनुसूची में, यथास्थिति, सम्मिलित किया गया या उससे लोप किया गया समझा जाएगा।

(3) उपधारा (2) के अधीन जारी की गई प्रत्येक अधिसूचना, संसद के प्रत्येक सदन के समक्ष रखी जाएगी।

(4) इस अधिनियम की कोई बात आम सूचना और ऐसे सुरक्षा संगठनों पर लागू नहीं होगी, जो राज्य सरकार द्वारा स्थापित ऐसे संगठन हैं, जिन्हें वह सरकार समय-समय पर राजपत्र में अधिसूचना द्वारा, निविर्दिष्ट करे :

परंतु भ्रष्टाचार और मानव अधिकारों के अतिक्रमण के अभिकथनों से संबंधित सूचना इस उपधारा के अधीन अपवर्जित नहीं की जाएगी :

परंतु यह और कि यदि माँगी गई सूचना मानव अधिकारों के अतिक्रमण अभिकथनों से संबंधित है तो सूचना राज्य सूचना आयोग के अनुमोदन के पश्चात् ही दी जायेगी और धारा 7 में किसी बात के होते हुए भी, ऐसी सूचना अनुरोध की प्राप्ति के पैंतालीस दिनों के भीतर दी जायेगी।

(5) उपधारा (4) के अधीन जारी की गई प्रत्येक अधिसूचना राज्य विधान-मंडल के समक्ष रखी जाएगी।

25. मॉनीटर करना और रिपोर्ट करना

(1) यथास्थिति, केंद्रीय सूचना आयोग या राज्य सूचना आयोग, प्रत्येक वर्ष के अंत के पश्चात् यथासाध्य शीघ्रता से वर्ष के दौरान इस अधिनियम के उपबंधों के कार्यान्वयन के संबंध में एक रिपोर्ट तैयार करेगा और उसकी एक प्रति समुचित सरकार को भेजेगा।

(2) प्रत्येक मंत्रालय या विभाग, अपनी अधिकारिता के भीतर लोक प्राधिकारियों के संबंध में, ऐसी सूचना एकत्र करेगा और उसे, यथास्थिति, केंद्रीय सूचना

आयोग या राज्य सूचना आयोग को उपलब्ध कराएगा, जो इस धारा के अधीन रिपोर्ट तैयार करने के लिए अपेक्षित है और इस धारा के प्रयोजनों के लिए, उस सूचना को देने तथा अभिलेख रखने से संबंधित अपेक्षाओं का पालन करेगा।

(3) प्रत्येक रिपोर्ट में, उस वर्ष के संबंध में, जिससे रिपोर्ट संबंधित है, निम्नलिखित के बारे में कथन होगा–

(क) प्रत्येक लोक प्राधिकारी से किए गए अनुरोधों की संख्या;

(ख) ऐसे विनिश्चयों की संख्या, जहाँ आवेदक, अनुरोधों के अनुसरण में दस्तावेजों तक पहुँच के लिए हकदार नहीं थे, इस अधिनियम के वे उपबंध, जिनके अधीन ये विनिश्चय किए गए थे और ऐसे समयों की संख्या, जब ऐसे उपबंधों का अवलंब लिया गया था;

(ग) पुनर्विलोकन के लिए यथास्थिति, केंद्रीय लोक सूचना आयोग या राज्य सूचना आयोग को निर्दिष्ट की गई अपीलों की संख्या, अपीलों की प्रकृति और अपीलों के निष्कर्ष;

(घ) इस अधिनियम के प्रशासन के संबंध में किसी अधिकारी के विरुद्ध की गई अनुशासनिक कार्रवाई की विशिष्टियाँ;

(ङ) इस अधिनियम के अधीन प्रत्येक लोक प्राधिकारी द्वारा एकत्र की गई प्रभारों की रकम;

(च) कोई ऐसे तथ्य, जो इस अधिनियम की भावना और आशय को प्रसारित और कार्यान्वित करने के लिए लोक प्राधिकारियों के किसी प्रयास को उपदर्शित करते हैं;

(छ) सुधार के लिए सिफारिशें, जिनके अंतर्गत इस अधिनियम या अन्य विधान या सामान्य विधि के विकास, समुन्नति, आधुनिकीकरण, सुधार या संशोधन के लिए विशिष्ट लोक प्राधिकारियों के संबंध में सिफारिशें या सूचना तक पहुँच के अधिकार को प्रवर्तनशील बनाने के सुसंगत कोई अन्य विषय भी है।

(4) यथास्थिति, केंद्रीय सरकार या राज्य सरकार प्रत्येक वर्ष के अंत के पश्चात्, यथासाध्य शीघ्रता से, उपधारा (1) में निर्दिष्ट, यथास्थिति, केंद्रीय सूचना आयोग या राज्य सूचना आयोग की रिपोर्ट की एक प्रति संसद के प्रत्येक सदन के समक्ष या जहाँ राज्य विधान-मंडल के दो सदन हैं वहाँ प्रत्येक सदन के समक्ष और जहाँ राज्य विधान-मंडल का एक सदन है वहाँ उस सदन के समक्ष रखवाएगी।

(5) यदि केंद्रीय सूचना आयोग या राज्य सूचना आयोग को ऐसा प्रतीत होता है कि इस अधिनियम के अधीन अपने कृत्यों का प्रयोग करने के संबध में किसी लोक प्राधिकारी की पद्धति इस अधिनियम के उपबंधों या भावना

के अनुरूप नहीं है तो वह प्राधिकारी को ऐसे उपाय विनिर्दिष्ट करते हुए, जो उसकी राय में ऐसी अनुरूपता को बढ़ाने के लिए किए जाने चाहिए, सिफारिश कर सकेगा।

26. समुचित सरकार द्वारा कार्यक्रम तैयार किया जाना

(1) केंद्र सरकार, वित्तीय व अन्य संसाधनों की उपलब्धता की सीमा तक–

(क) जनता की, विशेष रूप से, उपेक्षित समुदायों की, इस बारे में समझ की, वृद्धि करने के लिए कि इस अधिनियम के अधीन अनुध्यात अधिकारों का प्रयोग कैसे किया जाए, शैक्षिक कार्यक्रम बना सकेगी और आयोजित कर सकेगी;

(ख) लोक प्राधिकारियों को, खंड (क) में निर्दिष्ट कार्यक्रमों को बनाने और उनके आयोजन में भाग लेने और ऐसे कार्यक्रमों का जिम्मा लेने के लिए प्रोत्साहित कर सकेगी;

(ग) लोक प्राधिकारियों द्वारा उनके क्रियाकलापों के बारे में सही जानकारी का समय से और प्रभावी रूप से प्रसारित किए जाने को बढ़ावा दे सकेगी;

(घ) लोक प्राधिकरणों के, यथास्थिति, केंद्रीय लोक सूचना अधिकारियों या राज्य सूचना अधिकारियों को प्रशिक्षित कर सकेगी और लोक प्राधिकरणों द्वारा स्वयं के उपयोग के लिए सुसंगत प्रशिक्षण सामग्री का उत्पादन कर सकेगी।

(2) समुचित सरकार, इस अधिनियम के प्रारंभ से अठारह मास के भीतर, अपनी राजभाषा में, सहज व्यापक रूप और रीति से ऐसी सूचनावाली एक मार्गदर्शिका संकलित करेगी, जिसकी ऐसे किसी व्यक्ति द्वारा युक्तियुक्त रूप से अपेक्षा की जाए, जो अधिनियम में विनिर्दिष्ट किसी अधिकार का प्रयोग करना चाहता है।

(3) समुचित सरकार, यदि आवश्यक हो, उपधारा (2) में निर्दिष्ट मार्गदर्शी सिद्धान्तों को नियमित अंतरालों पर अद्यतन और प्रकाशित करेगी, जिसमें विशिष्टतया और उपधारा (2) की व्यापकता पर प्रतिकूल प्रभाव डाले बिना निम्नलिखित सम्मिलित होगा–

(क) इस अधिनियम के उद्देश्य;

(ख) धारा 5 की उपधारा (1) के अधीन नियुक्त प्रत्येक लोक प्राधिकरण के, यथास्थिति, केंद्रीय लोक सूचना अधिकारी या राज्य लोक सूचना अधिकारी का डाक और गली का पता, फोन और फैक्स नंबर और यदि उपलब्ध हो तो उसका इलेक्ट्रॉनिक डाक पता;

(ग) वह रीति और प्ररूप, जिसमें यथास्थिति, किसी केंद्रीय लोक सूचना अधिकारी या राज्य लोक सूचना अधिकारी से किसी सूचना तक पहुँच का अनुरोध किया जाएगा;

(घ) इस अधिनियम के अधीन लोक प्राधिकरण के, यथास्थिति, किसी केंद्रीय लोक सूचना अधिकारी या राज्य लोक सूचना अधिकारी से उपलब्ध सहायता और उसके कर्त्तव्य;

(ङ) यथास्थिति, केंद्रीय सूचना आयोग या राज्य सूचना आयोग से उपलब्ध सहायता;

(च) इस अधिनियम द्वारा प्रदत्त या अधिरोपित किसी अधिकारी या कर्त्तव्य के संबंध में कार्य करने या करने में असफल रहने के संबंध में विधि में उपलब्ध सभी उपचार, जिनके अंतर्गत आयोग को अपील फाइल करने की रीति भी है;

(छ) धारा 4 के अनुसार अभिलेखों के प्रवर्गों के स्वैच्छिक प्रकटन के लिए उपबंध करनेवाले उपबंध;

(ज) किसी सूचना तक पहुँच के लिए अनुरोधों के संबंध में संदत्त की जानेवाली फीसों से संबंधित सूचनाएँ; और

(झ) इस अधिनियम के अनुसार किसी सूचना तक पहुँच प्राप्त करने के संबंध में बनाए गए या जारी किए गए कोई अतिरिक्त विनियम या परिपत्र।

(4) समुचित सरकार को, यदि आवश्यक हो, नियमित अंतरालों पर मार्गदर्शी सिद्धांतों को अद्यतन और प्रकाशित करना चाहिए।

27. नियम बनाने की समुचित सरकार की शक्ति

(1) समुचित सरकार, इस अधिनियम के उपबंधों को कार्यान्वित करने के लिए राजपत्र में अधिसूचना द्वारा नियम बना सकेगी।

(2) विशिष्टतया और पूर्वगामी शक्ति की व्यापकता पर प्रतिकूल प्रभाव डाले बिना, ऐसे नियम निम्नलिखित सभी या किसी विषय के लिए उपबंध कर सकेंगे, अर्थात–

(क) धारा 4 की उपधारा (4) के अधीन प्रसारित की जानेवाली सामग्री के माध्यम की लागत या प्रिंट लागत मूल्य;

(ख) धारा 6 की उपधारा (1) के अधीन संदेय फीस;

(ग) धारा 7 की उपधारा (1) और उपधारा (5) के अधीन संदेय फीस;

(घ) धारा 13 की उपधारा 6 और धारा 16 की उपधारा (6) के अधीन अधिकारियों और अन्य कर्मचारियों को संदेय वेतन और भत्ते तथा

उनकी सेवा के निबंधन और शर्तें;

(ड़) धारा 19 की उपधारा (10) के अधीन अपीलों का विनिश्चय करते समय, यथास्थिति, केंद्रीय सूचना आयोग या राज्य सूचना आयोग द्वारा अपनाई जानेवाली प्रक्रिया;

(च) कोई अन्य विषय, जो विहित किए जाने के लिए अपेक्षित हो या विहित किया जाए।

28. नियम बनाने की सक्षम प्राधिकारी की शक्ति

(1) सक्षम प्राधिकारी, इस अधिनियम के उपबंधों को कार्यान्वित करने के लिए, राजपत्र में अधिसूचना द्वारा, नियम बना सकेगा।

(2) विशिष्टतया और पूर्वगामी शक्ति की व्यापकता पर प्रतिकूल प्रभाव डाले बिना, ऐसे नियम निम्नलिखित सभी या किसी विषय के लिए उपबंध कर सकेंगे, अर्थात्–

(i) धारा चार की उपधारा (4) के अधीन प्रसारित की जानेवाली सामग्री के माध्यम की लागत या प्रिंट लागत मूल्य;

(ii) धारा छह की उपधारा (1) के अधीन संदेय फीस;

(iii) धारा सात की उपधारा (1) के अधीन संदेय फीस; और

(iv) कोई अन्य विषय, जो विहित किए जाने के लिए अपेक्षित हो या विहित किया जाए।

29. नियमों का रखा जाना

(1) इस अधिनियम के अधीन केंद्रीय सरकार द्वारा बनाया गया प्रत्येक नियम, बनाए जाने के पश्चात् यथाशीघ्र संसद के प्रत्येक सदन के समक्ष, जब वह ऐसी कुल तीस दिन की अवधि के लिए सत्र में हो, जो एक सत्र में अथवा दो या अधिक आनुक्रमिक सत्रों में पूरी हो सकती है, रखा जाएगा और यदि उस सत्र के या पूर्वोक्त आनुक्रमिक सत्रों के ठीक बाद के सत्र के अवसान के पूर्व दोनों सदन उस नियम में कोई परिवर्तन करने के लिए सहमत हो जाएँ कि ऐसा नियम नहीं बनाया जाना चाहिए तो ऐसा नियम तत्पश्चात् यथास्थिति, केवल ऐसे उपांतरित रूप में ही प्रभावी होगा या उसका कोई प्रभाव नहीं होगा। तथापि, उस नियम के ऐसे उपांतरित या निष्प्रभाव होने से उसके अधीन पहले की गई किसी बात की विधिमान्यता पर प्रतिकूल प्रभाव नहीं पड़ेगा।

(2) इस अधिनिमय के अधीन किसी राज्य सरकार द्वारा बनाया गया प्रत्येक

नियम अधिसूचित किए जाने के बाद यथाशीघ्र राज्य विधानमंडल के समक्ष रखा जाएगा।

30. कठिनाइयों को दूर करने की शक्ति

(1) यदि इस अधिनियम के उपबंधों को प्रभावी करने में कोई कठिनाई उत्पन्न होती है तो केंद्रीय सरकार, राजपत्र में प्रकाशित आदेश द्वारा ऐसे उपबंध, बना सकेगी, जो इस अधिनियम के उपबंधों से असंगत न हों, जो उसे कठिनाई को दूर करने के लिए आवश्यक और समीचीन प्रतीत होते हों :

परंतु कोई ऐसा आदेश इस अधिनियम के प्रारम्भ से दो वर्ष की अवधि की समाप्ति के पश्चात् नहीं किया जाएगा।

(2) इस धारा के अधीन किया गया प्रत्येक आदेश, किए जाने के पश्चात् यथाशीघ्र संसद के प्रत्येक सदन के समक्ष रखा जाएगा।

31. निरसन

सूचना स्वातंत्र्य अधिनियम, 2002 इसके द्वारा निरसित किया जाता है।

पहली अनुसूची

[धारा 13 (3) और धारा 16 (3) देखिए]

मुख्य सूचना आयुक्त, सूचना आयुक्त या राज्य मुख्य सूचना आयुक्त, राज्य सूचना आयुक्त द्वारा ली जानेवाली शपथ किए जानेवाले प्रतिज्ञान का प्ररूप

"मैं, जो ....मुख्य सूचना आयुक्त/सूचना आयुक्त/राज्य मुख्य सूचना आयुक्त/राज्य सूचना आयुक्त नियुक्त हुआ हूँ, ईश्वर की शपथ लेता हूँ/सत्यनिष्ठा से प्रतिज्ञान करता हूँ कि मैं विधि द्वारा स्थापित भारत के संविधान के प्रति सच्ची श्रद्धा और निष्ठा रखूँगा, मैं भारत की प्रभुता और अखंडता अक्षुण्ण रखूँगा तथा मैं सम्यक् प्रकार से और श्रद्धापूर्वक तथा अपनी पूरी योग्यता, ज्ञान और विवेक से अपने पद के कर्त्तव्यों का भय या पक्षपात, अनुराग या द्वेष के बिना पालन करूँगा तथा मैं संविधान और विधियों की मर्यादा बनाए रखूँगा।"

दूसरी अनुसूची

(धारा 24 देखिए)

केंद्रीय सरकार के अधीन स्थापित आसूचना और सुरक्षा संगठन

1. आसूचना ब्यूरो। 2. मत्रिमंडल सचिवालय के अनुसंधान व विश्लेषण खंड। 3. राजस्व आसूचना निदेशालय। 4. केंद्रीय आर्थिक आसूचना ब्यूरो। 5. प्रवर्तन निदेशालय। 6. स्वापक नियंत्रण ब्यूरो। 7. वैमानिक अनुसंधान केंद्र 8. विशेष सीमांत बल। 9. सीमा सुरक्षा बल। 10. केंद्रीय आरक्षित पुलिस बल। 11.भारत-तिब्बत सीमा बल। 12. केंद्रीय औद्योगिक सुरक्षा बल। 13. राष्ट्रीय सुरक्षा गार्ड। 14. असम राइफल्स। 15. विशेष सेवा ब्यूरो। 16. विशेष शाखा (सीआईडी) अंडमान निकोबार। 17. अपराध शाखा-सीआईडी-सीबी, दादर और नगर हवेली। 18. विशेष शाखा लक्षद्वीप पुलिस।

*–**टी. के. विश्वनाथन,** सचिव, भारत सरकार*

(यह अधिनियम पाठकों की सामान्य जानकारी के लिए प्रस्तुत है। किसी वैधिक उपयोग के लिए आधिकारिक प्रकाशन को उद्धृत करना उचित होगा।)

सूचनाधिकार संबंधी शुल्क

कोई सूचना प्राप्त करने के लिए आवेदन शुल्क जमा करने के बाद उस सूचना के व्यय का भुगतान भी करना होता है। अधिनियम के अनुसार शुल्क एवं नियमों के निर्धारण का दायित्व संबंधित सरकारों पर है। इसलिए केंद्र तथा राज्य सरकारों द्वारा निर्धारित दरों में कुछ समानताएँ हैं तो कुछ अंतर भी। यहाँ कुछ सामान्य जानकारियाँ प्रस्तुत हैं–

केंद्र सरकार, झारखंड, राजस्थान, तमिलनाडु, त्रिपुरा, असम, महाराष्ट्र, मेघालय, नगालैंड में लगभग एक समान शुल्क है–

1. आवेदन शुल्क–	दस रुपये
2. ए-4/ए-3 साइज कागज–	प्रति पृष्ठ दो रुपये
3. इससे बड़े कागज–	वास्तविक लागत
4. नमूनों या मॉडलों के लिए–	वास्तविक लागत या कीमत
5. अभिलेखों का निरीक्षण–	पहला एक घंटा निःशुल्क, अगले हर घंटे के लिए पाँच रु.
6. डिस्केट या फ्लॉपी–	पचास रुपये
7. मुद्रित सूचना के लिए उद्धरणों की फोटोकॉपी–	निर्धारित राशि या ऐसे प्रकाशन से दो रु. प्रति
8. राशि जमा करने का तरीका–	1. रसीद लेकर नकद जमा करें 2. डिमांड ड्राफ्ट या बैंकर्स चैक

9. गरीबी रेखा से नीचे के लोगों अर्थात बी.पी.एल. के लिए निःशुल्क।

- केंद्र सरकार के लोक प्राधिकरणों में पोस्टल ऑर्डर से भी आवेदन शुल्क जमा किया जा सकता है।
- आंध्रप्रदेश में भी उपर्युक्त दरें लागू हैं, लेकिन 700 एमबी सीडी में सूचना लेने का शुल्क 100 रुपये तथा डीवीडी का 200 रुपया है। डाकखर्च अलग से देय है। ग्राम-स्तर पर आवेदन शुल्क नहीं लिया जाता, मंडल-स्तर पर पाँच रुपये तथा अन्य स्तरों पर दस रुपये है।
- छत्तीसगढ़ में भी उपर्युक्त दरें लागू हैं, लेकिन अभिलेखों के निरीक्षण का शुल्क पचास रुपये प्रति घंटा है। आवेदन शुल्क नकद अथवा ट्रेजरी चालान

द्वारा जमा करने का प्रावधान है।

- गुजरात में भी लगभग यही दरें लागू हैं, लेकिन अभिलेखों के निरीक्षण का शुल्क तीस मिनट निःशुल्क तथा फिर हर 30 मिनट पर बीस रु. है। राशि जमा करने के लिए पे-ऑर्डर तथा नॉन-ज्युडिशियल स्टांप का भी सहारा लिया जा सकता है। आवेदन शुल्क बीस रुपये है।
- कर्नाटक में अभिलेखों के निरीक्षण का शुल्क पहला एक घंटा निःशुल्क तथा फिर प्रत्येक 30 मिनट के लिए बीस रुपये है।
- केरल में भी लगभग यही दरें लागू हैं, लेकिन अभिलेखों के निरीक्षण का शुल्क पहला एक घंटा निःशुल्क तथा फिर हर 30 मिनट के लिए दस रुपये।
- झारखंड में अभिलेखों के निरीक्षण का शुल्क पहला एक घंटा निःशुल्क तथा फिर प्रत्येक 30 मिनट के लिए पाँच रुपये।
- अरुणाचल प्रदेश में आवेदन शुल्क पचास रु. तथा टेंडर दस्तावेजों वगैरह के लिए 500 रु. है। ट्रेजरी चालान द्वारा शुल्क लिया जाता है। सूचना की दर प्रति पृष्ठ पाँच रुपये है। प्रथम अपील का शुल्क पचास रुपये है।
- हिमाचल प्रदेश में ट्रेजरी चालान द्वारा शुल्क लिया जाता है। सूचना की दर एक-4 के लिए प्रति पृष्ठ दस रुपये है। सीडी के लिए 100 रुपये। निरीक्षण की दर प्रत्येक 15 मिनट के लिए दस रुपये।
- मध्यप्रदेश में अपील का शुल्क पचास रुपये है।
- ओड़िसा में आवेदन शुल्क बीस रुपये तथा सूचना दर प्रति पृष्ठ पाँच रुपये है। डिस्केट या फ्लॉपी के लिए एक सौ रुपये।
- पंजाब में आवेदन शुल्क पचास रुपये तथा सूचना दर प्रति पृष्ठ दस रुपये है।
- तमिलनाडु में आवेदन शुल्क पचास रुपये है।

(यह चार्ट सामान्य जानकारी के लिए दिया गया है। किसी भी आधिकारिक उपयोग के लिए संबंधित सरकारों की नियमावली को ही आधार बनाएँ।)